영화와 의미의 탐구 ②

언어 – 신체 – 사건

나남
nanam

한국연구재단 학술명저번역총서
서양편 379

영화와 의미의 탐구 ②
언어 - 신체 - 사건

2017년 3월 15일 발행
2017년 3월 15일 1쇄

지은이_ 미하일 얌폴스키
옮긴이_ 김수환 · 이현우 · 최 선
발행자_ 趙相浩
발행처_ (주) 나남
주소_ 10881 경기도 파주시 회동길 193
전화_ (031) 955-4601 (代)
FAX_ (031) 955-4555
등록_ 제 1-71호 (1979.5.12)
홈페이지_ http://www.nanam.net
전자우편_ post@nanam.net
인쇄인_ 유성근 (삼화인쇄주식회사)

ISBN 978-89-300-8815-2
ISBN 978-89-300-8215-0 (세트)

책값은 뒤표지에 있습니다.

'한국연구재단 학술명저번역총서'는 우리 시대 기초학문의 부흥을 위해
(재) 한국연구재단과 (주) 나남이 공동으로 펼치는 서양명저 번역간행사업입니다.

영화와 의미의 탐구 ②

언어 - 신체 - 사건

미하일 얌폴스키 지음
김수환 · 이현우 · 최 선 옮김

나남
nanam

Язык - тело - случай

1. 이 책은 미하일 얌폴스키의 저서 *Язык - тело - случай : Кинематограф и поиски смысла*을 우리말로 옮긴 번역서이다.

2. 본문에 나오는 외국 인명과 지명 등은 현행 외래어표기법을 따르는 것을 원칙으로 했으나 표기원칙이 정해지지 않은 것은 일반적으로 통용되거나 굳어진 표현을 사용했다.

3. 원서에 '진하게'나 '기울임'으로 표시된 부분은 강조를 의미하는 '고딕서체'로 표현하였다.

4. 가독성을 높이기 위해 원서에서 인용이 3줄을 넘어갈 경우 줄을 바꿔 인용문으로 나타냈다. 다만 내용상 그대로 두는 것이 낫다고 판단되는 경우는 제외했다.

5. 원주 이외에 [옮긴이 주]라고 표시된 각주는 모두 옮긴이가 추가한 것이다.

6. 본문에 나오는 영화는 한국에서 영화제나 비디오 출시 등을 통해 처음 소개되었을 당시의 제목으로 표기하는 것을 원칙으로 했다. 이는 추후 검색 등을 통해 정보를 찾고자 하는 독자를 위함이다.

7. 원서에 영어, 독일어, 프랑스어로 원어 병기가 된 경우 번역본에서도 해당 원문을 그대로 병기했다.

8. 원서에 삽입된 그림과 도식은 알아보기 쉽도록 번호를 매겼으며 원서 권말에 한꺼번에 붙은 화보는 본문에서 해당되는 부분에 넣어 알아보기 쉽도록 했다.

영화와 의미의 탐구 ②

언어 - 신체 - 사건

차 례

제 2부

얼굴과 신체

제6장

질료로서의 일상
러시아의 화려함과 남루함

이 논문에서 말하려는 것은 언제나 기호학의 걸림돌이 되어온 혼돈과 무질서에 관한 것이다. 무질서란 구조의 기능이 멈추는 지점의 현상이다. 달리 말해 보자면 기호학이 침투할 수 없는 경계 너머의 지점, 바로 그것이 무질서다. 나는 게르만에 관한 글과 소쿠로프 영화의 카이로스에 대한 논문에서 다시 이 주제를 다루게 된다. 나는 이 글에서 무질서를 분석하기 위해 본질상 아리스토텔레스로 수렴되는 형식주의의 모델을 여전히 사용한다. 이 모델에 따르면 형식과 질료 사이에는 대립이 존재하는데 형식화되지 않은 질료에 형식이 투사되고 의미가 부여된다는 것이다. 내 생각이 변하고 형식주의의 패러다임에서 멀어질수록 나는 점점 더 무질서를 두 개의 서로 다른 질서의 유형을 잇는 모종의 연결 지대로서 파악하게 되었다. 소쿠로프에 대한 논문에 이르면 이미 나는 우연성을 두 개의 비인과적 계열 간의 만남이라는 개념을 사용해 분석하게 된다. 20세기 초반에 앙리 베르그송이 무질서를 향한 그와 같은 관점을 《창조적 진화》에서 정식화했고 20세기 후반에 유사한 내용을 질 들뢰즈가 《차이와 반복》에서 썼다.

영화에서 일상을 재현하는 문제는 혁명 직후에 제기되었다. 물론 일상의 문제가 관심을 끌게 된 것은 혁명 이후 새로운 문화에서 '삶 건설'[1]이라는 명제가 정립된 것, 즉 인간의 일상적 삶을 예술을 통

---

1) [옮긴이 주] "삶 건설"(жизнестроние; life-creating)의 이념은 레프 이론가들을 중심으로 주창된 새로운 예술이론으로, 전 시대 상징주의의 "삶 창조" 개념을 사회적이고 기술적인 뉘앙스를 내포하는 개념으로 바꾼 것이다. 이 이념에 따르면, 예술은 새로운 삶의 형식들을 건설하기 위한 '실제적' 목표와 관련되어야만 한다. 이에 따라 삶 건설의 이념은 산업디자인이나 건축 등의 영역에 적용되기 시작했다. 타틀린의 다음 언급은 이를 잘 보여 준다. "이런 식으로 순수

해 바꿔 놓는다는 유토피아적 발상이 널리 퍼지게 된 것과 관련이 있다. 그러나 바로 이 시기에 일상이 전면에 나서게 된 데에는 다른 몇 가지 이유도 있다. 영화에서 일상적 삶을 **닮게** 재현하는 문제가 제기된 것은 영화의 언어적 본성에 대한 감각이 생겨나고 동시에 현실을 반영하는 데 사진의 도상적 본성으로는 '불충분하다는' 느낌이 생겨난 이후였다. 혁명 이후 러시아에서 일상을 둘러싼 논의는 필연적으로 이데올로기적 요소를 영화언어에 대한 첨예한 반성과 결합시켰다.

영화에서 일상의 주제를 향한 최초의 관심은 부득이하게 이전 시기의 연극적 경험을 활성화했다. 최초의 진짜 '일상적' 영화는 다소 시대착오적으로 연극적 체계를 향해 '뒷걸음'질 쳐야만 했다. 그것 없이는 영화적 현실 전유의 문제가 더 나아갈 수 없었던 것이다.

'뒤'로 내딛으면서 동시에 '앞'으로 나아가는 이런 중대한 발걸음은 알렉산드르 사닌의 (빅토르 시클롭스키의 표현에 따르면) '저명한' 영화인 〈폴리쿠시카〉에서 이루어졌다. 러시아 영화사에서 〈폴리쿠시카〉가 차지하는 독특한 위상은 몇 가지 계기에 따라 결정되었다. 이 영화는 러시아에서 개인 소유의 영화산업(영화공동체 〈루시〉, 1999)에 의해 만들어진 마지막 영화 중 하나이다. 그것은 혁명전 영화의 전통을 마감하는 것이면서 동시에 부분적으로는, 결국 막다른 골목으로 판명된 새로운 길로 접어든 영화였다. 사닌 감독은 러시아에서 일상적 무대의 전통을 창조해 그것을 코드화하고 완성했던 사람 중 하나였고 따라서 일상적 주제를 영화에 적용하기 위한 유일무이

하게 예술적인 형태들을 실용적인(*utilitarian*) 의도와 결합시킬 수 있는 기회가 생겨났다. 이 결과는 새로운 세계의 창조라는 우리의 과업에서 발명을 자극했고 새로운 일상적 삶 속에서 마주치는 형식들을 조정하는 법을 연마하기 위해 제작자들을 요청했다. "

한 경험을 가졌다.

사닌이 레프 톨스토이의 이야기를 영화화하면서 사용할 수 있었던 레퍼토리가 무엇이었는지 간단하게라도 언급할 필요가 있다.[2] 그는 모스크바 예술극장학교의 감독으로서 스승이었던 스타니슬랍스키에 비해 배우의 내적 연기에 관심이 훨씬 덜했다. 이미 19세기 말에 그는 자신을 고대의 일상적 풍습[3]과 대중 장면을 재현하는 전문가로 소개했다. 그는 일상을 재현함에서 자신의 새로움이 무엇인지를 페테르부르크의 알렉산드르 극장에서 일할 때(1902~1907) 훨씬 더 잘 보여 주었다. 그곳에서 고고학적 복원주의와 더불어 이후에 일상의 무대적 기호가 된 수많은 기법의 패러다임 전체를 개발했다. 이 일련의 기법은 사닌의 작품에서 너무나 자주 반복되었기 때문에 정식화가 가능하다.

첫째, 사닌은 비율에 맞지 않게 지나치게 크고 관례적인 무대장식을 피하고 실제 크기에 가까운 공간(방)으로 바꾸었다.

둘째, 그는 마치 제4의 벽을 모방하듯이 가구 등 각종 물건을 무대 전면[4]으로 내놓았다. 즉, 무대장식과 행위가 마치 전경에 의해

---

2) 알렉산드르 사닌의 경력은 지극히 다채롭다. 스타니슬랍스키 모스크바 예술극장(1898)에서 출발했던 그는 이후 페테르부르크의 알렉산드르 극장(1902~1907)에서 일했고 파리의 디아길레프 오페라를 포함, 수차례 해외에서 작품을 올렸다. 러시아에서 여러 극단을 거친 후 1922년에 해외로 망명했다.

3) 사닌은 알렉세이 톨스토이의 이야기를 원작으로 한 스타니슬랍스키의 연극 〈차르 표도르〉(1898)처럼, 과거를 고고학적으로 복원하는 연극 작업에 참여하기도 했다. 루드니츠키의 지적에 따르면, 이 작품 이후에 모스크바 예술극장은 급격히 자연주의로 선회했다. 〈차르 표도르〉에서 자연주의적 요소가 거의 전적으로 항상 모스크빈에게 할당되었다는 것(К. Рудницкий, *Русское режиссерское искусство, 1898~1907*, Т. 1, М., 1948, С. 596)은 주목할 만하다. 모스크빈은 〈폴리쿠시카〉에서 주인공 역할을 한 배우이다.

4) [옮긴이 주] 막과 오케스트라 사이.

가려지는 것처럼 전체적인 무대가 구축되었던 것이다. 가령, 프로
코피예프는 이렇게 썼다. 연극 〈자신의 썰매에 앉지 마라〉(1903,
오스트롭스키 희곡 원작)에서 감독은 "모든 장면의 설계를 뒤죽박죽
으로 해서 방을 전혀 예상치 못한 방식으로 구획해 놓았다. 그는
마치 제4의 벽을 암시하려는 듯, 무대 앞쪽에 등을 보인 채 가구를
배치했고 … 무대 위에 커다란 하나의 홀 대신에 방이 여럿인 아파
트 전체를 꾸며놓았던 것이다". [5]

셋째, 사닌은 더 복잡한 동시에 덜 명확하게 조직화된 이런 공간
을 전적으로 무질서하게 펼쳐진 엄청난 양의 각종 소품으로 채워
놓았다. 렌스키는 사닌 이전의 알렉산드린스키 극장 무대의 사물
세계를 이렇게 표현했다.

> 생생한 무질서가 느껴지지 않는, 온화한 고요와 편안함의 인상을 주
> 는, 그리고 모든 시대와 민족성을 포괄하는 인간을 만들어 내는, 그
> 래서 주인의 성격과 취향이 느껴지지 않는 그런 세계. 그 방은 인간
> 이 먹고 노래하고 잠을 자는 그런 방이 아니다. [6]

그러나 사닌의 무대에서는 무질서가 '온화한 고요함'의 영역을 훌쩍
넘어선다. 호도토프의 회상에 따르면 오스트롭스키 원작 연극 〈참칭
자 드미트리와 바실리 쉬스킨〉(1902)에서 이미,

> 무대는 예술적 난잡함으로 가득 차 있다. 무대 뒤편에는 두 개의 이
> 동식 계단이 놓였다. 거기서 페인트공들이 일하고 그 주변에는 두세

---

5) В. Прокофьев, *Историко-бытовая линия в Александринском театре, К
вопросу о влиянии раннего МХТ на казенную сцену, Ежегодник Московского
Художественного театра*, 1945, Т. 1, М., 1948, С. 596.

6) А. П. Ленский, *Статьи, письма, заметки*, Л., 1935, С. 399.

명의 조수가 돕는다. 오른쪽 전면에는 두 개의 소파와 황금, 구리, 은으로 된 각종 부엌세간이 어지럽게 놓인 육중한 탁자가 있다 … 심지어 제4의 벽조차 천연덕스럽게 그들(보수당원 — 얌폴스키)이 막아섰다. 7)

역시 오스트롭스키 원작의 연극인 〈뜨거운 가슴〉에서 이런 혼돈의 묘사는 무대 감독 야노프가 상인 저택을 재현한 첫 번째 장면에서 공공연하게 선언되기에 이른다.

무대에는 벽돌, 장작, 삽이 널브러졌고 나무 계단, 상자들, 통을 담은 손수레, 널빤지 탁자, 간이 의자 몇 개 따위가 놓였다. 앞마당 왼편과 테라스에는 속옷이 널렸다. 담장에는 쐐기풀과 우엉덤불이 자랐다. 8)

넷째, 일상을 무질서하게 디자인하는 이런 경향으로 사닌을 이끈 것은 사실 대중 장면을 향한 그의 열정이다. 그중에서도 그가 특히 좋아하는 것은 종종 극단적인 자연주의로 귀결되는 대규모 싸움 장면이다. 카베린은 1919년 알렉산드르 극장 무대에 올려진 〈파사드닉〉의 싸움 장면을 회상하며 이렇게 썼다.

때로 젊은이들이 너무나 열정적으로 변하는 경우가 있었다. 우리 중 많은 이는 무대 위 싸움 장면에서 입은 상처나 골절을 용맹으로 간주했다. 사닌은 우리의 열기를 가라앉히고 불필요한 유혈을 중지시켜야만 했다. 혈기왕성한 한 명의 제자가 무대 위 전투 장면에서 꽤나 심각한 부상을 입고 난 후에야 알렉산드르 아키모비치가 말했다. 9)

---

7) Н. Н. Ходотов, *Близкое-далекое*, М. /Л., 1932, С. 202.

8) В. Прокофьев, Указ., соч, С. 600.

9) Ф. Н. Каверин, *Воспоминания и театральные рассказы*, М., 1964, С. 148.

쿠렐은 치리코프의 희곡을 원작으로 한 연극 〈자연의 차르〉에 관한 리뷰에서 사닌의 이런 열정을 비웃었다.

> 치리코프의 연극 3막에서는 외딴 도시의 클럽이 묘사된다. 작은 간이식당과 카드 테이블 두어 개, 볼트가 삐걱대는 출입문 그리고 마찬가지 상태의 당구대가 있다. 이런 클럽에서의 스캔들은 사닌에게서와 같은 두 편으로 갈린 조직화된 전투의 양상을 띠지 못한다. '등장인물들의' 그와 같은 두터운 대열은 당연히 외딴 클럽에서 있을 수가 없다. 거기선 열 맞춰 행진하지 않는 것이다. 물론 그와 같은 것은 사닌의 환상에 불과하다. 하지만 이것이 몇몇 민중 무대연출에서 감독을 강하게 '드러냈기' 때문에, 사닌은 당연히 자신의 장기를 더 강하게 드러냈던 것이다. 10)

무대에서 무대로 전전하며 견고하게 유지된 이런 기법의 목록은 '외적인 일상'(스타니슬랍스키의 표현)을 재현하는 일종의 코드가 되었고 이는 사닌을 점점 더 모스크바 예술극장의 '진실된 감정'의 시학11)으로부터 멀어지게 했다. 12) 일상 연극은 애초에 인간의 성격

---

10) Homo novus(А. Кугель), По театрам, *Театр и искусство*, No. 39, 1909, С. 666.

11) [옮긴이 주] 모스크바 예술극장의 '진실된 감정'의 시학이란 이른바 '살아내기' (*perezhivanie*)를 요체로 한 스타니슬랍스키식 연기법을 가리킨다. 이 연기법의 핵심은 배우가 삶 속에서 경험했던 강렬한 순간을 회상함으로써 등장인물의 '내적 사고'와 '감정'에 자신을 일치시켜 배역을 다시 살아낼 것을 권유하는 데 있다. 즉, 배우의 임무란 등장인물의 내면세계를 재창조하여 마치 그 인물이 된 것처럼 말하고 행동하려 노력하는 것이다.

12) 19세기 말에서 20세기 초반에 모스크바 극장에 특징적이었던 일상에의 몰두는 상대적으로 빨리 극복되었다. 훗날 스타니슬랍스키는 일상적 시학의 관점으로 연출된 톨스토이의 〈어둠의 힘〉(1902)에 대해 이렇게 평가했다. "… 배우 자신과 무대를 지배한 것은 사물이었다. 물건과 외적인 일상, 본능과 감정의 선에서 미끄러져 내려온 우리는 일상과 그 일상의 세부에 천착했고 그것이 연극

을 그를 둘러싼 환경을 통해 전달하려는 지향에서 발생했다. 그러나 일상과 심리 간의 대응에 관한 연극적 코드가 확립됨에 따라 그것은 오히려 대립으로 바뀌어갔다. 예브레이노프가 쓰기를,

> 사닌은 수레용 말이다. 따라서 거리의 삶을 보여줘야 하는 곳, 고함과 발소리, 소음이 필요한 곳, 광장의 무례함과 고삐 풀린 본능, 동물적인 추구가 필요한 곳에서 사닌은 진실로 훌륭하다. 그러나 스타일…과 세심한 심리…가 문제 되는 곳에서 수레용 말은 무력하다. 이는 그의 기질이 아닌 것이다. 13)

〈폴리쿠시카〉에서 사닌은 본질상 어떤 새로운 요소도 가미하지 않은 채 자신이 정련한 체계를 사용한다. 주인이 가져오라고 한 돈을 길에서 잃어버린 후 이에 낙심해 목을 매 자살한 농노 폴리케이에 관한 톨스토이의 이야기는 농민적 일상을 자연주의적으로 재생하기 위한 전무후무한 기회였다. 폴리쿠시카의 (모스크빈이 연기하고 코즐롭스키와 페트로프가 장식한) 집은 톨스토이의 묘사에 따라 사람과 물건으로 꽉 찬 극단적으로 협소한 공간을 강조해 꾸며졌다.

> 지주에 의해 구석은 다음과 같이 꾸며졌다. 10아르신(0.71 × 2.13m) 넓이의 돌로 지어진 헛간의 중앙에는 러시아식 벽난로가 있고 그 둘레에 (하인들이 칼리도르라고 부르는) 복도가 있었다. 매 구석마다 판자로 막아 두었다. 한마디로, 공간은 적었고 특히 폴리케이의 자리는 문쪽 끝이었다. 누비이불과 무명 베개가 놓인 침대와 아기 요람이 있었고 세 발 달린 탁자 위에는 온갖 집기들이 널브러져 있었다. … 물통,

과 역할의 내적 본질을 부여했다"(К. С. Станиславский, Собр., соч.：B. 8 т., T. 1, M., 1954, C. 261).

13) Цит. по：В. Прокофьев, Указ., соч, C. 637.

드레스, 닭, 송아지, 그리고 7명의 사람이 구석구석을 채워서 옴짝달싹할 수 없었고 물건과 사람이 올려진 벽난로는 한쪽이 안 보이고 현관으로 나가는 것도 불가능할 정도였다.[14]

그러나 사닌은 물건의 혼돈이 야기한 참을 수 없는 느낌을 가미하면서 이 비좁음의 효과를 더욱 강화시켰다. 그는 인물의 클로즈업에 온통 다 담을 수 있을 정도로 작은 방을 만들었던 것이다. 사닌식의 연극적 방법의 잔재는 (커다란 크기의) 영주의 방이 (클로즈업이 아닌) 롱숏으로 촬영되었다는 점이다. 그렇게 해서 무대장식의 규모가 완전히 자동적으로 숏(shot)의 크기에 대응되는바, 이는 연극적 기원을 부여한다.

감독은 방의 왼편에 기둥을 세워 놓았고 그 기둥과 벽난로 사이에 끈을 매달아 걸레 조각들을 매달아 놓았다. 그것은 인물을 가리고 인물의 이동과 소통을 방해한다. 이는 자살 장면에서 무대 위 물건들이 인물을 가리는 것에서 특히 명백히 드러난다. 여기서 폴리쿠시카가 목을 매 자살한 다락방에 들어선 여인은 처음에는 그의 시신을 알아보지 못한다. 그것은 폴리케이가 매달린 대들보에 걸린 건초 더미에 반쯤 가려져 있다(흥미로운 것은 자살 순간에는 아무것도 없었는데 자살 후에 감독이 가져다 놓았다는 점이다).

영화에는 몇몇 군중 장면(지방에서의 신병보충)과 3개의 싸움 장면이 나온다. 초반에 폴리케이의 구타 장면과 주막에서의 싸움 장면이 그것이다. 이 구타 장면은 사실 톨스토이의 짤막한 무대지시〔가령, "… 찾아내어 때렸다. 심지어 부인네들까지"〕를 에피소드로 확장시킨 것이다.

영화를 지배하는 이런 체계는 영지에서의 에피소드만 빼고 널리

14) Л. Н. Толстой, Собр., соч.: В.12т., Т.3, М., 1958, С.305.

퍼졌다. 그것은 1916에서 1919년 사이의 영화 전통에 완전히 들어맞는 미장센과 장식으로 이루어졌는데, 즉 기둥이 있는 크고 넓은 살롱이다. 일상의 영역은 귀족의 세계를 잠식하지는 못했던바, 그 시대와 사닌의 의식 속에서 후자는 이데올로기적인 동기부여를 지녔기 때문이다. 사닌 자신의 말 속에서 인간이 일상의 혼돈 속에 잠기는 것, 사물 세계에 억눌리게 되는 것은 당대의 의식에 지극히 특징적인 사회적 차원을 갖는다. 세르게이 나이데보프의 희곡 〈벽들〉의 연출에 부친 코멘트에서 사닌이 지적하기를,

> 드라마가 펼쳐지는 배경은 매력이 없다. 마치 일상처럼 우리의 현실 마냥 회색빛이다. 작가는 더러움, 저열함, 삶의 바닥을 보여 주는 것을 두려워하지 않는다. 그는 관객 앞에 자신의 캔버스를 드러낸다. … 아직 모든 것이 살아 있다. 모든 것이 아직 소리친다. 노쇠해 가는, 분해되는 것의 폐허. 그러나 여전히 … 자신을 위한 '속죄양'을 필요로 하는 외적인 일상. 15)

이렇듯 일상이 희생 제의로, 인간 파괴로 바뀌는 것은 어느 정도는 '외적인 일상'을 통해 '극과 역할의 내적인 본질'이 파괴되는 것을 이데올로기화한 것처럼 보인다.

〈폴리쿠시카〉는 오늘날까지도 이중적인 느낌을 불러일으킨다. 어떤 의미에서는 사닌의 체계가 효과적인 것처럼 여겨진다. 실제로 영화는 당대로서는 일반적이지 않은 리얼리즘의 인상, 주변 환경을 전달하는 데 놀랄 만한 핍진성을 불러일으킨다. 심지어 오늘날의 관객에게 사닌이 기획한 혼돈은 1960년대 영화의 몇몇 요소, 이를테면 현저히 강조된 즉흥성을 선취하는 것처럼 보일 정도이다. 게

---

15) В. Прокофьев, Указ., соч, С.612.

다가 처음 스크린 위에 공개되었을 때부터 이미 영화는 혼돈의 느낌, 일상사와 어수선함, 심지어는 프로듀서의 직업적인 실패의 느낌을 주었다. 사실 사닌은 스타일의 깔끔함과 숏의 가독성을 충분히 만들어 낼 수 있었는데 이는 그의 이전 영화 〈처녀들의 산〉에서 남은 질료가 증명한다. 이 영화에서 숏은 네스테로프의 아카데미 회화를 모방하면서 꼼꼼하게 구축되었다. 사닌은 영화에 자신의 연극적 체계를 도입하면서 어떤 의미에서는 의식적으로 영화언어를 구사할 줄 모르는 사람, 말하자면 영화실어증에 걸린 사람의 입장을 채택한다.16) 일상의 혼돈은 필연적으로 예술가의 발화 장애와 관련된 상관항으로 나타나게 된다.

그러나 이 결점은 특별한 종류이다. 그것은 모종의 시학에 호소하는데 다름 아닌 초기 영화의 시학이 그것이다. 행위의 체계적인 탈중심화에 기초한 사닌의 체계는 연극적 전통의 배경하에서 혁신으로 여겨진다. 그것이 형성되던 때(1898~1902)에 유사한 체계가 초기 영화에 팽배했는데 다만 완전히 다른 문화적 맥락에서 기능했다.17) 사닌이 탈중심화를 영화로 옮겨 놓았을 때, 마침 영화는 막 그로부터 벗어났다. 그 결과 사닌의 연극적 체계는 영화로 옮겨지면서 완전히 다른 역사적 배경에 놓이게 되었고 자연스럽게 의고적이고 시대착오

---

16) 현대의 연구자는 사닌 영화의 선명함의 부재를 그의 경험부족 탓으로 돌리고 영화의 인상을 그런 식으로 요약한다. "그는 항상 사물 속에서 길을 잃는 것 같다. 그러나 그를 살리는 것은 영화적 미숙함이다. 숏은 사물에 의해 잘린다. 짚, 넝마, 헝겊조각, 걸레더미 등 온갖 못 말리는 떼거리가 숏 안에 있다"(Л. Аннинский, *Лев Толстойи кинематограф*, М., 1980, С. 116).

17) 이에 관해서는 N. Burch, Porter ou 18 ambivalence, R. Bellour, & P. Brion (Sous la direction), *Le cinéma américain: Analyses de films*, 1980, pp. 31~49; N. Burch, Passion, poursuite: la linéarisation, *Communications, Énonciation et Cinéma*, No. 38, 1983, pp. 30~50을 참고하라.

적인, 이미 극복된 어떤 것으로 나타나게 되었다. 이 모든 것이 사닌의 혁신에 한편으로는 연극성의 외양을(거기서 연극적 코드는 너무나도 명백했다), 다른 한편으로는 의고성의 외양을 부여하게 되었다.

트이냐노프가 문학을 두고 말한 의고주의자-혁신주의자의 상황18)은 사닌의 경우에서 드라마틱하게 재현되었다. 1922년 소비에트 극장에서 데뷔하기 전 〈폴리쿠시카〉는 외국에서, 특히 독일에서 커다란 성공을 거두었다.19) 영화는 소비에트로 돌아와 거의 전역에 걸쳐 거부에 직면했다. 가령, 루나차르스키는 "옳거나 그른, 하지만 (영화사에서) 커다란 걸음"20)이라 평가했다. 이런 평가의 불명료함(옳거나 그른)은 막다른 골목에 이르는 혁신의 느낌, 즉 진화적 관점에서 옳지 못한 혁신이라는 느낌을 가리킨다.

투르킨은 옹호적인 리뷰에서 모스크빈의 연기를 칭찬하면서 이렇게 결론짓는다.

> 나머지는 전부 일상, 일상 그리고 일상이다. 물론 말르이 극장의 민족지학적 전통을 기초로 잘 만들어진 것이다. 하지만 지나치게 자연주의적으로 가공되었다. … 그러나 우리는 자신의 힘을 안다. 우리는 러시아의 새로운 창작에서 커다란 것을 기다린다. 왜냐하면 〈폴리쿠시카〉의 장면은 아직 과거에서, 극복되어야 할 과거에서 온 것이기 때문이다.21)

---

18) [옮긴이 주] 형식주의(*formalism*) 문학연구가인 유리 트이냐노프(Y. Tynyanov, 1894~1943)에 의해 제시된 개념으로 푸시킨이 활동하던 시기(1820~1830년대)에 러시아 문학사에 있었던 역설적 상황을 가리킨다. 간단히 말해 당시 의고주의자(*archaist*)로 알려진 그룹이 사실상 그 내용에서는 혁신주의자(*innovator*)에 해당하며 그 반대도 역시 마찬가지였다는 것이다.

19) 예를 들어, 발라즈의 열광적인 리뷰를 보라. B. Balázs, *Schriften zum film*, Bd. 1, Berlin, 1982, S. 249~251.

20) *Луначарский о кино*, М., 1965, С. 258.

트루킨은 〈폴리쿠시카〉와 일상 극장 사이의 관계를 혼동하지 않았다. 일상 극장에서 리얼리즘적 일상으로 읽힌 것은 이미 영화에서는 일상적 극장의 코드로 나타났다. 영화의 연극성, 이것이 대부분의 리뷰에서 공통적인 지점이었다. 안닌스키의 설명에서 몇 가지 리뷰를 예로 들어 보자.

> 니콜라이 레베제프가 쓰기를, 이것은 필름에 적힌 연극이다. … 흐리산프 헤르손스키가 쓰기를, 모스크빈의 연기는 발코니로부터의 시선을 염두에 둔 연극인의 그것이다. 이 고전적이고 히스테릭한 연극 배우의 매너에는 영화적 특수성의 흔적이 없다. 22)

마하일 블레이만은 "위대한 연극배우 모스크빈은 영화 카메라 앞에서 움직일 줄 모른다"고 지적하고 사닌을 '영화를 이해하지 못하는 연극 감독'으로 평가했다. 23)

영화에서 연극성의 느낌이 발생하는 것이 저명한 연극배우 모스크빈 때문이라는 점은 지극히 당연하다. 프로듀서 알레이니코프는 영화에 대한 비판을 정확히 그런 각도에서 이해했다.

> 연극에서 위대한 배우적 재능을 끌어오는 것은 영화의 '연극화'로서, 즉 조형예술의 새로운 길로 나아가는 데 장애로 간주되었다. 24)

영화가 주는 혼돈의 인상을 항상 모스크빈에게 돌리는 것이 특징적이다. 가령 평자는 체계적으로 배우의 부산함과 연기의 모자이크

21) Цит. по: Л. Аннинский, Указ., соч, С. 109.

22) Там же.

23) М. Блейман, *О кино-свидетельские показания*, М., 1947, С. 63.

24) М. Н. Алейников, *Пути советского кино и МХАТ*, М., 1947, С. 71.

적 성격을 지적했다.[25] 네도브로보는 "모스크빈은 〈폴리쿠시카〉에 지극히 연극적인 기법을 부여했다. … 그는 자신의 역할을 10여 개의 단편, 세부로 나누었다".[26] 영화의 공간을 '단편'과 '세부'와 꽉 채우는 것은 모스크빈의 연기와 직결된다. 오늘날에는 모스크빈의 이런 측면이 예전처럼 그렇게 눈에 띄지 않는다.

〈폴리쿠시카〉가 받아들여지지 않았던 이유는 틀림없이 또 다른 차원에 있다. 1920년대에는 오늘날까지도 역사가에 의해 완전히 밝혀지지 않은 모종의 문화가 발생했던바, 그것은 외견상 서로 다른 두 경향의 수렴으로 나타났다. 그 첫 번째는 사회적 유토피아주의의 영역과 관련되는데 합리적인 조직화의 수단을 통해 과거의 일상을 극복하려는 지향으로 표현된다. 두 번째는 이론적 시학의 영역과 관련되는데 형식주의자에 의해 온전히 표명된 이 이념은 합리적인 예술적 기법을 통해 **질료**를 극복하고자 하는 것이다. 사회적 유토피아는 '생산예술'의 지도적 이론가 중 한 사람인 보리스 아르바토프의 선언에서 무엇보다 잘 드러난다.

> 부르주아 사회의 일상, 곧 우리의 일상은 부르주아 사회가 그렇듯이 조직화되지 못했다. 사람들은 말할 줄 모르고, 산책할 줄 모르며, 앉을 줄도, 누울 줄도, 가구를 배치할 줄도 모른다. … 우연성, 개인적 기분 그리고 자격의 완전한 부재, 이것이 현대의 사회적 일상을 특징짓는 것이다. 그것은 형식으로나 질료로나 조직화되지 않았다. … 우리가 일상을 지배하는 것이 아니라 일상이 우리를 지배한다. 자신의 자연력, 파편성 그리고 비조직성을 통해 지배하는 것이다.[27]

---

25) 알레이니코프가 지적하기를, "… 당황함과 반신반의함에서 비롯된 폴리케야의 부산함은 너무나 강조된 나머지 부자연스럽다"(М. Н. Алейников, Указ., соч, C. 62).

26) В. Недоброво, 'Поликушка', *Жизнь искусства*, No. 29, 1926, C. 20.

이 경우 일상은 비조직화된 자연력으로서 등장한다(이는 사닌의 시학에 완벽히 대응된다). 그러나 동시에 그것은 형식을 취해야 할, 장차 가공되어야만 할 질료이기도 하다. 명확하게 표현된 언어, 즉 조직화를 거쳐야만 하는 것이다. 1920년대의 예술적 의식은 일상과 예술적 질료 사이의 등가성을 표현하는 기호를 끊임없이 상정했다. 혼돈성은 이런 대응의 징표가 되었던 것이다.

일상과 질료의 동일성은 볼거리 예술에서 특히 날카롭게 감지되었다. 거기서 조직화되지 못한 연극적 질료 혹은 전(前)카메라적 질료는 언제나 일상적인, 말하자면 형식적이고 언어적인 가공을 필요로 하는 어떤 것으로 묘사되었다.[28] 이런 관점에 따르면, 예술 텍스트에서 일상적인 것은 반드시 존재해야 하지만 그것은 단지 가공되지 않은 원초적 질료의 자격일 뿐이다. 텍스트 속에서 일상의 변형은 예술적 창작의 과정으로 이해된다. 시클롭스키는 〈폴리쿠시카〉에서의 이런 충돌을 유희적으로 지적했다.

이 필름에서는 톨스토이가 말한 것이 정직하게 찍혔다. 그러나 산문작가인 톨스토이에게 있는 그대로의 사물은 전혀 필요하지 않았다. 그에게 필요했던 건 그가 보여 주는 것대로의 사물이었다. … 물론 양심적인 촬영기사는 카메라를 갖다 놓고 사진에 나올 듯한 지주 부인을 찍었다. … 한편 레프 니콜라이비치 톨스토이에게는 그가 자신의 이야기에서 살아 있는 지주 부인을 만들어 낼 수 있는 한 그런 지주부인은

---

27) Б. Арватов, *От режиссуры театра к монтажу быта*, Эрмитаж, No. 11, 1922, С. 3.

28) 1927년에 고보즈데프(А. Гвоздев)는 많은 연극언어의 취약점을 이렇게 묘사했다. "일상의 벌거벗은 단편이 무대 위에 널브러졌다. 그것들은 연출의 숙고된 계획에 합법적으로 종속되지 못한다"(А. Гвоздев, *Театральная критика*, Л., 1987, С. 57).

필요치 않았다. 지주부인의 사진 따위는 필요 없었던 것이다. [29]

〈폴리쿠시카〉에서 '있는 그대로의 사물'을 보았던 시클롭스키의 발언과 〈폴로쿠시카〉에서 극장을 보았던 다른 평자들의 발언 간에는 이상하지만 원칙적 차이가 없다. 이 경우에 현실과 극장은 공히 영화를 위한 질료로 나타나는바, 극장과 일상 사이에는 특별한 차이가 없는 것이다. 이런 맥락에서 '일상적 극장'이라는 공식은 동어 반복이 된다.

1924년에 에이젠슈테인은 〈파업〉에서 사닌적 모델의 일상 재현의 몇몇 스테레오 타입을 사용했다. 가령, 군중 장면, 싸움, 부분적으로 공간의 조망을 가리면서까지 전면에 배치된 사물 등이 그것이다. 〈폴리쿠시카〉의 슈제트 대립도 반복되는데 절도행위를 의심받는 농노의 자살이 그것이다. 놀랍게도 이런 것들은 평자로 하여금 〈파업〉에서 일상적 영화, 다만 이제는 새로운 공격적 유형의 일상적 영화를 발견하게끔 한다. 왜냐하면 여기서는 일상적 질료가 선명한 언어적 가공, 즉 형식화를 거쳤기 때문이다.

> 만일 여전히 무언가 멀리 있는 것, 미지의 어떤 것(가령, 폼페이의 풍경이나 코뿔소의 생애)이 연대기(움직이는 사진)의 형태로 전달될 수 있다면 잘 알려진 일상의 삶, 모든 평범한 것을 의미 있게 만드는 유일한 방법은 해당 예술, 곧 영화를 통해 그것의 질료를 예술적으로 가공하는 것이다. 조명, 촬영기법 그리고 상영의 순차성이 그 방식들이다. [30]

---

29) B. Шкловский, За 60 лет, *Роботы о кино*, М., 1985, С. 338.

30) Быт в 'Стачке', *Советский Экран*, No. 5, апреля, 28, 1925. 또한 에이젠슈테인은 몽타주를 "일상 그 자체를 전시하는 것"에 대립시켰다(C. Эйзенштейн, Монтаж кино-аттракционов: Из творческого наследия С. М. Эйзенштейна,

이국적 일상은 변형에 처해지지 않을 수도 있다. 왜냐하면 변형은 평범한 일상을 이국적인 것으로 바꾸는 것이기 때문이다. 블레이만은 독일에서 〈폴리쿠시카〉가 성공한 이유를 여기에서 찾는다.

독일에서 〈폴리쿠시카〉의 성공은 필름이 훌륭해서가 아니라 그것이 러시아 농촌의 이국성을 원시적으로 드러내 보였기 때문이다. 31)

한편 바로 그 블레이만이 아브람 롬의 〈3번가 거리〉는 극찬했는데 그 이유는 "집안 일상의 익숙한 물건이 화면에서 마치 낯선 것처럼 주어진다. 일상은 감독에 의해 평범하지 않은, 이국적인 질료로 제시된다". 32)

이 모든 것은 일상성의 문제에 예기치 않은 배음을 부여한다. 잘 가공된 일상은 외국의, 낯선, 다른 종류의 텍스트라는 차원을 획득한다. 새로운 영화는 어떤 의미에서 외국의 것이 된다. 일상적 질료에 '미지의 성격'을 부여하는 수단인 시클롭스키의 '낯설게 하기'는 영화에서는 러시아적인 것을 이국적인 것으로 바꾸는 것이 된다.

'낯선' 영화언어를 수용하는 문제, 러시아적 삶의 혼돈을 미국 영화의 구조적 패러다임을 통해 가공하는 문제가 시대적 아젠다로 대두된다. 여기서 미국 영화는 리듬적 선명함과 명료함의 담지자로 이해되기 시작한다. 〈폴리쿠시카〉의 프로듀서인 젤라브주스키가 영화를 찍으면서 그리피스의 〈불관용〉을 특별히 연구했다는 사실은 흥미롭다. 33) 1925년에 잡지 〈소비에트 스크린〉은 미국 영화,

---

М., 1985, С. 18). 〈파업〉에 대한 시클롭스키의 언급과도 비교하라. "일상적 상황은 단지 트릭을 위한 구실로 취했을 뿐이다"(В. Шкловский, Указ., соч, С. 372).

31) М. Блейман, Указ., соч, С. 63.

32) Там же, С. 77.

특히 그리피스에 대해 논하기를, "이 장면들의 조용하고 느린 동시에 분명한 리듬은 마침 이제껏 우리의 일상적 장면들이 결여했던 바로 그것들을 가졌다".[34]

1924년에 쿨레쇼프는 "우리의 일상과 아메리카니즘"이라는 논문에서 미국 영화적 리듬으로 우리의 일상을 처리할 때의 어려움을 토로하며 이렇게 썼다.

> 일상에 대한 작업을 시작하기에 앞서 사진적으로 용인될 수 있는 방식으로 러시아를 촬영하는 법을 배울 필요가 있다. 선명하고 확실하고 명료하게, 즉 쉽게 받아들여질 수 있도록.[35]

애초부터 사닌의 것과는 반대되는 과제가 부여된다. 무질서와 혼돈을 구현하는 일상의 자리에는 '영화언어'라는 질서화를 거친 일상이 자리해야 한다. 뒤이어 자신의 영화 〈미스터 웨스트〉의 '좋은 장면들'이 어째서 러시아적이 아닌 유럽적 인상을 주는지를 설명하면서 그가 밝히기를,

> 이것은 숏이 유럽화되었기 때문이 아니라 영화적으로 용인되지 않는 잡동사니가 제거되었기 때문이다. 숏에서 러시아의 수탉과도 같은 가짜 화려함과 남루함을 보려는 습관이 포토제니적인 러시아의 단편에 즉각 유럽적인 것처럼 반응하도록 만드는 것이다.[36]

---

33) М. Н. Алейников, Указ., соч, С. 66.

34) А. А. Быт в наших постановках, *Советский Экран*, No. 4, апреля, 14, 1925.

35) Кулешев, *Статьи, Материалы*, М., 1979, С. 127.

36) Там же.

그러나 '수탉 같은 러시아의 화려함과 남루함', 바로 이것은 사닌의 연극적-영화적 체계, 그러니까 일상을 화려한 것으로 코드화하는 바로 그 체계 속에서 표현된 일상에 다름 아니다. 그 결과 새로운 영화는 옛 것으로서의 **러시아적인 것**에 대립되는 **유럽적인 것**이 된다. 이상하게도 새로운 영화언어는 삶의 질료를 가공하게 되는바, 그것은 유토피아적 사회의식이 꿈꾸었던 바로 그것이었다. 환영의 영역에서 영화는 러시아의 거친 현실을 바꿔 놓는 위대한 변형자가 된다. 러시아 영화에 결국 특별한 근거도 없이 연극화된 혼돈이라는 성격이 부여된다. '유럽적인 것 대 러시아적인 것'의 대립은 혁명 이후의 모든 러시아 영화의 수용에 반영되었다.

"가공되지 않은 일상('러시아적인 것') - 영화언어('외국의 것')" 간의 대립이 전혀 상반되는 가치평가를 담고 이미 〈폴리쿠시카〉가 만들어지기 이전에 의식되기 시작했다는 점이 흥미롭다. 1917년 비평가 수르구체프는 논문 "눌리지 않은 베개"에서 외국 영화의 경우 일상의 재현은 '영화언어'를 통한 감독의 과장이 장애로 작용한다고 주장했다.

> 무엇보다도 그(감독 — 얌폴스키)의 상상을 사로잡은 것은 사진이다. 장식, 조명, 가능한 모든 기술적 트릭. 관객에게 제시되는 스크린상의 모든 방에는 등장인물이 사는 것이 아니라 감독의 판타지가 산다. 주의 깊은 눈이라면 남녀 주인공을 감독 멋대로 던져 놓은 그 장소에 실은 아무도 살지 않다는 것을 눈치 챌 것이다. 여기 작은 예가 있다. 소파가 있고 그 위에 사용되지 않은 베개가 있다. 그것은 단지 장식일 뿐 눌리지 않았다. 이것은 비단 베개만의 일이 아니라 행위가 펼쳐지는 모든 배경의 경우도 마찬가지다. 37)

---

37) П. С. (Сургучев), Несмятые подушки (О кинорежиссерах), *Кулисы*, No. 26/27, июля, 2, 1917. 나에게 이 논문을 일러 준 유리 치비얀에게 감사한다.

28

일상이 아니라 '영화언어'를 지향하는 이런 영화를 수르구체프는 '외국 것'이라고 불렀고 1917년에 이는 아직 경멸적인 말이었다. '가능한 모든 기술적' 트릭은 수르구체프의 견해에 따르면 현실의 이상화와 모종의 관련을 맺는 것이었다.

〈폴리쿠시카〉의 촬영감독인 유리 젤라브주스키는 1924년 영화 〈모젤프롬의 담배 파는 소녀〉의 등장인물인 촬영기사 라투긴이 브라이트라는 미국 사업가의 주문에 따라 만든 작은 영화 한편을 삽입했다. 〈새로운 모스크바의 일상〉이란 제목을 단 라투긴의 이 영화는 1924년의 영화에서 이상으로 여겨졌던, 일상을 질서화하려는 시도에 대한 패러디였다. 거기선 똑같은 옷을 입고 열을 지은 아이들이 19세기 지주 저택의 대칭적 건물들 그리고 야자수가 늘어선 연못 앞의 황실 대극장 건물과 나란히 서 있었다.

젤라브주스키의 패러디가 흥미로운 것은 그것이 새로운 소비에트의 일상을 예기치 않게 과거의 봉건적 자취와 더 나아가 〈폴리쿠시카〉에 나왔던 영지에서의 삶의 에피소드와 연결 짓는다는 점 때문만은 아니다. 영화발전의 새로운 노선에서 아이러니하게도 드러나게 된 사실은 모든 이국적 요소에도 불구하고 새롭게 변형된 영화적 일상이란 결국 예기치 않게도 문화적 의식을 〈폴리쿠시카〉의 실험 이전 단계로, 즉 알렉산드린스키 극장의 조건적 무대로 되돌린다는 점이었다. 바로 이런 되돌림이 이후 1930년대에 이반 프리예프나 그리고리 알렉산드로프의 영화를 이상화했던, 할리우드를 향한 지향을 특징지었다는 점은 별다른 설명이 필요 없다.

소비에트 영화의 이후 진화과정만이 〈폴리쿠시카〉가 동시대 영화로부터 얼마나 뒤처진 동시에 그것을 앞질러 갔는지를 온전히 이해할 수 있게 해 주었다. 질서화하는 영화언어의 요소와 카오스로서의 현실 간의 관계라는 보편 문제에 개입하면서, 사닌의 사례는

영화발전의 어떤 보편 법칙을 예시해 주었다. 동시대 영화 패러다
임의 코드를 극복하는 과정에서 그것이 처하게 된 상황은 새로운
관례성의 체계를 통해 자신만의 고유한 극복 프로그램을 짜는 텍스
트의 상황과 동일했다. 〈폴리쿠시카〉의 창작자들이 새로운 언어로
서 의미화했던 것은 비평가에게는 언어적 가공을 필요로 하는 설익
은 질료 자체로 간주되었던 것이다. 이런 관점에서 〈폴리쿠시카〉는
이후에 아직은 텍스트가 아닌 것, 말하자면 텍스트 이전의 것으로
받아들여졌다. 문화에서 그와 같은 전(前)텍스트의 역할은 지극히
크다. 〈폴리쿠시카〉의 경우, '있는 그대로의 삶'은 영화가 자신의
새로운 언어를 통해 번역함으로써 '극복해야만' 할 연극적 체계와
동일시되는 사태가 일어났다. 이렇게 해서 현실은 번역을 필요로
하는 질료로서 주어지게 되었던 것이다. (넓은 의미에서의) 번역은
문화 발전의 근원적인 메커니즘이다. 민족적인 것을 민족 외적인
영화언어로 번역하는 형식 또한 그중 하나인 것이다.

— 1990

제7장

타인의 현실

이 논문은 러시아 영화사에 있었던 흥미로운 에피소드에 관한 것이다. 그 에피소드는 레프 이론가들이 몽타주에서 벗어나고자 우연적·부가적인 것이라 할 영화형식에 근본적·근원적인 것으로서의 질료를 대립시키려 한 시도를 말한다. 이런 관점에서 보면 영화의 몽타주, 즉 완성된 영화 자체는 있는 그대로의 현실과 본질적으로 동일시되는 질료 안에 담긴 애초의 의미를 제한하고 축소하는 계기에 불과한 것이 된다. 어떤 의미에서 레프 이론가들은 물질을 잠재성, 가능성, 가능태의 구현체로 보고 형식을 일종의 현실태로 간주하는 아리스토텔레스의 입장을 따른다. 레프의 이런 예기치 않은 아리스토텔레스주의는 상당히 멀리까지 나아갔다. 오늘날의 시각에서 보면 기이하게 여겨질 수도 있겠지만 영화적 의미를 원칙상 언어 외적인 것으로 이해할 가능성, 즉 레프 이론가들의 견해대로라면 사진 질료 자체 안에 내재하는 의미가 몽타주를 통해 여러 방식으로 실현되면서 그 충만함을 상실하는 것으로 이해할 가능성은 1920년대 말의 논쟁에서 극단적인 형태로 제기되었다. 그 결과 아카이브는 의미의 주요한 담지자로 이해되기 시작했고 반면 영화는 그것을 역사적으로 수축시킨 것으로 받아들여졌다. 제기되지 못했던 그리고 아마도 과거 논쟁의 프레임 안에서는 해결될 수 없었던 문제가 있다면 그것은 역사에 관한 것이었다. 그것은 이렇게 정식화할 수 있다. 역사가 질료 속으로 침투하는 것은 언제인가? 촬영의 순간인가, 아카이브의 창조 순간인가, 아니면 몽타주의 순간인가? (여기서 의미는 역사적 조직체로서 이해되어야만 한다.) 몽타주는 질료의 역사 외적 의미를 표현의 역사적 구체성에 이르기까지 축소하는 의미에서 역사적 공정으로 바라봐야 하는가? 이 논문에서 다루어질 슈브의 영화의 경우, 그것은 촬영의 순간에 해당하는가, 몽타주의 순간에 해당하는가? 이러한 물음은 충분히 제기할 만하다. 아마도 이 물음은 상호교차하면서 의미를 만들어 내는 두 유형의 시간성을 고려할 때만 해결될 수 있을 것이다. 나는 이 책의 제3부에서 동일한 문제를 제기하며 바로 그러한 전략을 견지하고자 했다.

에스피르 슈브[1]는 1927년에 과거 혁명전 연대기의 단편들을 몽타주한 자신의 첫 영화 〈로마노프 왕조의 몰락〉을 내놓았다. 이 작품은 열렬히 환영받았고 소비에트 다큐멘터리 영화발전의 이정표가 되었다. 몇몇 연구자의 견해에 따르면 이 영화는 소비에트 다큐멘터리사의 '두 번째 단계'를 열었다.[2] 슈브의 영화는 거의 순식간에 다큐영화의 모범이 되었고 지가 베르토프로 대변되는 이전 시기를 비판하기 위한 준거점이 되었다.

완전히 아카이브 질료로만 만들어진 이 영화는 이제 과거에 베르토프에게 영광을 안겨준 '삶의 즉석 연기'식[3] 촬영과 대립되었다. 이런 저런 형식을 통해 현실과 직접 접촉하려는 시도는 연대기 아카이브의 몽타주에 밀려 신임을 잃었다. 내 생각에 1920년대에 발생한 예술 이데올로기의 이 격변은 특별한 고찰을 요하는 중대한 문제이다.

1920년대 중반에 널리 퍼진 베르토프를 향한 비난의 골자는 다음

---

1) [옮긴이 주] 에스피르 슈브(E. Shub, 1894~1953)는 우크라이나 태생의 영화감독으로 대표작으로는 〈로마노프 왕조의 몰락〉, 〈위대한 길〉(1927), 〈레프 톨스토이와 니콜라이 2세의 러시아〉(1928) 등이 있다. 그녀는 다큐멘터리 영화에서 역사적 기록물 사용의 선구자로 알려졌다.

2) Т. Селезнева, *Киномысль 1920-х годов*, Л., 1972, С. 43. 예를 들어, Так же. Лейда Д, *Из Фильмов-фильм*, М., 1966, С. 41를 보라.

3) [옮긴이 주] "삶의 즉석 연기"(Жизнь врасплох)는 "영화-눈"(kino-eye) 개념과 더불어 베르토프 영화이론의 중요한 한 축을 이룬다. 그것은 한마디로 의도되지 않은 채 나도 모르게 잡혀진 삶(life unawared)을 뜻하는데 영화적 용어로 풀자면 연출되지 않은 삶에 해당한다. 이를 위해 베르토프는 숨겨진 카메라를 비롯한 각종 영화적 기법을 동원했다. 그는 이런 의식되지 않은 삶의 순간을 카메라에 담게 되면 현실에서는 보이지 않는 어떤 것이 '영화적 진실'로서 포착될 수 있다고(즉, 현실의 '간격'이 드러나게 된다고) 생각했다. 하지만 그 현실이란 결코 있는 그대로의 현실을 그냥 보여 주는 것이 아니라, 언제나 영화적 수단을 통해 (재)구성된 결과, 즉 몽타주 편집이라는 필수적 '가공'의 과정을 거칠 때 비로소 온전히 드러나는 것이다.

과 같다. 베르토프는 도큐먼트를 배반했다. 그는 연대기성을 이탈했다. 이런 비난은 과거의 동지와 추종자, 즉 레프 이론가들 측에서 나왔다. 그러니까 그 비난은 당대 현실을 관찰하는 일을 자신의 소명으로 간주했던 바로 그 사람을 향했던 것이다. 반면 옛 연대기를 가지고 작업한 슈브는 의심받지 않았다. 당대 사람들에게 영화 도서관에서 작업하는 것은 감독을 둘러싼 현실을 대상으로 작업하는 것보다 훨씬 더 큰 다큐멘터리성을 보장해 주는 담보로 여겨졌던 것이다.

심지어 베르토프가 타인의 연대기를 가지고 작업한 것조차 비난을 불렀다. 시클롭스키는 베르토프의 영화 〈소비에트여 전진하라!〉에 대해 이렇게 썼다.

이 영화에서 대부분의 장면은 베르토프의 의도에 따라 촬영되지 않았다. … 그러나 나는 베르토프가 가공한 연대기 질료가 자신의 혼이라고 할 수 있는 다큐멘터리성을 잃었다고 본다. 연대기는 서명과 날짜를 필요로 한다. … 지가 베르토프는 연대기를 자른다. 여기서 그의 작업은 예술적으로 적극적이지 않다. 그는 연대기를 잘라내 그 조각들을 자신의 그림에 끼워 넣는 우리 무대감독들과 마찬가지로 작업한다. 이 감독들은 우리의 필름라이브러리를 흠씬 두들겨 맞은 필름 더미로 바꿔 놓는다. 4)

시클롭스키의 비난은 가만히 생각해 보면 사실 별것 아니다. 그는 베르토프가 자기 영화에 쓰려고 타인의 연대기를 잘라냈다고 그래서 필름 라이브러리에 손실을 가했다고 비난한다. 이 평자에게는 베르토프의 영화보다 필름보관소의 보존이 더 중요한 것이다.

〈소비에트 스크린〉의 편집자 중 한 명인 아즈마일 우라죠프는 베

---

4) В. Шкловский, За 60 лет: *Работа о кино*, *Искусство*, М., 1985, CC. 78~79.

르토프를 옹호하면서 시클롭스키에게 이렇게 대답했다.

　　그들에게는 아카이브가 있습니다. 허나 아카이브란 것이 대체 무엇
　　입니까? 물론 아카이브를 사용할 줄 알아야 합니다. 하지만 중요한
　　건 몽타주입니다. … 긴 분량의 몽타주는 좋지 않아요. 그건 피곤하
　　게 합니다. 마치 영화관이 아니라 극장에 있는 것처럼 여겨지기 시
　　작할 겁니다. 거기선 영화적 가능성의 모든 것, 즉 영화의 리듬과 템
　　포가 사용되지 않습니다. 5)

　물론 우라죠프는 베르토프에게 영광을 가져다주었던 리드미컬한
몽타주가 이제 연대기의 '두 번째 시기'와 함께 의심의 대상이 되었
다는 것을 이해하지 못한다. 〈로마노프 왕조의 몰락〉을 만듦으로써
슈브는 모든 것의 종지부를 찍었고 '긴 분량'의 몽타주가 정전되는
시대가 왔다.
　베르토프의 영화에 대한 좌익 비평가들의 대응은 오포야즈(시어
연구회) 이론가들에 의해 형성되어 레프 이론가들의 무기가 된 바
있는 예술적 진화에 관한 일정한 개념에 의해 거의 전적으로 결정
되었다. 이 개념에 따르면 문화의 전면에 나서는 것은 작품의 질료
일 때도 있고 작품의 구성일 때도 있다. 레프 이론가들은 현 문화
가 질료가 지배소가 되는 단계로 진입했다고 간주했다. 시클롭스키
는 1926년 초에 이렇게 썼다.

　　… 우리는 곧 아넥도트를 기지에 찬 전언이라 여기지 않게 될 것이
　　다. 그 대신에 잡지의 소사(小事)란에 게재된 사실들을 그렇게 여기
　　게 될 것이다. 6)

---

5) И. Уразов, Он шагает к жизни : как она есть, *Советский Экран*, No. 32,
августа, 10, 1926, С. 6.

이는 텍스트의 조직화 원칙이었던 구성의 최종적 죽음을 의미하는
것이다. 잡지는 예술 텍스트의 모델이 된다.[7] 잡지뿐 아니라 회상
기 선집, 편지도 그러하다. 1927년에 오십 브릭은 이렇게 썼다.

> … (작품의 ― 얌폴스키) 총체성은 질료를 가공하기 위해 추려진 것
> 들의 개별적 속성을 억누름으로써 달성된다. 이 질료에 대한 증대된
> 관심은 불가피하게 플롯상의 가공의 힘을 약화시킬 수밖에 없다. 사
> 람들은 현실의 질료가 그들에게 본래적 상태 그대로 전달되게 하도
> 록, 플롯이 현실의 질료를 불구로 만들도록 내버려 두지 않는다. …
> 사람들이 서로 미약하게 관련된 현실적 사실을 더 좋아하는 이유가
> 바로 그것이다. 잘 짜인 플롯 구성 안에서 이 사실은 마치 프로크루
> 스테스의 침대처럼 억지로 끼워 맞춰진다.[8]

---

6) B. Шкловский, *Гамбергский счет*, M., 1990, C. 195.

7) '잡지 모델'의 물신화는 자연스럽게 몇몇 비평가의 반론을 불러일으켰는데 그들
은 타인의 도큐먼트를 '잡지식으로' 몽타주하는 경향을 비판하기 위해서 촬영감
독의 형상을 창작 과정의 중심에 가져다 놓기 시작했다. 이는 촬영감독의 촬영
이 몽타주의 원칙을 도입하는 것으로 여겨졌기 때문이었다. 이런 비평가 중 한
명인 보리소프는 이렇게 썼다. "이 구절들의 작가는 한 동료가 가위를 사용해
어떤 잡지의 20여 개 기사 가운데 21번째를 어떻게 도려내는지 보았다. 이게
정말 예술인가? 아니다, 단지 트릭일 뿐이다. 〈세계의 6분의 1〉에서는 모든
장면의 30~40%가 이른바 '콘트라타입', 즉 여러 장면에서 잘라낸 조각들이다.
서로를 이어 주는 아무런 단일한 예술적 구상 없이 각자 나름대로 찍은 수십
개의 촬영 장면의 조각이 이어진다. 감독은 촬영에 참여하지 않는데 여기서 감
독의 결정적 역할은 가위를 들고 타인의 질료를 자르고 붙이는 몽타주 작업에
있다. 즉, 여기서도 예의 그 트릭이 문제인 것이다"(Д. Борисов, Шестая час
ть мира(особое мнение), *Кино*, No. 3, Января, 15, 1927, C. 2).

8) O. Брик, Фиксация факта, *Новый Леф*, No. 11/12, 1927, CC. 48~50. 브릭
이 설명하기를, "전면에 나서는 것은 질료이다. 반면 예술작품은 그것을 구체화
를 위한 가능한 방법 중 하나에 불과하다. 게다가 그 방법은 결코 완벽하지 않다.
예전에는 모든 왜곡, 의도를 띤 질료의 선별이 예술창작의 필수적 조건, 말하자
면 플러스로 여겨졌다. 그런데 지금은 바로 그런 왜곡, 그런 의도를 띤 선별이 방법

베르토프의 시적 몽타주는 다시금 구성을 전면에 내세움으로써 본질상 질료의 자동성과 자기 충족적 성격을 극복했다. 9) 이런 '구성의 재건'을 시클롭스키는 '플롯 외적인 작품의 소아병'10)이라 불렀다. 이렇듯 도큐먼트에 질료의 의미를 되돌려주려는 지향이 베르토프의 리드미컬하고 열정적인 몽타주를 비판하고 긴 분량의 더 간단한 몽타주로 되돌아가도록 이끌었다. 시클롭스키가 말하기를,

> 우리는 날고기를 먹은 퉁구스족이 어떻게 입과 손을 훔치는지를 보지 못한다. 왜냐하면 지가 베르토프의 방법에서는 그런 순간을 보여 준다는 것이 부르주아가 세련된 손수건으로 막 입술을 훔치는 장면을 보여 주는 것과 다르지 않기 때문이다. 11)

질료는 그것을 주의 깊게 관찰할 수 있을 때만 질료로 남을 수 있다. 이런 관찰은 구성이 영화에서 주변적인 것이 되도록 만든다. 몽타주 단편의 길이는 슈브의 가장 주요한 형식적 성취 중 하나가 되었다. 쿨레쇼프는 이렇게 썼다.

> 사건은 자세히 관찰할 수 있게 보여야만 한다. 12)

적 단점, 즉 마이너스로 간주된다"(О. Брик, Разложение сюжета: Литература факта, *Первый сборник материалов работников ЛЕФа*, 2-е изд., М., 2000, С. 228).

9) 일리야 에렌부르그는 이를 다음과 같이 정식화했다. "그의 실천은 추상적이다. … 베르토프의 작품들은 현실의 공고화로 결정된다. … 사실상 이는 세계에 대한 고통스럽고 복잡한, 실험실적인 분석이다. 이것은 큐비즘이 회화에서 행했던 바로 그것이다"(И. Эренбург, *Материализация финтастики*, М./Л., 1927, С. 17).

10) В. Шкловский, *Гамбургский счет*, С. 401.

11) В. Шкловский, *За 60 лет*, С. 361.

그는 바로 그런 속성을 슈브에게서 감지했던 것이고 동시에 미하일 카우프만에게서는 '빠른 몽타주를 향한 본능적인 이끌림'을 발견했던 것이다. "좋은 단편이 너무나 짧다. 관찰할 만한 여유가 없다."[13] 슈브 자신이 자신의 몽타주의 근본원칙을 이렇게 정식화했다. "사실을 지향할 것, 사실을 단지 보여 줄 것이 아니라 그것을 관찰하도록 만들 것, 관찰한 후 기억하도록 만들 것을 지향한다."[14]

관찰을 향한 이런 지향은 심원한 의미를 지닌다. 그것은 연대기의 질료를 무언가 관객과 감독으로부터 동떨어진 미지의 낯선 대상, 약간 떨어져서 주의 깊게 살펴봐야 할 어떤 것으로 만든다. 시클롭스키는 본연의 표현성을 동반하는 질료의 이런 소격(疏隔)의 불가피성을 다음과 같이 정식화했다.

> … 예술에서 무엇보다 중요한 것은 그것에 관여되지 못하도록, 거리의 감각을 보존하는 것이다. 즉, 자신의 질료가 다가오지 못하도록 그에 대한 배경적 관계를 유지하는 것이 필요하다. 그건 권투나 펜싱에서와 마찬가지다. [15]

---

12) Лев. Кулешев, Собр., соч: В.3т., Т.1, М., 1987, С.117. 퉁구스족과 부르주아가 어떻게 입술을 훔치는지를 비교하는 일이 아니라 바로 이 단편의 길이가 본질적이다. 가령, 쿨레쇼프는 일에 지친 농부가 입술을 훔치는 장면과 마주르카를 추고 난 후의 황실을 비교하는 병행 몽타주에 대해 높이 평가하며 이렇게 쓴다. "춤 이후 입술을 닦는 장면과 붙어 있는 황녀의 마주르카 장면은 그와 같은 숏의 전문가인 에리히 폰 슈트로하임의 세속적 풍자의 전범에 해당하는 강력한 장면이다"(Там же, С.119).

13) Там же, С.118.

14) Э. Шуб, *Жизнь моя-кинематограф*, М., 1972, С.268.

15) В. Шкловский, *Гамбургский счет*, С.218. 질료와 현실 사이의 거리는 순전히 물리적 형식으로도 받아들여질 수 있다. 가령, 구성주의자 강은 베르토프의 첫 번째 영화 〈영화-진실〉에서 독일 비행기 '융케르스'를 보여 준 장면을 가장 훌륭한 에피소드로 간주했는데 그것은 "관찰의 대상이 되기도 하면서 동시에 하늘

쿨레쇼프는 사실상 베르토프와의 논쟁에서 같은 상황을 다르게 정식화했다.

> 비상업 영화는 사건에 대한 예술가의 주관적 인상을 보여줘서는 안된다. 그 예술가의 확신이 아무리 옳은 것이라 하더라도. 연대기는 사건을 올바르게 드러내야 하며 연대기의 몽타주 형식을 결정하는 것은 감독이 아니라 질료이다. 16)

연대기에서 주관성을 추방하는 것, 질료에 대한 거리 두기라는 이런 공리는 슈브에 의해서 또 하나의 본질적 특징으로 실현되었다. 그것은 **타인**에 의해 촬영된 것, 즉 이미 준비된 질료를 사용하는 것이다. 현실과 동일시되는 도큐먼트는 그렇게 해서 **다른 사람**이 본 질료로 이해된다. 현실에 대한 감독 자신의 시각은 타인의 묘사에 대한 감독의 견해로 바꿔치기 된다. 바로 이런 맥락에서 베르토프가 필름 라이브러리를 파괴했다는 시클롭스키의 비난은 의미를 갖는다. 필름 라이브러리는 예기치 않은 방식으로 현실의 유비, 즉 타인의 묘사를 저장해 놓은 저장고가 되는 것이다.

필름 라이브러리의 창조는 이어지는 영화발전의 조건이 된다. 아카이브는 그렇게 해서 단순한 필름저장고의 범위를 넘어서는 특별한 의미를 획득한다. 거의 알려지지 않은 1920년대 영화사상의 이러한 측면은 보다 집중적인 관심을 받을 만한 가치가 있다.

1920년대 초반부터 연대기를 찍어야 한다는 요구는 좌파 영화선

에서 땅, 도시 사람, 한마디로 우리가 현실적 존재라고 부르는 모든 것을 전체적으로 관찰할 수 있는 기회를 제공하는 수단이기도 했다"(A. Ган, Наше на экране, *Эрмитаж*, No. 8, июля 4~10, 1922, С. 15). '현실적 존재', 그것은 비행기에서 내려다본 것, 그러니까 최대한 거리를 둔 관찰인 것이다.

16) Л. Кулешов, Указ., соч, С. 117.

언문들의 공통 사항이었다. 그러나 1920년대 중반부터 영화창조의 과정은 시간이 지날수록 더욱 빈번히 두 단계로 나뉘기 시작했다. 첫 번째는 연대기(라는 이름의) 혼돈스럽고 총체적인 기록인데 이는 차후에 필름 라이브러리에 쌓여 분류되어야 한다. 두 번째 단계는 이 타인의 연대기를 몽타주하는 일, 요컨대 필름의 창조 과정과 연결된다. 첫 단계에서 질료의 축적은 아무런 예술적 과제에도 복속되지 않는다. 가장 이상적인 경우, 그것은 서로 상관없는 수천의 사람에 의해 이루어진다. 세르게이 트레치야코프는 이렇게 썼다.

> 수천의 사진 애호가, 대중 그리고 르포 기자는 비숙련성과 설익음에도 불구하고 잠재적인 사실수집가이다. 그들을 고도의 전문성의 수준까지 끌어올려야 한다. 그들은 예술의 진정한 사회화에서 그 어떤 숙련된 예술적 장인보다도 더 큰 가치가 있다. … 17)

이 사실수집가의 장점은 아무런 예술적 지향도 갖지 않는다는 것 그래서 왜곡되지 않은 도큐먼트를 만들어 낼 수 있다는 점에 있다.

슈브의 경험이 보여 주는 것은 좋은 영화란 필름 라이브러리의 질료에서 만들어져야 한다는 것이다. 이 질료의 빈약함은 영화발전을 가로막는다. 마야콥스키는 예술영화에 투자되는 자금을 연대기로 돌릴 것을 주장했다.

> 이는 〈로마노프 왕가의 몰락〉이나 〈위대한 길〉과 같은 훌륭한 작품이 창작되도록 도울 것이다. 18)

페페르도 그에 가세했다.

---

17) С. Третьяков, Продолжеие следует, *Новый Леф*, No. 12, 1928, С. 4.
18) В. Маяковский, Полн, собю соч., Т. 12, М., 1959, С. 147.

… 연대기는 현재만 바라보고 촬영할 것이 아니라 미래의 커다란 연대기 영화를 염두에 두고 촬영해야 할 것이다. [19]

하지만 누구보다 체계적으로 이런 견해를 표명한 사람은 물론 오십 브릭이었다.

물론 가장 극단적 방식은 모든 작업장을 폐쇄하고 현실의 사물을 찍으러 촬영감독을 사방으로 보내는 것이다. 그렇게 되면 우리는 얼마간 시간이 흐른 후 로마노프 왕조가 거둔 것과 같은 승리를 수십 가지 얻을 수 있을 것이다. 그러나 만일 이것이 불가능하다면, 작업실에서의 활동을 50%만이라도 줄이고 그것을 실제 현실과 관련된 작업에 써야 할 것이다. [20]

이 선언에서 가장 놀라운 점은 당대를 향한 영화작업은 사실상 중단되고 영화가 미래를 위해, 즉 '얼마간 시간이 지난 후' 슈브의 작품과 같은 대작을 얻기 위해 작업하기 시작해야 한다는 것이다. 도큐먼트는 단지 감독으로부터만 거리를 두는 것이 아니다. 그것은 **과거**의 도큐먼트가 된다. 당대의 현실을 반영하는 것은 불가능해진다. 시클롭스키가 말한 '거리의 감각'은 시간적 거리에 대한 감각이 된다. 즉, 타인의 것이란 지나 가버린 것이 되는 것이다. 이런 시간적 거리의 감각은 레프 이론가들의 토론에서 공통적인 것이었고 '제삼자'인 에사키아는 이에 놀라움을 감출 수 없었다.

슈브는 우리 시대가 극히 흥미롭기 때문에 미래를 위해 그것을 묘사해야만 한다고, 즉 미래에 우리 시대에 대한 개념을 가질 수 있도록

---

19) В. Фефер, 10 лет, *Советский Экран*, No. 44, ноября, 1, 1927, С. 6.
20) О. М. Брик, Победа факта, *Кино*, No. 14, апреля, 5, 1927, С. 3.

모든 것을 축적해야만 한다고 천명했다. 이미 그것은 아카이브 작업과 다르지 않다. 21)

현실에 대한 직접적 관계의 불가능성, 아카이브의 형태로 현실을 복제해야 할 이런 필요성은 사실 17세기 유럽 문화에서 처음으로 나타난 흥미로운 인식론적 전환이다. 미셸 앙리는 이를 '엑스터시의 현상'이라 정의하며 가상디라는 이름과 관련지었다. 가상디는 데카르트에 관한 해석에서 시각 과정을 복제해야 할 필요성에 도달했다. 가상디의 견해에 따르면 시각은 오직 무아지경(*ex-stasis*)으로서만 가능한바, 자신의 경계 밖으로 나가 외부에서 자기 자신을 바라보는 일이 그것이다. 말하자면 현실이 재현으로 바뀔 때, 오직 그것이 복제될 때만 가능해지는 것이다. 22) 연대기와 관련해 시클롭스키가 말한 거리는 '엑스터시 현상'이라는 레프 이데올로기에 온전히 스며들었는데 그에 따르면 세계를 직접 보는 것은 불가능하며 그에 대한 시각은 이해가 그런 것처럼 오직 이미 보인 것을 통해서만 가능하다. 지식은 전적으로 복제의 체계를 통해서 주어지는 것이다. 이런 미메시스적 전환은 레프의 이론적 입장에 특별히 역설적이다. 왜냐하면 그들의 시학은 원칙적으로 시뮬라크르, 미메시스 그리고 현실의 모든 '예술적' **복제**에 반하는 것이기 때문이다. 브릭

---

21) Леф и кино, *Новый Леф*, No. 11/12, 1927, С. 66. 브릭은 '필름 라이브러리에서 찍어야 할' 필요성에 관해 공공연히 언급했다(Там же, С. 65).

22) "… 손가락 끝은 자신을 건드릴 수 없고 눈은 자신을 볼 수 없으며 인식은 스스로를 알 수 없다. 가상디가 주장한 구조적-존재론적 상태, 손가락 끝, 눈, 인식, 이성이 그 사진의 구조적 존재 조건 이외의 어떤 것을 경험할 수 있는 상태는 다름 아닌 엑스타스의 대립 구조이다. 이는 그 사진에서 벗어난 상태, 눈이 그 자신 앞에 놓여 스스로를 볼 수 있게 되는 상태이다"(M. Henry, The soul according to decartes, In S. Voss (Ed.), *Essays on the philosophy and science of rené descartes*, New York/Oxford, 1933, p. 43).

과 그 동조자들에게 복제의 '예술성'은 제거되었지만 **복제** 자체, 미메시스 자체는 보존되고 심지어 전면화되었던 것이다.

에사키아는 논리의 역설을 정확하게 집어냈다. 오늘날의 중요성은 미래를 위해 질료를 축적해야 할 필요성을 끌어낸다. 당대의 세기는 아직 필름 라이브러리의 질료로 바뀌지 않았기 때문에 스크린에 반영될 수 없다. 바로 이로부터 당대의 질료를 서둘러 '아카이브화'해야 하는 절대적 요구가 생겨난다. 하지만 그런 식의 추론은 결국 본질상 필름 라이브러리가 현실과 동등하다는 것을 증명하게 된다. 그것은 현실과 마찬가지로 거대한 현상을 포괄해야 하고 현실처럼 그 현상들을 '날것 그대로', 가공되지 않은 상태로 보존해야만한다. 연대기의 질료가 현실 자체이기 때문에 필름 라이브러리는 자신 안에 현실을 포함하게 되고 결국 현실의 보편적이고 유토피아적인 저장고가 되기에 이른다.

아카이브는 또한 총체적 성격을 가져야 한다. 왜냐하면 지금으로선 10년 뒤에 어떤 테마가 시의성을 갖게 될지 그 누구도 말할 수 없기 때문이다. 필름 위에는 아무런 선택 없이 말 그대로 현실 전체가 기록되어야 한다. 트레치야코프는 이 테마를 다음과 같이 판단했다.

> 지금 사람들이 말하기를, 10년 전에는 무엇을 찍어야 할지 몰랐기 때문에 영화 〈위대한 길〉을 만들어 내기 어려웠을 거라고 한다. 그러나 만일 우리가 연대기와의 투쟁에서 승리한다면 당신은 10년 후의 사람들이 우리의 필름 라이브러리를 보고 더 행복해질 것이라고 확신할 수 있겠는가? 아마도 사람들은 10년 전에 완벽하게 찍었다고 생각할 것이다. … 어쩌면 10년 후에는 인민위원이 말하는 도중에 뺨의 모세혈관이 팽창하는 것이 엄청나게 중요해질지 모르는데 우린 그것을 찍지 않았다. 23)

이런 식의 문제설정은 영화적 의식에 하나의 본질적 대립을 도입한다. 그것은 엄격하게 날짜가 기입된 사건으로서의 영화와 초시간적인 영원한 의미를 담은 도큐먼트로서의 질료 사이의 대립이다. 질료는 잠재적으로 모든 미래의 가능성을 포함해야 하며 그 때문에 시간적 차원을 초월한다. 질료는 시간의 흐름에서 떨어져 나왔고 인용이 그런 것처럼 시간성 외부에 존재한다. 질료의 이런 초월성이 특별히 역설적인 이유는 질료란 그것이 만들어진 시간과 공간에 전적으로 매여야만 한다는 점, 즉 분류되어야만 한다는 점 때문이다. 트레치야코프가 단언하기를 "연대기에서 중요한 것은 어떤 사람이 언제 어디서 무엇을 했다는 것이 스크린 위에 명시되어야만 한다는 점이다. 만일 이런 장면의 '이름'이 사라져 버리면 사물은 보편화되고 상투적이고 비인칭적인 것으로 보인다".24) 하지만 도큐먼트의 이런 '이름'은 그것을 과거와 관련지어 돌이킬 수 없게 하는 바, 바로 저 소격화된 거리를 부여하게 되는 것이다. 이 거리는 질료에 대한 일시적이고 찰나적인 관점을 표현하는 영화와는 다른, 영원함의 특성을 질료에 부여한다.

소비에트식 연대기의 조직자 중 한 명인 볼탄스키는 이 대립을 훨씬 더 극단적인, 심지어 환상적인 형태로 표현했다.

영화에서 흔히 말하는 것처럼 '진짜' '영원한' 영화-사물은 연대기 질료에서 몽타주해서는 안 된다. 그처럼 질료에서 몽타주한 작업은 사회심리학의 관점에서, 그러니까 기껏해야 1~2년의 선전 과제에 따른 의미밖에 지닐 수가 없다. 1년 후에는 또 다른 것이 또 다른 형식과 질료의 배합을 요구하게 된다. 그러나 대신에 연대기적 영화는

---

23) Леф и кино, С. 52.
24) Леф и кино, С. 54.

계속해서 갱신될 수 있는데 구성성분(질료)을 분해하고 이 질료를 새롭게 조합할 수 있는 것이다. 연대기의 질료는 예술적 숏의 질료와 달리 항상적 가치를 갖는다. '영원한' 연대적, 몽타주적 영화-사물은 없다. 그리고 연대기적 장면 연출의 위대한 몽타주-장인인 베르토프의 비극이 바로 여기에 있다. 그는 '영화-눈', '영화-진실'이 일정 시간이 지나면 사라진다는 사실을 받아들일 수도, 이해할 수도 없다. 허나 이는 불가피하다. 왜냐하면 연대기에서 근본적 가치를 갖는 것은 오직 질료이기 때문이다. … 그래서 10년 동안 계속 다양한 방식으로 조합할 수 있는 질료와 촬영을 같은 제목과 동일한 형태로 보존하려는 투쟁과 싸움이 나타난다. 찍힌 상태 그대로의 질료를 파괴로부터 보존하는 일이 특히 중요해진다. [25]

영화와 필름 라이브러리의 관계에서는 말할 것도 없이 후자가 선호된다. 필름 라이브러리는 영화들의 원천이자 그것들이 파괴되는 장소이기도 하다. 영화는 땅에서 태어나 땅으로 돌아가듯이 필름 라이브러리에서 태어나고 죽는다. 도큐먼트의 영원함은 영화의 일시성을 삼킨다. 이와 같은 입장은 아카이브 질료의 유한성 문제를 나름대로 해결한다. 이 질료가 항상적인 재조합의 질료로 이해되면서 필름 라이브러리는 미래의 영화를 위한 고갈되지 않는 원천이 된다. '타자의 것'은 결코 '나의 것'으로 완전히 용해되지 않는바, 그것은 조만간 다시 작가적 관점으로부터 소격화되어 시간 외적으로 캡슐화된 본래적 자족성으로 되돌아간다.

질료의 재조합과 더불어 끊임없이 영화를 추출하기 위한 또 다른 방법이 존재한다. 페르쵸프는 필름 라이브러리를 일종의 보르헤스적인 도서관으로 이해할 것을 제안한다.

---

25) Г. Болтянский, Мысли о кинохронике, *Советский Экран*, No. 17, апреля, 26, 1927, С. 14.

물론 테마는 필름 라이브러리를 수직적으로 (역사적으로) 잘라낼 수 있겠지만 그것은 어떤 방향으로든 가능하다. ··· 26)

필름 라이브러리의 절단은 영화창조의 본질적 단계로 바뀐다. 그와 같은 아카이브적 공정은 질료의 분류화 작업과 마찬가지로 텍스트 창조의 한 단계로 이해되기 시작한다.

가령, 시클롭스키는 〈로마노프 왕조의 몰락〉의 의미를 다음과 같은 범주로 표현했다. "진짜 승리는 필름 목록(연대기 질료 — 얌폴스키)을 관찰한 결과 얻어진 것이었다."27) 혹은 이렇게 말할 수도 있다. "몽타주 시트28)에 따라 선택된 것, 능숙한 릴에서 누락되어 필름 라이브러리의 지하에 쌓인 것이 대개 공장에서 출시된 것보다 훨씬 더 흥미롭다."29) 이런 언급은 대단히 흥미롭다. 몽타주 시트에 따라 엄선된 질료는 완성된 영화보다 더 재미있다. 즉, 텍스트보다 카탈로그가 더 중요한 것이다. 페르쵸프는 카탈로그는 영화가 아니라는 것을 증명한다. 그런데 이 증명은 그 자체로 수사 이상의 것이다. 그가 쓰기를,

단편들의 목록을 정리하는 것은 필름 라이브러리의 임무이다. 그리고 이는 시간이 지날수록 영화 풍경의 전시와 같은 특정한 자질에 따라 단편들을 추출한 나름의 전시회가 된다. 하지만 그런 전시는 몽타주에 기초한 유기적 전체로서의 영화-장면과 아무런 공통점을 갖지 않는다. 30)

---

26) В. Перцов, 'Игра' и демонстрация, *Новый Леф*, No. 11/12, 1927, С. 34.

27) В. Шкловский, Картина-документ, *Кино*, No. 11, марта, 12, 1927, С. 2.

28) [옮긴이 주] 완성본을 만들기 이전에 사용하는 모형을 말한다.

29) Там же.

30) В. Перцов, Указ., соч, С. 35.

주지하다시피, 몽타주는 항상 텍스트를 유기적이고 이상적인 모종의 전체로 구성하는 상위의 단계로서 묘사되었다. 그러나 1920년대 중반 레프 이론가들이 형성한 몽타주의 원칙 자체는 본질상 아카이브식 목록화의 원칙과 크게 다르지 않았다. 카탈로그는 아직 영화가 아니라는 점을 증명하려는 페르쵸프의 노력을 설명해 주는 것 역시 이 점이다. 문제는 레프(뿐 아니라 다른 이들 또한)가 아주 적극적으로 **주제론적 몽타주**의 원칙을 주창했다는 점이다. 이는 본질상 질료를 주제별로 목록화하는 것과 마찬가지였다.

주제론적 원칙은 질료의 추상화, 즉 질료를 선택할 때 작용하는 주관성에 대립하는 첫 번째 원칙으로 대두된다. 질료를 주제에 따라 선별하는 것은 예술가의 의지와 아무런 상관없이 질료 자체에서 발생하는 어떤 것으로 이해되었다. 질료는 스스로 목록을 작성한다고 볼 수 있는데 질료를 분류하는 아카이브 전문가의 의지란 본질상 무시해도 좋은 것이었기 때문이다. 이미 1925년에 베르토프는 '영화-진실'을 이렇게 옹호했다.

> 영화-진실을 공격하는 적은 무엇보다도 그것이 이미 촬영된 과거의 '우연한' 질료로 이루어졌다는 사실을 의기양양하게 지적하곤 한다. 그런데 이는 우리식으로 보자면 영화-진실에서 삶의 단편이 주제로 조직화되었다는 것, 그 반대가 아니라는 것을 의미한다. 이것은 우리의 단점이 아니라 장점인 것이다. … 31)

1929년에 레닌그라드의 잡지 〈삶 예술〉에는 영화에서의 질료 문제를 둘러싼 논쟁이 펼쳐졌다. 그 첫 논문은 블레이만의 "질료를 집어치워라!"였다. 이 논쟁은 주제론적 몽타주 문제를 향한 당시의

---

31) А. Беленсон, *Кино сегодня: Очерк советского киноискусства (Кулешев - Вертов - Эйзенштейн)*, М., 1925, С. 35.

46

접근을 명백하게 보여 준다는 점에서 흥미롭다. 블레이만은 질료의 물신주의를 반대하는 입장에 선 듯하다.

> 질료의 최면 상태는 본질적으로 중요한 것을 구분할 수 없게 한다. 이 점을 진심으로 강조한다. 화면의 질료는 분류되어 있지도 결합되어 있지도 않다. 거기에는 결론을 향한 지향, 즉 주제가 없다. 우리의 화면 대부분은 주제가 없는 것이다.[32]

여기서 질료의 물신주의를 향한 비판은 전혀 그것을 변형시키는 몽타주의 입장에서 행해지는 것이 아니다. 단지 주제에 따른 질료의 단순한 '분류'가 이야기될 뿐이다.

논쟁에 참여했던 아르놀디는 입장을 뚜렷이 밝히지 않은 채 본질적으로 같은 입장을 취한다.

> … 사실은 스스로 말한다. 하지만 결론은 관객이 낸다. 예술가의 과제는 자기 입장에 따라 이 결론을 곱씹는 것이 아니라, 그런 결론에 이르도록 하는 사실을 올바르게 선별하는 일이다. … 주제는 사실적 질료에서 자라나는바, 질료와 싸우는 것이 아니라 그것을 선별할 줄 알아야만 한다.[33]

주제는 질료에서 자라난다. 예술가의 임무는 질료에서 자라나오는 이 주제에 맞게 사실을 선별하는 것뿐이다. 본질상 여기서 말하는 것은 예의 그 '예술적' 목록화이다. 아드리안 피오트롭스키는 '주제의 영화'라고 자신이 명명한 소비에트 영화발전의 새 단계를 천명함으로써 논의를 끝맺는다. 그가 주장하기를, 애초에 소비에트 영화

32) М. Блейман, Долой материал!, *Жизнь искусства*, No. 32, 1929, С. 5.

33) Э. Арнольди, Факты-вещь упрямая, *Жизнь искусства*, No. 34, августа, 25, 1929, СС. 6~7.

는 "새로운 삶의 사건과 현상, 엄청난 숫자의 새로운 사실이 넘쳐나는 나라"[34]에서 형성되었다. 이 사실의 물결은 '다큐멘터리성의 폭정'을 가져왔고 이제 사실의 주제화를 통해 극복되어야만 한다.

주제화가 몽타주의 원칙으로서 부각되는 이런 현상은 질료의 검토를 불가피한 것으로 만들고 긴 몽타주를 공리화한다. 주제론적 몽타주는 그 본질상 몽타주의 부정과 다르지 않다. 왜냐하면 역설적이게도 그 바탕에는 몽타주가 담당하는 '구성'의 극복이 놓였기 때문이다.

1929년에 출간된 볼로시노프의 저서 《마르크스주의와 언어철학》은 주제론적 몽타주와 관련해 발생한 문제에 대한 직접적 응답을 담은 듯하다.

> 이제껏 말한 모든 것은 발화의 내용, 즉 말의 주제에 불과하다. 가령, 그런 주제로는 단지 '자연', '인간', '종속구문'(구문의 주제 중 하나) 등이 가능할 뿐이다. 그러나 타자의 말은 발화의 주제에 그치지 않는다. 그것은 발화 속으로 진입하는바, 즉 발화의 특별한 구성적 요소로서 통사론적 구성 안으로 들어오는 것이다. 이때 타자의 발화는 구성적이고 의미론적 독립성을 유지하는 동시에, 수용의 맥락 고유의 발화적 결을 훼손하지 않는다. [35]

볼로시노프에 따르면 타인의 말 자체는 작가의 말의 **주제**가 되는데 이때 자신 안에 **구성적** 요소를 변함없이 보존한다. 하지만 주제론과 구성 사이의 이 복잡한 관계는 전혀 반성적으로 성찰되지 못했다. 주제론이 타자의 질료 안에서 인용적-구성적 요소를 덮어 버

---

34) А. Пиотровский, *Кинематография темы*, *Жизнь искусства*, No. 36, сентября, 8, 1929, С. 6.

35) В. Н. Волошинов, *Марквизм и философия языка*; М. М. Бахтин, *Фрейдизм, Формальныйметод в литературоведении, Марксизм и философия языка, Статьи*, М., 2000, С. 445.

린 나머지 마치 그것을 완전히 절멸시켜 버린 것 같았다.

1930년에 시클롭스키는 자신이 작업하는 방법론에 대해 이렇게 설명한 바 있다. 그는 자신의 방 벽에 인용을 담은 종이를 잔뜩 붙여 놓고서 더 깊이 이해하기 위해 주의 깊게 읽어 본다고 한다. "단편들은 벽에 오래도록 붙어 있다. 나는 그것을 줄 세워 무리 짓는데, 그러고 나면 연결되는 조각이 생겨난다."36) 시클롭스키는 페르쵸프가 필름 라이브러리에 요구한 것과 유사한, 타인의 단편들로 이루어진 전시장을 조직화한다. 타인의 질료, 곧 인용은 자족적 의미를 획득한다. 시클롭스키와 같은 성찰적 문학가에게 '타자의 말'은 물론 특별한 함의를 지닌다. 비슷한 시기에 '타자의 말'의 문제에 몰두했던 바흐친은 '현재' '타자의 말'을 지향하는 "일련의 예술적-담론적 현상이 존재한다"라고 적었다. 이런 지향을 고려하지 않는다면 "양식화는 단지 문체로만, 패러디는 단지 좋지 못한 작품으로만 여겨지게 될 것이다".37) 바흐친은 여기서 대상적 이해를 향하는 '의도적인 말'과 아카이브적인 영화질료처럼 그 스스로 대상적 의미를 획득하는 '객관적인 말'(가령, 인물의 직접 화법)을 구분했다. 이때 바흐친이 말하는 '객관적 말'은 '작가 자신의 발화'로부터 '일정한 대상적 거리'에 위치한다.38) 거리, 결과적으로 '구성'은 여기서 단어 자체의 일상적 활용과 결합하는 듯 보인다.

---

36) Как мы пишем, 2-е изд, М., 1989, С. 185.

37) М. Бахтин, *Проблемы творчества Достоевского*; М. Бахтин Соб. соч, В. 7т., Т. 2, М., 2000. 쿨레쇼프는 슈브의 영화가 좋지 못한 질료로 만들어졌다고 직접적으로 언급했다. "슈브가 필름을 만든 질료는 영화적으로 볼 때 매우 빈곤하다. 잘못 찍었고, 제대로 보관되지 못했으며, 너무나 잡다하다. …" (Л. Кулешев, Указ., соч, С. 118). 슈브의 영화가 훌륭한 것은 오직 거기에 영화적 의미에서의 '타자의 말'에 대한 관계가 들었기 때문이다.

38) М. Бахтин, Указ., соч, С. 83.

바흐친에게 주제화는 훨씬 더 세련된 형태로 어조의 복제와 유사
한 어떤 것으로 이해된다. 그러나 더 단순화된 경우에 그것은 다른
경로를 따른다. 주제화를 통해 극복되어야 할 질료의 물신주의는
새로운 목록의 작성을 위한 중대한 단계가 된다. 아르바토프는 이
새로운 도큐먼트 물신주의의 관점에서 레프를 비판했다. "… '진짜'
농부를 '진짜' 세잔인 것처럼, 현실의 '조각'을 회화의 '조각'인 것처
럼 논의할 것을 가르친다."[39] 레보네프스키가 지적하기를, "사물은

---

39) Б. Арватов, Киноплатформа, Новый Леф, No. 3, 1929, С. 35. 페르쵸프의
'필름 라이브러리 전시회'는 질료의 소격화 경향을 보여 주는 구체적 표현이다.
연대기는 그 안에서 주제, 즉 모종의 이념, 내용, 외부에 놓인 타자적인 것을
드러내줄 수 있는 방식으로 전시되고 관찰되어야만 한다. 현대성에 관한 영화
박물관이라는 사고는 이미 1925년에 표명되었다. '결국 — 박물관이다. 살아 있
는 사람들에 관한 박물관…' (Кадр, Кинолетопись, Советский Экран,
No. 7, мая, 12, 1925, С. 2). 말레비치는 역시 1925년에 영화 속의 현실에
대한 박물관식의 접근에 대해 맹렬한 반대를 표명했다. 그는 '물 자체'를 전시
하는 베르토프의 전략은 사물을 이념(즉, 주제)에서 해방시키는 것이라고 간
주했다. 바로 이 점에서 그는 "사람의 낯짝이야말로 그 안에 예술적 이미지가
이상적으로 존재하는 목적에 해당하며 그 낯짝과 그의 모든 일상적 찌꺼기 그
리고 시장바닥의 소란 속에 삶의 본질이 있다"(К. И Малевич, ликуют лики
на экранах, Киножурнал АРК, No. 10, 1925, С. 9)라고 간주하는 예술가와
베르토프의 차이점을 보았다. 그는 '이념이 담긴 삶의 얼굴을 기록하기 위해
책임자의 현관'에 선 이른바 '사실론자'를 비웃었다(Там же). 이런 관점에서
보면, 일상적 삶의 도큐먼트는 아무런 도큐먼트적-아카이브적 의미를 가지지
못한다. 인민위원 뺨의 모세혈관을 전 세계적 필름 라이브러리에 보관해야 한
다고 생각했던 트레치야코프의 견해와 이를 비교해 보라. 말레비치의 견해에
입각하면, 베르토프에 의한 도큐먼트의 '추상화'는 도큐먼트 물신화를 벗겨내는
것, 그것의 전시적 가치를 파괴하는 것으로 이해될 수 있다. 시클롭스키의 표
현에 따르면 그런 도큐먼트는 "우리가 관찰할 시간을 허락하지 않는다." 이 점
에서 1929년에 펠드만이 질료로 타인의 '회화'를 가져다 쓰는 사람들을 현실과
작업하는 예술가 베르토프와 대립시켰던 것은 흥미롭다(К. В. Фельдман, В
спорах о Вертове, Кино и культура, No. 5/6, 1929, С. 12).

자신의 소박한 본질을 점점 키우고 물신으로 부풀려진다. 물신은 내적 발전을 이뤄 레프의 초실용주의는 예기치 않게 이상주의에 자리를 내준다."40) 단순화된 형태로 구현된 질료의 자기주제화는 물신주의의 '내적 발전'으로 정의할 수 있다.

결국 브릭은 최종적으로 질료의 의미에 관해 다음의 근본적인 정식화에 도달한다.

> 연대기에서는 모든 개별 조각이 그 자체로 이해되고 완결된다. 연대기적 영화에서 이 조각을 재편함으로써 각각의 질료의 가벼움과 가독성이 변화할 수는 있지만 질료 자체의 의미는 이와 무관하다. 41)

1927년의 이 정식화는 쿨레쇼프와 베르토프에서 에이젠슈테인42)에 이르는, 전 시기의 모든 몽타주 이론을 선언적으로 부정하는 것이다. 타인의 질료, 곧 인용은 몽타주와는 완전히 독립적인바, 그 의미는 내적으로 봉해진 상태이며 바뀔 수 없다. 이렇게 해서 목록화는 결정적으로 몽타주의 모델이 된다.

1928년 레프는 릴리야 브릭과 비탈리 젬추쥬느이가 만든 〈유리눈〉이라는 영화-선언을 내놓았다. 영화는 두 부분으로 되었는데

---

40) Дм. Левоневский, Литератра факта, *Жизнь искусства*, No. 33, августа, 18, 1929, С. 5.

41) О. Брик, Против жанровых картинок, *Кино*, No. 27, июля, 5, 1927, С. 3.

42) 자신이 주창한 몽타주 방법론에 대한 불신을 조장하는데 슈브가 기여한 바를 잘 알던 에이젠슈테인은 1928년 5월 15일에 보낸 편지에서 이렇게 빈정대기도 했다. "나는 누구에게 편지를 쓰는지 까맣게 잊었다. 이것은 **논픽션, 다큐멘터리**이다. … 내 편지는 감정에 관한 소리가 아니라 단지 증서교부일 뿐이다. … 편지가 아니라 압하스 공화국의 도큐먼트다. … 그런데 오늘날 구성은 "유행이 지났기" 때문에, 그냥 이것을 … 압하스 공화국 도큐먼트를 위한 준비물이라고 해 두자"(Цит. по: Э. Шуб, Указ., соч, С. 372).

'분장실 쇼'에 대한 패러디와 연대기의 옹호가 그것이다. 연대기 부분은 단 하나의 오리지널 촬영 숏도 갖지 않았는데, 즉 자막에 나오듯이 외국의 영화연대기와 카우프만의 영화 〈모스크바〉의 단편들을 사용했다. 연대기 부분에서 주제론적 몽타주의 원칙은 철저하게 실현되는데 필름 라이브러리 목록의 모델에 맞게 질료를 배열한다. 먼저 니콜라이 2세와 인도의 게오르그의 대관식이 보이고 다음에는 옛 연대기의 단편들이, 마지막으로 목록이 펼쳐진다. "유리 눈을 통해 지구의 모든 구석이 다 비친다." '적도'에서는 아프리카의 연대기가 뒤따른다. '북쪽 나라들'에서도 상응하는 연대기가 뒤따른다. 뒤이어 목록 표가 나오고 수중촬영 장면, 과학적인 미세촬영 장면, 아시아와 유럽의 도시 등이 나온다. 골로빈이 연기한 촬영감독이 영화에 직접 등장하는 것이 흥미롭다. [43] 연대기의 장면은 그 자체로 '낯선' 촬영이 된다. 〈유리 눈〉은 단지 레프가 이미 여러 영

---

43) 촬영감독을 영화의 등장인물로 만듦은 베르토프의 〈카메라를 든 사나이〉에서 훨씬 더 체계적으로 시도되었는데 그것은 질료를 소격화하는 명백한 기능을 수행했다. 그것은 앞서 언급한 '무아경의 현상학'의 원칙을 도입한다. 그런 시도는 카메라를 일종의 메타-눈으로 간주하는 베르토프의 이데올로기에 조응하는 것이다. 그런 기계적인 눈에 비친 질료는 인간의 주관적 시각에서 공공연하게 이화(異化)된다. 역설적이지만 인물로서의 촬영감독은 비록 그가 삶의 한복판에 묻혔다 하더라도 질료에 '낯선' 시각의 성격을 부여해 준다. 이 촬영감독(이자 동시에 영화의 등장인물)은 보이지 않는 몽타주-감독에 대립된다. 후자는 지식의 담지자로서 물리적으로 질료에 개입된 채 마치 그 부분을 구성하는 것처럼 보이는 촬영감독에게는 알려지지 않은 (영화의) 주제를 드러내는 자이다. 이런 맥락에서 볼 때 베르토프의 촬영감독이었던 카우프만에 대한 브릭의 다음과 같은 판단은 정당한 것이다. "카우프만은 자신이 촬영한 것이 대체 어떤 주제에 복무하는지 알지 못했다. 어떤 의미론적 관점에서 이 풍경을 잡아내야 하는지 몰랐던 것이다"(Ринг Лефа, *Новый Леф*, No. 4, 1928, C. 28). 촬영감독이 촬영의 주제를 미리 알지 못했다는 사실 자체가 그 결과물에 진짜 '낯선' 질료의 성질을 부여해 준다.

화에서, 가령 블라디미르 코롤레비치의 영화 〈츄바시의 나라〉에서 선전했던 것을 원칙의 양상으로 보여 준 것에 불과하다.

지금껏 소비에트 영화와 사상사에서 살펴본 것은 만일 그 과정에서 발생한 일련의 징후가 없었더라면 별다른 의미를 갖지 못했을지도 모른다. 여기서 말하는 것은 물론 영화형식의 의식적이고 공공연한 퇴보, 본질상 탈몽타주화된 상태, 그러니까 1920년대 중반부터 예술적 아방가르드 좌파에 의해 훨씬 더 극단적 양상으로 실현된 바 있는 영화 텍스트의 고대적 유형을 복원하려는 경향이다. 흥미로운 것은 이런 복원이 동시대의 당면 현실을 가지고 작업하는 것이 불가능함을 인정하는 일과 나란히 이루어졌다는 점이다. 결국 역설적 상황이 발생하는데 그에 따르면 혁명적 예술가는 그 스스로 세계를 바라볼 수 없게 되고 자신과 세계 사이에 익명의 비활성 매체를 두어야만 한다. 현실이 의식적인 소격화에 처해져야만 했던 것이다.

이런 상황을 설명하는 가장 쉬운 방식은 그것을 혁명적 예술의 위기상황, 즉 적극적인 삶-창조 과정으로부터의 후퇴로 보는 것이다. 그러나 이런 위기는 외적 원인과 더불어 모종의 내적 원인도 가졌다. 좌파예술가는 영원한 혁신, 삶의 개조를 자신의 과제로 삼았다. 이런 관점하에서 삶은 질료로서 나타난다. 그러나 자신의 질료는 결코 해체와 변화가 예정된 어떤 것으로서의 질료가 될 수 없다. 그것은 반드시 타인의 질료로서 주어져야만 하는 것이다. 혁신을 요구하는 삶은 오직 타인의 삶으로만 이해될 수 있다. 이로부터 역설적인 결과가 도출된다. 고도로 적극적인 삶의 입장을 견지하는 예술가는 삶을 끊임없이 소격화해야만 하는바, 즉 그것을 낯선(타인의) 질료로 바꾸어야만 하는 것이다.

훗날 〈차파예프〉를 만든 세르게이 바실리예프가 외국의 영화를 재몽타주하는 작업을 하던 1926년에 자신의 일을 현실의 혁명적 개조 작업과 비교했던 것은 이 점에서 주목할 만하다.

> … 프롤레타리아 혁명이 모두에게 맞서며 세계의 6분의 1을 나름대
> 로 '재몽타주'하기 위해 처음으로 자신의 가위를 든 지 벌써 9년이 흘
> 렀다. 그리고 아마도 나머지 6분의 5를 재몽타주해야 할 시간도 그
> 리 멀지 않았다. 44)

낯선 질료를 **끊임없이** 변형시키는 이런 상황은 10년이라는 혁명
의 시간 동안 (이런 새로운 경향의 절정은 1927년에 찾아왔다) 소격화
된 질료가 영원한 데 비해 변형된 텍스트는 한시적이라는 감각으로
바뀌었다. 질료는 자신의 의미, 자신의 불변성을 보존하는바, 영원
히 형이상학적 필름라이브러리로 되돌아간다. 한편 그것을 변형시
킨 영화는 늙고 쇠약해져 소멸한다. 중단 없는 운동이라는 투쟁의
역동성은 역설적이게도 질료를 영원한 것, 변치 않는 것으로 비준
한다. 1927년, 좌파예술에서 역동성과 투쟁이념의 중단은 현실의
확고부동함에 대한 어쩔 수 없는 인정으로 이어졌다. 낯선 것이 영
원한 것이 된 것이다.
좌파예술가의 예술적 의식의 위기는 이후 몇십 년간 예술의 근저
에 남게 되었다. 그것은 스탈린식 고전주의의 틀 속에서 훨씬 더
노골적으로 낯설어진 질료의 불변성과 중단 없는 투쟁 및 수행이라
는 이데올로기를 결합시켜 갔던 것이다.

— 1991

---

44) Г. Н. Васильев, Васильев С. Д. Собр., соч, В. 3т., Т. 1, М., 1981,
C. 157.

제8장

삶의 찬양으로서의 검열

스탈린의 영화 검열에 관한 이 에세이는 베르토프의 형식주의에 대한 레프의 공격을 다룬 앞의 논문과 짝을 이룬다. 다분히 급진적이었던 1920년 대 후반 레프 이론가들의 입장과 라프[1] 암살단 사이의 공통점은 가히 놀랄 만하다. 둘 다 관건은 삶의 충만한 재건이다. 또 둘 모두에서 급진적으로 제기된 문제는 형식이었다. 기이한 일이지만 사회주의 리얼리즘 이론가들이 주창한 견해는 물론 훨씬 더 복잡하긴 하지만 일정한 방식으로 20세기 초반의 철학적 미학의 전통에 녹아들었던바, 이후의 이론적 성찰, 예컨대 논문 "결정적 국면"에서 살펴볼 앙드레 바쟁의 논의를 예견케 한다. 완결된 형식이라는 것을 삶을 괴사시키는 소여로 간주해 비판하는 견해는 세기 초의 신칸트주의와 그 계열의 이론가(가령, 초기 바흐친)의 특징이었다. 물론 1930년대 검열의 광란은 이런 철학적 흐름과는 아무런 관련도 없다. 하지만 이는 영화의 특징이라 할 하나의 가능성을 반영한다. 그것은 형식의 문제를 삶 자체의 형식에 대한 문제로 가져갈 가능성이다.

덧붙여 언급하고 싶은 것은 이 글에는 일찍이 보리스 그로이스[2]가 그의 책 《스탈린의 스타일》에서 표명했던 생각과 일치하는 몇몇 관측이 담겼다는 점이다. 그의 책은 1988년에 독일어로 처음 출판되었지만 내 손에 들어온 것은 이 글을 쓴 뒤였다.

---

1) [옮긴이 주] РАПП (RAPP: Russian Association Proletarian Writers) 는 1925년 설립된 창작 조합의 이름이다. "러시아 프롤레타리아 작가 연합"의 주요 목적 중 하나는 이른바 당파성에 입각해 이데올로기에 근거를 둔 '문학검열' 시스템을 장려하는 것이었다. 그들은 '소비에트 작가'에 대한 라프의 정의에 부합하지 않는 작가를 향한 공격으로 악명이 높았는데 자먀찐과 필냐 등이 최초의 공격 대상이었고 나중에는 불가코프, 고리키 등에 이른다. 1932년에 "프롤레트쿨트" 등 다른 조합과 더불어 해체되고 대신 "전 소비에트 러시아 작가연맹"이 설립된다.
2) [옮긴이 주] 보리스 그로이스(B. Groys, 1947~) 는 러시아 출신의 예술비평가이자 미디어이론가, 철학자로 가장 눈에 띄는 활동을 보여 주는 현대 러시아 사

1920년대 말에서 1950년대 중반까지의 이른바 '영웅적' 시기에 소비에트 검열의 윤리학에는 일반적인 검열의 '평상적' 기능으로부터 뚜렷이 차별화되는 무엇인가가 있었다. (검열이라는) 이 유기체는 그 어떤 사회도 아름답게 장식하지는 못하는바, 일반적으로는 깊은 어둠 속에 몸을 숨긴 채 공중의 관심을 끌지 않으려 애를 쓴다. 소비에트에서 검열을 통한 영화, 책, 공연의 금지는 믿을 수 없을 정도의 센세이션을 불러일으키며 진행되었다. 공공연한 논쟁, 비판적 검토, 예술 위원회, 각종 선언 그리고 판결에 이르는 과정은 귀를 얼얼하게 할 정도의 포성을 만들었고 이는 필연적으로 금지된 작품에 공공의 관심을 집중시켰다. 금지된 영화는 종종 모범적 사례로 간주되는 영화가 꿈도 꾸지 못할 만큼의 방대한 비판적 분석의 홍수에 둘러싸였다. 금지는 소리높인 사회적 행동으로, 말하자면 거의 검열의 축제로 바뀌었다.

어느 정도는 이런 소음 자체가 검열 메커니즘의 행위를 은폐하려는 의도로, 즉 책임을 '분개한' 사회에 귀속시키려는 의도로 도입된 것일 수 있다. 하지만 그게 전부는 아니다. 이 검열의 축제는 커다란 상징적 의미를 지니는 심문 절차, 즉 예술가 자신의 제의적인 자아비판으로 막을 내린다. 자아비판은 사회적 치료요법의 불길한

상가 중 한 명이다. 1981년 독일로 망명하기 이전부터 후기 소비에트 시기 각종 지하예술운동〔특히 모스크바 개념주의(conceptualism)〕에 직간접적으로 관여했으며, 특히 망명 후 독일에서 발표한 "사회주의 예술"에 대한 독특한 성찰로 전 세계적 주목을 받았다. 러시아 아방가르드의 예술기획과 스탈린의 정치기획 간의 내적 관련성에 주목한 그의 연구는 이른바 소비에트 전체주의 예술 패러다임 전체에 대한 재인식과 재평가를 끌어냈다. 주요 저작으로 *The total art of stalinism*(1992), *Dream factory of communism*(2004), *Art power*(2008), *The communist postscript*(2010) 등이 있고 한국어 번역본으로는 《아방가르드와 현대성》(문예마당, 1995)과 《유토피아의 환영》(한울, 2010)이 있다. 현재 얌폴스키와 함께 뉴욕대학에 재직 중이다.

카니발 주기의 대미를 장식한다. 예술가가 공적으로 자신을 더욱 격렬하게 자책할수록 심각한 병의 치료는 더욱 완벽해진다. 자아비판을 회피하려는 모든 시도는 치료의 실패로 해석된다. 1931년 혁명적 영화 노동자조합의 대표 유코프는 프라보프의 용인될 수 없는 행위에 초점을 맞춰 프라보프와 프라오브라젠스키의 영화 〈고요한 돈 강〉을 맹비난했다.

> 모두 기억하시듯, 우리는 프라보프 감독에게 자신의 실수를 인정하는 성명을 쓸 것을 권고한 바 있습니다. 왜냐하면 그가 저지른 실수에 대한 인정은 일련의 '객관적 조건'을 운운하는 등 전혀 만족스럽지 못한 것이었기 때문입니다. 두 달이 지났지만 우리는 프라보프에게 아무런 성명도 받지 못했습니다. 조합의 의장은 항소 검토 위원회의 보고를 심의하여 프라오브라젠스키와 프라보프를 조직에서 퇴출시키기로 결정하였습니다. 동료들을 반동적 노선으로 끌고 갈 위험이 제기되었기 때문입니다. [3]

모욕에 가까운 거친 비평을 기쁘게 인정하는 것이 곧 감독이 건강하다는 징표가 되었다. 코진체프와 트라우베르그(뿌리 깊은 형식주의 탓에 의심스러운 감독이었던)가 〈막심의 청년시절〉에 착수했을 때, 영화의 시나리오는 윗세대 볼셰비키들로부터 극도로 거칠고 우둔한 검열에 처해졌다. 영화 분과장 보리스 슈마츠키에게 보낸 편지에서 코진체프는 자신이 그로부터 경험한 희열을 나눌 필요가 있다고 여겼다.

윗세대 볼셰비키의 리뷰는 넘쳐나는 욕설에도 불구하고 심지어 우리

---

3) К. Юков, На путях к пролетарскому кино, *Пролетарское кино*, No. 8, 1931, С. 37.

를 기쁘게 했습니다. … 제가 샤포발로프에게 감동에 찬 편지를 보냈을 정도입니다. 4)

집단은 불명예를 당한 감독이 자신의 최종적 재활을 증명하기까지의 모든 뉘앙스를 기록하면서 마치 의사와 같은 관심을 가지고 예술가의 굴욕을 쫓는다. 이런 가학적인 질병의 역사는 가장 사소한 디테일에 이르기까지 기록되어 공공의 자산이 된다. 영화 〈베진 초원〉을 향한 박해가 행해지던 때 '모스필름' 창작 분과는 에이젠슈테인의 행동에 관한 보고서를 출판했다.

창작 위원회는 에이젠슈테인 동무에게, 그의 자기비판이 진실하고 근본적인 예술가의 혁신을 위한 유일한 담보라 할 수 있는 진정한 이해의 깊이를 언제나 띠지 않는다는 점을 지적하는 것을 의무로 간주합니다. 게다가 (자료를 보여 주는 자리에서 행한) 발언 중 하나에서 에이젠슈테인은 자신이 〈베진 초원〉에 대한 당 중앙위원회의 결정을 이해하지 못하고 모욕을 느낀다고 이해될 법한 어투를 사용했습니다. 스튜디오 창작 위원회는 만장일치로 그러한 어투를 비난한 바 있습니다. 오직 에이젠슈테인 동무의 마지막 발언에서만 동요가 느껴졌는데 자신의 창작적 삶에 대한 깊고 전면적인 반성 이후 그가 그 길을 따라 계속 나아가 위대한 당 예술작품을 창작할 수 있게 될 것이라는 희망을 제시해 주는, 예의 그 단순하고 선명한 말을 들을 수 있었습니다. 5)

이런 치료법적인 제의 뒤에는 특정한 이데올로기, 심지어 이론이 자리 잡았다. 1920년대 후반에 고조되었던 검열을 통한 박해는 대

4) *Трилогия о Максиме*, М., 1981, C. 48.

5) Ошибка 〈Бежина луга〉. Творческая секция 〈Мосфильма〉 о картине С. Эйзенштейна, *Кино*, апреля, 22, 1937.

부분 형식주의와의 투쟁을 모토로 진행되었다. 어째서 형식주의가 희생양이 되었던 것일까? 형식주의자(그러니까 사실상 당대의 모든 저명한 예술가)에게 가해진 최대의 비난은 그들이 주변 현실의 모든 다양성을 몇몇 형식적 규범으로 환원시켜 버렸다는 것이었다. 형식은 삶의 충만함을 예술작품 속에서 자족적인 것으로 제한하는 것으로 생각되기 시작했다. 문제는 형식의 극복이었다. 삶 자체를 통한 형식의 극복, 1930년대 대부분의 사회주의 리얼리즘 '걸작'에서 실현되었던 것이 바로 이런 극복이었던바, 그것은 전 시기 형식주의와의 투쟁과 강화된 검열을 통해 성장한 것이었다. 1930년대의 '모델이 되는' 영화, 사회주의 리얼리즘의 견본이 되는 작품인 〈차파예프〉가 언제나 형식주의에 대한 공격으로 평가되는 것은 이 점에서 시사적이다. 블라디미르 키르숀(프롤레타리아 작가 총연맹 영화 분과장)에 따르면 "〈차파예프〉의 영상은 형식주의와 투쟁했던 모든 이의 가장 위대한 승리이다."[6] 작가 표도르 글라드코프는 "〈차파예프〉는 지극히 진실한 시대의 형상 속에 구현된 삶 자체이다. … 이 영상으로 우리는 형식주의를 결정적으로 공격했다"[7]고 썼다. 막심 고리키는 "그들은 형식주의-'실험주의자'의 속임수에 현혹되지 않았다"[8]고 적었다. 영화를 제작한 바실레예프 형제 스스로가 자신들의 영화작업을 형식주의적 유산의 극복으로 묘사했다는 점도 특징적이다. 이 모티프는 영화인이 자신의 작업에 관해 이야기하는 일종의 스테레오 타입이 되었다.

본질상 다음과 같은 체계가 구축된다. 예술가는 예술에 삶을 반영하고자 시도하면서 그 첫 단계에서 형식, 언어 따위의 모종의 집요

---

6) Чапаев, М., 1966, С. 174.

7) Там же, СС. 173~174.

8) Там же, С. 172.

한 법칙에 직면하게 된다. 그는 영웅적으로 그것과의 투쟁에 돌입하는데, 즉 삶의 모든 다양성 속에서 거의 신비로운 삶의 활력과 섞여듦으로써 이를 극복해 내는 것이다. 이렇게 해서 검열은 바로 이 삶의 활력의 매개체로, 삶을 시들게 하는 법칙의 압력에 맞서는 영웅적 투사로 나타나는 것이다. 검열은 놀라운 활력의 기능을 떠안는바, 바로 이로부터 검열의 카니발의 그 요란한 소동, 예술가를 삶으로 되돌리려는 듯한, 저 미묘한 모든 예술가 치료요법이 나온다.

〈베진 초원〉에 대한 스탈린의 금지로 참회를 요구받았던 에이젠슈테인은 추상화, '과도한 일반화', '순혈의 보편성'의 상실 따위를 자신의 잘못으로 인정해야 했다. 흥미로운 것은 감독이 자기 영화의 일면성의 원인을 어디서 찾는가이다.

> 단도직입적으로 명료하게 밝히겠다. 나는 최근 몇 년간 자신 속에 침잠했다. 자신만의 껍질 속으로 들어간 것이다. 조국은 5개년 계획을 실시했다. 산업화의 거대한 발걸음이 디뎌졌다. 나는 자신의 껍질 속에 앉아 있었다. … 우리 사회주의 현실의 피와 살로부터가 아니라 대부분 이 현실에 대한 이론적인 개념과 연상으로부터 영상을 만들어 냈던 것이다. 그 결과가 지금 눈앞에 있다.[9]

형식주의는 예술가가 자신의 집무실 벽 안으로, 즉 예술적 전통과 언어의 유산이 지배하는 영화스튜디오의 벽 안으로 침잠하는 순간 곧장 예술가를 비집고 침투한다. '자신의 껍질 속으로' 침잠한다는 것은 두말할 나위 없이 형식주의로 받아들여진다. 〈베진 초원〉에 대한 박해에 참여했던 마리얀의 언급은 이를 명백하게 보여 준다.

---

9) С. Эйзенштейн, Ошибки 〈Бежина луга〉: С. Эйзенштейн Избранные статьи, М., 1956, С. 387.

세르게이 미하일로비치 씨, 당신은 어제의 그 솔직한 발표에서 실패의 원인을 집어내려 시도하셨죠. 당신은 그 원인을 당신이 외톨이였다는 것, 삶에서 고립된 채 작업했다는 것에서 찾아냈습니다.

그러나 마리얀에 따르면 단지 고립만이 문제가 아니다. 고립은 언제나 형식주의를 동반하게 되는 것이다.

형식주의는 고립과 함께 갑니다. 그것은 깊은 비관적 세계관을 지닌 자, 자신의 시대와 불화하는 자를 따라가는 것입니다. … 나는 내 존재의 온 힘을 다해 형식주의를 증오한다고, 예술작품에 담긴 형식주의의 요소를 증오한다고 말해야만 하겠습니다. 10)

이와 같은 순수한 증오가 미학의 범위를 넘어서는 것임은 명백하다. 그것은 차라리 어떤 사회적 질병, **삶**의 반대쪽으로 정향된 전염병에 가깝다. 마리얀이 에이젠슈테인에게 행한 충고가 또한 의미심장하다.

형식주의의 마지막 찌꺼기를 뿌리 뽑으세요. … 우리 시대의 위대한 사람들을 보여 주세요. 그들을 기쁜 마음으로 사랑하십시오. 그러면 당신은 탄탄한 길에 서게 될 것입니다. 그렇게 되면 당신이 잃어버린 혁명의 깃발도 다시 당신 손에 놓일 것입니다. 11)

형식주의를 극복하는 길은 삶에 대한 열광적인 사랑이다.
검열은 삶을 향한 이 사랑의 열렬한 전도사이며 바로 이 점이 검열의 소란스러운 집단적 제의를 어느 정도 설명해 준다. 예술가는

---

10) Д. В Марья, отрыве от действительности, *Кино*, апреля, 24, 1937.
11) Там же.

이를 통해 형식주의적 고립으로부터 벗어나 공적으로 현실과 접촉하게 되는 것이다. 공적인 고문은 점차로 원기를 북돋우는 치료법의 위상을 띠기 시작하고 극단적인 경우 죽음에서 삶으로 가는 움직임이 된다. 에이젠슈테인 자신도 인정하기를, 일반화를 향한 '변태적' 지향 속에서 살아 있는 인간으로부터 멀어진 채, 부동성 안에 "죽어 버린 개인의 얼굴이 가지는 추상적 한계"를 담은 마스크로 향했다. 그런데 바로 거기서 지도부의 비판이 도움을 주러 왔던바, 그것은 사체를 향한 이런 이끌림을 극복할 수 있도록, 다시 삶으로 나아갈 수 있도록 해 주었던 것이다.

검열의 파토스는 단지 형식주의의 박해에만 그치는 것이 아니었다. 그것은 그런 형식주의가 자라날 수 있는 조건, 달리 말하면 전통적으로 작품 텍스트를 위해 마련된 자리, 규범적 형식의 유령이 배회하던 자리 자체를 근절시키려는 것에 있었다. 작가는 집필실에서, 영화인은 영화스튜디오에서 쫓겨나야만 했다. 이후 상당 기간 지속될 하나의 이념이 생겨나는데 그에 따르면 예술가는 삶의 들끓는 현장 — 그런데 이 삶의 현장은 1930년대의 의식에서 반드시 생산과 연상작용을 일으켰다 — 속으로 억지로라도 몰입해야만 한다. 인류학적으로 새로운 영화인의 유형을 창조하려는 모종의 유토피아적 사고가 발생한다. 즉, 생산에 몰입한 그는 예술적 형식의 범주를 넘어 세계를 그 생생한 총체성과 다면성 속에서 감지해내는 일종의 "초감각자"로 바뀌어 가는 것이다. 포포브는 이런 유토피아적 사고를 발전시켜 이렇게 썼다.

영화인의 생산 참여, 나아가 삶 창조 자체에의 참여는 그 안에서 고도로 친밀한 느낌을 불러일으켜야만 한다. 그것은 **인류의 창조란 모든 발현과 적용에서 단일하다는 것**, 내적 본질, 최초의 근본적인 방식, 그리고 목적상 그러하다는 느낌이다. 이 느낌은 처음에는 무언가 본능적인 것으로서, 즉 감각 기관의 촉수가 모든 사회-노동 분위기의 미묘한 경향을 포착해 받아들임으로써 생겨날 수 있다. … 예술은 종합적 창작의 유형에 근접해야 한다. … 그것은 측정가능한 양과 인과 관계 속에 놓인 인식과 총체적이고 유기적 이미지의 창조를 한데 결합할 수 있어야 한다. 12)

여기서 보듯, 삶으로의 몰입은 창작의 성격을 완전히 바꾸어 놓는다. 거기서 형식을 대신해 발생하는 것은 총체적이고 유기적인 어떤 것 그래서 언어의 단계까지 분할되지 않는 살아 있는 어떤 것의 종합적 창작이다.

1930년대에 예기치 않게 종합예술에 관한 상징주의적 이념이 부활했는데 이번에는 현저히 영화에 기운 경우였다. 이제 모델이 되는 영화는 모든 언어와 기법의 최종적 종합, 즉 예술의 '총체적' 생산으로 변모되었다. 바실레예프 형제는 영화 〈차파예프〉를 창작할 때 요구되었던 것이 "예술적 기법과 기술적 생산 경험의 종합, 즉 소비에트 영화의 모든 성과물과 인접 예술의 훌륭한 생산품을 아우를 수 있는 종합을 달성하는 일"13)이었다고 천명했다. 에이젠슈테인 역시 그들을 뒤따랐다.

〈차파예프〉의 출현은 소비에트 영화 5개년 계획의 네 번째 단계의 시작을 알리는 사건이다. 그것은 위대한 종합의 시작, 즉 절대적으로 높은 수준을 담보한 이전 시기 소비에트 영화의 모든 성과가 수백만 대중의 성취가 되어 그들을 영웅주의와 투쟁 그리고 창조의 에너

---

12) И. Попов, О типе кинематографиста, *Пролетарское кино*, No. 1, 1931, CC. 36~37.

13) Чапаев, С. 190.

지로 북돋우는 순간이다. 14)

이들 발언에서 눈길을 끄는 것은 생산의 이념을 향한 명백한 강조이다('소비에트 영화 5개년 계획'). 그러나 1930년대에 이르기까지는 산업생산이 모종의 기술적 규범과 전문지식, 요컨대 산업적 '언어'의 범주 속에서 인식되었다. 이런 규범을 향한 공격은 스탈린이 추진한 스타하노프 운동15)과 그 이데올로기에 의해 착수되었다. 제1차 스타하노프 전체위원회에서 스탈린은 이 운동의 역사를 다음과 같이 기술했다.

스타하노프 운동은 점차적 질서가 아니라 마치 댐을 폭파하는 듯한 폭발의 질서하에서 발전했습니다. 그것은 당연히 몇몇 난관을 극복해야만 했습니다. 누군가는 방해했고 또 누군가는 옥죄였습니다. 하지만 스타하노프 운동은 힘을 비축하며 마침내 이 난관을 폭파하고 나라 전체를 뒤덮은 것입니다. 문제는 그럼 과연 누가 그것을 방해했는가 하는 것입니다. 그것은 과거의 기술적 규범 그리고 그 규범의 등 뒤에 선 사람들이었습니다. 16)

여기서 스탈린은 본질상 기술에 기초한 생산의 규범을 폐기할 것을 주창한다. 그리고 이 폐기는 자연적 본능의 해방을 가져온다. 이 캠페인과 형식주의를 상대로 한 투쟁 사이의 공통점은 놀라울 정도이다. 둘 다 프로페셔널, 즉 '전문가'에 대한 부담을 벗어 버렸

---

14) C. Эйзенштейн, Избранные произведения, В. 6т. , Т. 5, М. , 1968, С. 52.
15) [옮긴이 주] 스타하노프 운동은 1935년 스타하노프라는 탄광 노동자가 기준량의 14배에 달하는 채광량을 기록하자 '그에게 배우라'는 스탈린의 교시와 함께 벌어진 전국적인 노동생산성 증대 캠페인을 말한다.
16) И. Сталин, Вопросы ленинизма, М. , 1941, С. 501.

던바, 당시 표현을 빌리면 산업과 영화 모두에서 '전문가'를 반대하는 운동, 즉 규범에 관한 지식의 짐에서 벗어난 새로운 장면을 만들어 내려는 운동이 발전했던 것이다.

인기 있는 새 영웅이 산업을 주제로 한 영화에서 생겨났다. 산업과 관련된 모든 기존 규범을 폐기해 버린 스타하노프적 인물이 그것이다. 이런 산업적 파토스는 역사 영화를 지배했다. 영화비평가 유리 하뉴틴이 명민하게도 "황실 부츠를 신고 왕권을 지닌 '차파예프'"라고 부른 바 있는 러시아의 황제-개혁가 표트르를 다룬 페트로프의 영화 〈표트르 1세〉는 스탈린이 테제를 문자 그대로 예시한 것이다. 표트르가 화약이 이중으로 장전된 총알을 총포에 넣는 것을 보고 외국 장교가 깜짝 놀라서 외쳤다. "폐하, 무기가 터져 버릴지도 모릅니다." 그러자 표트르가 대답했다. "알 게 뭐람! 발사!"[17] 기초적 규범을 내던져 버리는 것이 활기의 징표로 변모한다. 삶이란 것이 규범에도 불구하고 존재하는 어떤 것, 물리학의 법칙에 복속되지 않는 어떤 것으로 간주되기 시작한다. 그러나 이런 자연적 생기는 오직 당면한 현실에서만 발생할 수 있는 것으로 과거는 그것을 상실했다. 때문에 영화 분과장 슈먀츠키는 역사 영화를 되살리는 방법으로 오늘날의 자연적 생기를 역사에 투사할 것을 천명했던 것이다. 역사는 예술가와 더불어 오늘날의 공장으로, 즉 차르 표트르가 했던 것과 같이 스타하노프를 향한 가르침으로 나아가야만 하는 것이다. 슈먀츠키가 쓰기를,

> 영화 속에서 과거 단계의 현상을 철저하고 훌륭하게 그리고 예술적으로 반영하기 위해서는 그 시대의 재료에 대한 꼼꼼한 연구 못지않게, 아니 어쩌면 그보다 더 **오늘날에 대한 지식에 뿌리박아야만** 한다. 내가

---

17) *История советского кино*, Т. 2, М., 1973, С. 234.

이런 말을 하는 것은 내가 보기에 시나리오 작가-감독이 우리 현실의
모든 전형적 특징과 성격, 뉘앙스와 형식의 풍부함을 섭취하기보다는
오히려 과거의 자료를 더 많이 공부하는 것 같기 때문이다. 18)

생생함과 풍부함을 특징으로 하는 것은 오늘의 현실인바, 과거는
그것의 특성상 형식주의적이다.

창작의 자연적 원천으로서의 현실 숭배는 때로 전혀 예기치 못한
결과를 끌어내기도 했다. 가령 문학작품을 영화화하는 것에 의심의
그림자를 걷어내 주었다. 의도치 않게 예술을 비판하는 플라톤을
흉내 내게 된 논리의 틀 내에서 그와 같은 발전은 합법적이다. 소
설을 쓴 작가는 현실에 온전히 몰입할 수 있었을지 모른다. 반면
이를 영화화하는 자는 현실의 그림자인 소설에 이미 물들었으며 바
로 그렇기 때문에 형식주의와 부르주아성을 향한 뚜렷한 편향이 생
겨날 수 있다. 이런 이론을 전개하면서 유코프는 영화작가의 위치
가 갖는 몇 가지 유리한 점을 발견했다. 영화작가의 문학적 원천이
이미 비평과 검열의 치료적 과정을 거쳤다는 것이다.

작가가 문학 창작에서 취했던 본질적으로 잘못된 입장, 가령 문학작품에
특정 사회 그룹의 관심을 고려했다든지 하는 점이 드러나게 된다. 이는
작가가 작품을 창작할 때는 가질 수 없는 크고 유리한 조건이다. 19)

본질상 사전검열은 현실과의 직접적 연결의 부재를 보완해 준다.
검열이 낙천적 흔적을 텍스트에 덧입혀 주는 것이다. 이런 생기는
비평가의 적극적 입지, 즉 텍스트를 향한 검열관의 개입 과정 자체

---

18) *Трилогия о Максиме*, CC. 55~56.
19) К. Юков, ТихийДон, *Пролетарское кино*, No. 10/11, 1931, C. 17.

와 관련된다. 그 같은 입지는 영화감독의 수동적 수용과 대립된다.

영화작가는 주인공의 행위를 **수동적으로 받아들인다**. 그들은 이해되
고 공감되는 것, 요컨대 **수동적 독자의 수동적 의식**에 가 닿을 수 있
는 것만을 취한다. 그리고 바로 이런 식의 창조적 과정, 즉 문학작품
에 대한 이런 관계에서 영화작가의 입장이 즉시 드러난다. 이 입장
이란 **선명하게 표현된 부르주아적 입장이다.**[20]

삶의 생기와 원초적 자연력에 관한 이 모든 수사는 공공연하게 규
범에 대립하면서도 실은 고유한 카논을 만들어 냈는데 그것은 지극
히 엄격하면서도 따르기 힘든 종류였다. 즉, 자연적 생기의 재현을
위한 규범이 가장 완고한 방식으로 부과되었던 것이다.

그러한 새로운 규범의 확립을 위한 현명한 방식을 몸소 보여 준
것은 예의 저 스타하노프들 앞에서 행한 스탈린의 연설이었다. 옛
규범은 앞서가는 노동자를 가로막지만 그렇다고 규범이 없을 수는
없으므로 "현재의 기술적 규범과 스타하노프들이 달성한 규범의 중
간쯤에 해당하는"[21] 규범을 만들 필요가 있다. 만일 우크라이나에
서 1ha당 평균 13만kg을 수확했고 스타하노프들이 50만kg을 수확했
다면 스탈린이 충고하기를, 새로운 규범은 20~25만kg 선이 되는
것이 좋다. 여기서 보듯이 한계량의 삭제는 사실상 달성 불가능한
규범의 창조로 이끌어 결국 착취의 끔찍한 증가로 뒤바뀌는 것이다.

영화에서도 이와 유사한 어떤 일이 발생한다. 새로운 규범의 난
점은 상호배제적인 두 가지 요구를 담는다는 점에 있다. 한편으로
는 모든 면에서 삶을 최대한 완벽하게 반영할 것이 요구되었다. 다

---

20) Там же.

21) И. Сталин, Указ., соч, С. 503.

른 한편으로 이제는 특정 요소를 강조하는 것은 곧 전체를 희생시킨 부분의 돌출, 즉 형식주의로 받아들여졌다. 바로 이로부터 나오는 것이 끝없는 평준화를 향한 계속되는 요구, 마치 약 조제법과도 같은 성분의 균형이다.

1920년대 후반 형식주의와의 투쟁은 '살아 있는 인간'이라는 라프의 구호하에 이루어졌다. 라프(RAPP) 비평가 예르밀로프에 의해 정련된 이 개념은 살아 있는 인간을 그의 생애의 전 측면, 특히 그의 심리와 더불어 작품 속으로 들여올 것을 요구했다. '살아 있는 인간'은 형식의 한계에 맞서는 대립항으로 등장한다. 하지만 곧 전면적인 삶의 절대화는 검열의 날카로운 저항을 불러왔다. 그리고 이건 놀랍지 않다. '형식적 윤곽'과 보편화로부터 벗어나기 위해 긍정적 인물에겐 부정적 자질이, 반대로 부정적 인물에게는 긍정적 자질이 부여되었던 것이다. 알렉산드르 마체레트는 그가 〈일과 사람들〉(1932)에 착수했을 때 미국인 전문가 클라인스 씨와의 대결에서 승리하는 영화의 중심인물 노동자 자하로프를 라프의 처방에 따라 생생하게 표현하기 위해 그에게 일련의 부정적 자질을 부여해야만 했다고 회고한다.

> 나는 그에게서 우둔함, 생각을 표현하는 것에 어려움을 겪고 분노를 드러내는 데 절제가 없는, 한마디로 교양 수준이 높지 않은 인간을 보았다. 나를 사로잡았던 것은, 심지어 그와 같은 인간도 교양 있고 올바르며 세련되고 문화적인 미국인 전문가와의 대결에서 승리할 수 있다는 생각이었다. ··· 22)

이미 우리에게 익숙한 모티프인 전문가주의를 압도하는 절제되지

---

22) A. Мочерет, *Художественные течения в советском кино*, М., 1963, C. 153.

않은 비문화의 모티프 이외에도 여기서 특별히 흥미로운 것은 '살아 있는 인간'을 전달하는 방식 자체이다. 이 방식은 곧 소비에트 문화의 주요 이데올로기 제공자 중 하나였던 알렉산드르 파데예프에 의해 맹비난을 받는다.

만일 우리가 삶 자체를 경험하지 않고서 단지 혁명에서 출발해 가난한 자에게 (그를 '생기 있게 만들려고') 붉은 수염을 달아 주고 아이들을 향한 사랑을 부여할 뿐이라면 당연히 이는 진짜 삶의 작품을 창조하는 것이 아니라 단지 삶의 이름 아래 가짜를 만들어 낼 뿐이다.[23]

삶이란 모든 면에서 결코 평준화의 원칙과 함께 갈 수 없는 것이다. '살아 있는 인간'은 곧 박해를 받았는데, 즉 이를 전면에 강조한 작품이 형식주의의 보편화 및 추상화에 맞선 투쟁 과정에서 나타난 사악한 왜곡이라 할 자연주의나 생물학주의로 비판받았던 것이다. 점차 '살아 있는 인간'의 자리를 차지한 것은 '형상'이라는 개념이었는데 그것은 전형화의 요소를 삶의 생기를 담은 평준화와 섞은 몹시 파악하기 힘든 어떤 것이었다. **형상**은 언어 외부에 자리했고 그런 의미에서 삶에 속하는 것이었다. 하지만 동시에 그것은 현실의 직접적 구현도 아니었다. 그것은 전형화된 삶의 평준화였다. 엄청나게 어두운, 비잔틴의 전통으로 소급되는 이 '형상'이라는 개념은 이해보다는 차라리 직관적 광휘에 귀속되는 것이었다.

1930년에 영화비평가이자 라프 이론가였던 예주이토프는 (발레리안 페레베르제프의 문학연구 학파인) '페레베르제프주의'가 '부르주아적 이데올로기'이자 '주관주의와 신학'으로 이끄는 '형상'의 이념이라는 이유로 맹공을 퍼부은 바 있다.[24] 그리고 이 모든 것은 '살아 있

---

23) A. Фадеев, *Литература и жизнь*, М., 1939, C.95.

는 인간'의 이름 아래 진행되었다. 7년이 지난 후 유코프는 적극적인 라프 이론가 중 한 명이자 영화 책임자였던 수티린을 "'살아 있는 인간' 이론을 선전하고 예술의 근본적이고 결정적 자질인 형상을 무시했다는 이유로"25) 공격했다. 삶을 추상화하는 형식의 외부에서 실현되는, 언어 외부의 이 형상은 생기의 승리에 대립되는 삶의 모든 것을, 즉 삶 내부에서 활력의 승리를 침식하는 모든 것을 작아지게끔 한다. 가령, 고통의 이념과 관련된 모든 것은 비난의 대상이 된다. 아브람 롬의 영화 〈가혹한 젊음〉을 금지시켰던 구실 중 하나는 삶의 요소로서 고통의 치유불가능성에 관한 테제였다. '형상' 속에서 삶을 보편화하는 이 새로운 '이데올로기'는 고통에서 벗어날 수 있게 만들었던바, 생기는 절대적인 순수성의 단계까지 정화되었다.

> 막심 고리키는 … 고통의 절멸에 관한 책을 쓰기를 꿈꾸었다. 그는 '전문적인 수난자를 비웃어 주기를' 요구했다. 여기 영화 〈가혹한 젊음〉에 나오는 인물 같은 이가 그런 자들이다. 그들이 숭배하는 것은 삶의 영원한 라이트모티프, 모든 시대와 세기에 불가피한 것으로서의 고통인 것이다. 26)

삶의 찬양을 향한 검열의 분투는 영화 분과장 두켈스키로 하여금 롬의 영화 〈1918년의 레닌〉에서 레닌의 암살 시도를 극화하는 장면을 빼도록 요구하게 할 정도였다. "그는 무엇보다도 지도자는 젖은 바닥에 누워서는 안 된다고, 게다가 군중이 흩어지는 장면은 너무 극적인 느낌을 준다고 지적했다."27)

---

24) Н. Иезуитов, Переверзевщина в кино, *На литературном посту*, No. 1, 1930, С. 68.

25) К. Юков, О рапповщине в кино, *Кино*, мая, 17, 1937.

26) М. Ткач, 〈Строгии юноша〉 и не строгие родители, *Кино*, июля, 28, 1936.

투명한 생기로서의 형상이라는 이론은 내적으로 모순된 두 가지 강령을 만들어 냈다. 한편으로는 삶의 모든 긍정적 측면을 체화한 인물을 제시해야 하지만 다른 한편으로는 과잉을 제거한 평균적인 테두리 내에 적당히 균형 잡힌 상태로 머물러야만 했다. 막심에 관한 3부작에 대한 평한 비평가의 평가가 바로 이런 화합될 수 없는 것의 모순형용적 결합이다. "막심을 어떤 비범한 인물로서 보여 주려는 것이 전혀 아니다." 비평가는 감독이 막심을 "불굴의 낙관주의와 생의 힘 그리고 호전적 사고를 지닌 인간"으로서 보여 준다고 지적했다.28) 그런데 이제부터는 이런 자질이 특정인의 자질이 아니라 평균적인 것이 된다. 바로 이로부터 민중예술과 서사적 기념비적 형식을 향한 공공연한 지향이 나오는데 표준화 및 평준화와 '불굴의 생의 힘과 호전적 사고'가 유일하게 결합될 수 있는 곳이기 때문이다.

기념비성을 향한 지향은 기념비를 통한 선동을 구축했던 혁명 이후로 직접 거슬러 올라간다. 이미 1924년에 알렉세이 톨스토이는 이를 다음과 같이 이론화한 바 있다.

나는 미학주의에 기념비적 리얼리즘 문학을 대립시키겠다. 후자의 파토스는 전인류적 행복, 즉 완성이다. 그것의 신앙은 인간의 위대함이다. 그것의 길은 최상의 목적을 향한 전진이다. 열정과 거대한 긴장 속에서 거대한 인간의 유형이 창조된다. … 우리는 턱없이 방대해진 기술도, 길어진 분량도, 피곤하게 만드는 묘사도 두려워할 필요가 없다. 기념비적인 리얼리즘인 것이다! 오사 산 위에 펠리온 산을 쌓도록 하자.29)

27) М. Ромм, *Избранные произведения*, В. 3т., Т. 1, М., 1981, CC. 185~186.

28) С. Дрейден, Максим-Чирков, *Кино*, Мая, 28, 1937.

29) А. Толстой, *Задача литературы (литературные замтеки)*: *Из истории советской эстетической мысли 1917~1932 годов*, М., 1989, CC. 189~190.

톨스토이가 생각한 표준화된 기념비성은 그 본질상 형식과 사유를 무시하는 순수한 수사를 끌어낸다. '거대한 인간'의 이런 무형식의 진부함은 그 자체로 하나의 경계를 표상하는데 그 경계 바깥에서 소비에트/러시아의 문화는 형식을 둘러싼 작업과 지성주의를 특징으로 하는 유럽 문화의 틀을 완전히 벗어나 버렸다. 톨스토이가 천명하기를, '바로 이로부터 러시아와 유럽에서의 문학의 길이 갈라진다'.[30] 모든 것을 집어삼키는 이런 수사적 장대함을 배경으로 유럽 문화는 협소한 것, 다시 말해 삶을 확증하는 자연적 힘을 상실한 형식적인 것으로 평가되기 시작한다. 기념비적인 자기만족의 가장 전형적 선언문 중 하나인 베르코프스키의 책 《러시아 문학의 세계적 의미》에서 서사시적인 자연력의 숭배는 다음과 같은 표현과 함께 러시아의 전 역사로 투사된다.

> 러시아의 민중은 유럽을 자신 안에 받아들였다. 그들은 새로운 문명을 자기화할 수 있는 충분한 내적 수단을 가졌다. 그러나 이것으론 충분치 않다. 이런 자기화의 과정에서 그들은 한계와 제한을 뛰어넘는 삶을 보여 주었다. 민중의 개별성은 오늘날의 유럽보다, 부르주아 문명보다 더 넓은 것으로 드러났다. 이 사실을 알고 또 기억하지 않고서 우리의 예술에 계속 접근해서는 안 된다.[31]

모든 러시아/소비에트의 문화가 스탈린적 미학의 범주에서 이해되기 시작했다. 그것의 특징은 규범('한계'와 '제한')의 파괴로, 어떤 전대미문의 적극적 삶에의 압력으로 나타났다. 1930년대의 기념비적인 파토스는 곧 1940년대의 공공연한 문화적 쇼비니즘으로 넘어

---

30) Там же, С. 189.
31) Н. Л. Берковский, *О мировом значении русскойлитературы*, Л., 1975, С. 12.

72

갔다. 이는 러시아 예술을 세계 문화 전통으로부터 완전히 단절하고 극단적으로 빈곤화하게 만듦으로서 극적으로 이루어졌다. 대지주의적 총체성과 혼합주의, 기념비성, 민중성 그리고 수사성이 결합된 이런 자기만족적 확신은 결국 사회주의 리얼리즘 미학의 정련이라는 복잡한 과정을 낳았던바, 그것은 검열을 통한 금지가 스콜라주의적인 이론화와 상호작용한 결과 생겨난 것이었다.

1956년에 미하일 슈베이체르의 영화 〈단단한 매듭〉이 언제나처럼 검열에 걸려 공개적 비방이 조직되었다. 판정에 나선 이반 프르예프는 감독의 잘못을 분석하면서 그가 주인공 사샤를 시나리오에 있는 대로 찍지 않았다고 꾸짖었다.

> 얼굴에는 행복한 표정이 깃들었습니다. 밝은 빛으로 가득 차 있고 반짝이는 안개가 그를 둘러싸고 있습니다. … '이런 삶이 좋다, 좋다!' 작가의 목소리가 들립니다. 당신은 이 에피소드를 치워 버렸어야 했습니다. … 여기서 음울함과 불운이 나오는 겁니다. 당신은 빛, 젊음, 시적인 것, 사랑 따위를 찍지 말든가 삭제해 버렸어야 합니다. 이들 때문에 삼천포로 빠져 버린 것입니다![32]

이것은 호의적인 검열자의 전형적 언급이다. 오직 가장 이상화된 형식으로 표현된 텍스트와 균형을 이룰 수 있다(삼천포, 이것은 형식주의를 말한다). 빛, 젊음, 사랑은 모든 형식주의적 작업의 대용품으로 등장한다. 특히, 그것들이 심오한 개별화를 잃고서 단지 추상적인 빛, 추상적인 사랑에 머무를 경우에 그렇다.

삶을 확증하는 다년간의 소비에트식 검열 활동은 오늘날의 영화

---

32) Н. Игнатьева, Признана 〈идейно порочной〉, *Искусство кино*, No. 10, 1989, C. 81.

적 인식에 깊은 흔적을 남겼다. 서사시적인 것을 향한 끌림, '형상'
과 '종합'에 대한 논변, 형식주의에 대한 공포, '살아 있는' '생생한'
인물의 추구, 전문가 기질에 대한 경멸 그리고 선과 악의 필수적
균형에 대한 끈질긴 이념 등이 바로 그것이다.

— 1990

제9장

숙면을 지키기 위하여

이 짧은 에세이는 내가 키라 무라토바에 대해 쓴 유일한 글이다. 무라토
바는 언제나 나를 경탄시켰지만 스스로에게도 명확치 않은 이유 때문에
그녀에 관해 쓰지 않았다. 페레스트로이카와 포스트소비에트 시기에 만
든 거의 모든 영화의 중심부에, 훗날 내가 '카이로스의 영화'라고 이름 붙
인 바로 그 모델을 가져다 놓은 이가 바로 그녀였는데도 말이다. 그녀는
영화 〈운명의 변화〉에서 그리고 이후의 역작 〈무기력 증후군〉에서 몇몇
계열과 시리즈가 우연히 교차하는 듯한 구성을 아주 급진적 형태로 전개
시켰다. 나는 이들 영화가 나왔을 시점에는 아직 분석할 준비가 되지 않
았던 것 같다. 영화 〈2등급 인간들〉에 이르기까지 유지되었던 카이로스
적 구조는 우연성의 순간을 자유자재로 구사할 줄 아는 감독의 특별한
내적 자유를 반영하는 것이었다. 내가 보기에 무라토바는 러시아어로 영
화작업을 하는 사람 중에서 가장 '자유로운' 감독이다. 이어지는 에세이
에서(나는 이 에세이가 중요해서가 아니라 이 감독을 향한 나의 경탄의
징표이기에 그것을 재출판하고자 한다), 당시 나를 특별히 흥분시켰던
것, 즉 몽타주를 추동하는 어떤 숨겨진 현상학적 동인에 집중했다. 나 역
시 다른 기호학자처럼 예전에는 몽타주를 원칙상 이원적 대립에 기초를
두고 수립된 공간적 코드로 이해했다(비록 그것이 만든 주부 - 술부 관계
속에는 이미 권력과 폭력의 관계가 스며들었기는 했지만). 무라토바는 시
점의 교체 시스템 뒤에는 단지 언어적 혹은 서사적 규칙뿐 아니라 보는
주체의 공격성과 수동성, 트라우마를 전제하는 독특한 현상학이 또한 자
리함을 명백히 보여 주었다. 〈무기력 증후군〉의 언어적 구조가 언어 외
적인 또 다른 의미들과 긴밀하게 연결되었음이 드러났던 것이다.

키라 무라토바의 영화 〈무기력 증후군〉은 즉각적으로 검열을 동
반한 스캔들을 야기했다. 열정의 불씨는 사소한 에피소드를 집어냈

는데, 한 여인이 한참 동안 분명하게 욕을 하는 작은 장면이었다. 몇 해가 흐른 후에는 아무런 흥미도 끌어내지 못하게 된 이 사소한 에피소드가, 영화가 제작된 당시에는 이미 상당히 넓어진 (검열의) 허용범위를 통과하지 못했던 것이다. 왜 그랬을까?

우리의 우울한 일상에서 그토록 익숙해진, 이른바 검열되지 않은 말은 최근 인쇄물 페이지에 광범위하게 침투했다. 그것은 영화에서도 시민권을 획득했다. 하지만 유독 무라토바의 영화에서는 욕이 멈칫하도록 만드는 아주 날카로운 반응을 끌어낸다. 자유주의적 경향으로 유명한 영화인 연합중재위원회조차 〈무기력 증후군〉의 문제의 장면을 옹호하기를 거절했던 것이다.

아마도 문제는 욕 자체에 있지 않고 영화에서 그것이 어떻게 전달되는지에 달렸을 것이다. 이 에피소드에서는 몇 가지 디테일이 충격을 준다. 첫째는, 욕설이 여성의 입에서 나온다는 점이다. 두 번째로, 욕을 하는 여성이 대상으로부터 얼굴을 돌려 '말의 물결'을 직접 눈앞의 관객을 향해 쏟아낸다는 점이다. 이런 결정은 기존의 금기에 비춰볼 때 특히 용납되지 않는 것이다. 욕설이 관객이 아니라 영화의 다른 인물을 향해 발설될 경우에는 충격적 효과를 낳지 않는다. 무라토바는 모든 완충장치를 제거하려는 것처럼, 그래서 의도한 바 대로 격렬한 거부반응과 병적인 혐오가 야기되도록 영화를 찍었던 것이다.

한편 이 재현의 다이너마이트는 '욕' 장면에서만 작용하는 것이 아니다. 문제의 장면에서 보다 트라우마적 형태로 분출되었을 뿐 사실상 영화 전체에 걸쳐 작용한다. 내가 보기에는 벌거벗은 남성을 보여 주는 장면 역시 그에 못지않게 충격적이다. 생식기도 가리지 않고서, 역시 정면의 관객을 향한 채 그는 담담히 카메라를 쳐다본다. 알렉산드르 소쿠로프가 '우울한 해부'라고 예리하게 지칭한 이 장면은 욕 장면과 동일한 재현적 원칙에 의거해 구성되었다.

76

두 경우 모두에서 작용하는 것은 내가 **전도**라고 부르고자 하는 모종의 메커니즘이다. 유럽 문화에서는 전통적으로 여성의 신체를 에로틱한 대상으로 간주한다. 여성의 신체야말로 훨씬 덜 충격적인 미학적 관찰의 대상이다. 벌거벗은 남성을 관찰의 대상으로 만드는 것은 유럽적 전통의 코드를 파괴하고 기존 규범에 **전도**를 가져온다. (성적인 공격성을 담은 언어 표현인) 욕이 남성이 아닌 여성의 입에서 발설된다는 사실 역시 문화적 성 역할의 전도를 드러낸다. 전도의 원칙은 영화 〈무기력 증후군〉 전반에 걸쳐 작동하는데 전반부에서는 (성적 영역을 포함해) 극단적으로 공격적인 여인이 제시되고 후반부에서는 극단적으로 수동적인 남성, 즉 아직 미숙한 여학생-제자에게 문자 그대로 폭행당하게 되는 남성이 등장한다.

성 역할의 이런 전도는 영화감독이 여성이라는 사실을 통해 설명할 수 있을지도 모른다. 그리고 이를 기초로 페미니즘적 고찰을 시도해볼 수도 있을 것이다. 하지만 내가 보기에 문제는 거기에 있지 않다. 무라토바는 사회가 금지시킨 것, 받아들이기에 보다 적당하도록 문화를 통해 완화시킨 어떤 것을 자동성(의 상태)로부터 끌어내기 위해 이런 전도의 메커니즘을 사용한다.

예를 들어 설명해 보자. 스크린 위에서 벌거벗은 남성이 허용되는 경우는 그가 객체를 의식하지 않을 때, 그러니까 자신을 드러내 보이지 않는 때이다. 이미 지난 세기에 나체의 모델이 관객을 향해 직접적 응시를 보내는 것(이런 응시는 알몸과 관객 사이에 직접적인 접촉을 만들어 낸다)은 포르노그래피의 기호로 읽혀졌다. 마네의 〈올랭피아〉를 둘러싼 스캔들은 부분적으로 관객을 향한 그녀의 직접적 응시, 그녀의 벗은 몸에 도발적 에로틱함의 뉘앙스를 부여하는 그 응시에 기인했다. 의학 서적에서 나체 상태인 환자의 눈을 가느다란 띠로 가려 놓는 것은 우연이 아니다. 이는 그들의 인격을 가리려는 것이 아니라 그들에게 예의범절을 부여하려는 것이다. '우울한 해부' 장면은 무라토바에 의해 최대한 도발적인 방식으로 제시된다. 남성의 육체와 여성의 욕설은 영화 속 다른 인물을 향한 것이 아니라 관객을 향하며(마음만 먹었다면 이 모든 '불편한' 요소가 완전히 플롯 안에 통합되도록 찍을 수도 있었을 것이다) 그럼으로써 그저 일상적 장면의 관찰이 아닌 예리한 심리적 도발의 성격을 부여받았다.

무라토바는 거리를 둔 채 편안하게 현실을 관찰하도록 허용하지 않는다. 그녀는 자신이 만든 그로테스크한 장면 속으로 관객을 몰아넣는다. 서사의 세계 속에 관객을 집어넣는 이런 일이 바로 이 충격적인 장면들, 관객을 향해 정면으로 당당하게 선 이 트라우마적인 장면들에서 실현된다. 스캔들을 야기한 이런 장면을 단호하게 빼버리는 것은 욕설에 대한 순수한 거부를 의미하는 것이라기보다는 오히려 관객이나 검열이, 감독이 제시한 그 불편한 위치에 자리하기를 무의식적으로 기피함을, 아마도 가장 고통스럽고 견디기 힘든 심리적 과정에 해당할 성적인 전도를 경험하고 싶지 않음을 뜻하는 것으로 볼 수 있다.

무라토바 영화의 또 한 가지 중요한 특징을 지적해 보자. 〈무기력 증후군〉은 공격성과 전도의 요소만으로 이루어지 않았다. 그것은 또한 꿈의 환상적인 양태 속에서 실현된다. 마치 거울의 무한 체계에서처럼 인물은 그 꿈 안에 던져져 있고(그는 예기치 않게 전철이나 모임에서 깨어난다) 관객 역시 그와 함께 자리한다. 영화는 마치 고통스러운 쇼크와 그로테스크한 백일몽 사이의 공간을 없애버린 채 이 양 극단 사이에 우리의 현실을 펼쳐놓은 듯하다. 영화의 심리적 음역은 참을 수 없는 고통과 무딘 꿈의 마취상태 중간에 놓였다. 여기서 주인공의 숙면은 현실의 공격에 대한 반응 혹은 영화의 끝에서 보듯 감당 못할 여학생의 성적인 공격에 대한 반응이다.

영화에 얽힌 검열의 역사가 설득력 있게 증명해 주는 것처럼 우리는 여전히 치료제가 될 고통스러운 쇼크보다는 고통 없는 백일몽의 상태를 더 선호하는 것이다.

— 1990

2002년의 후기

앞서 말한 구조는 기본적으로 공간적 관계와 관련된 것이다. 무라토바의 최근작 〈체호프적 모티브들〉에서는 유사한 구축의 유형이 더욱더 극단적 성격을 띠며 마침내 시간적 차원으로까지 확장된다. 외형상 영화는 체호프적 테마, 즉 보이지 않는 사슬로 어떤 장소에 묶인 한 인간이 그로부터 벗어나길 원하지만 결국은 실패하는 이야기에 기초한다. 프레임을 이루는 플롯은 신경증에 걸린 한 가난한 대학생이 아버지의 집을 떠나지 못하는 이야기이다. 그러니까 아이러니하게 뒤집힌 돌아온 탕자 이야기인 것이다. 이 대학생은 성경에 나오는 그의 전신처럼, 심지어 한때는 돼지들과 지내기도 했지만 떠나는 일은 절대 실행하지 못한다. 이런 플롯 구조는 이미 여러 영화에서 무라토바의 관심사였던 대사, 제스처, 상황의 기계적 반복이라는 모티프를 추동한다. 플롯이 구조상 순환적이기 때문에 자신의 자리로부터 움직일 수 없는 것이다.

흥미로운 것은 무언가를 바꿀 이런 능력의 부재가 인물들의 히스테리적인 **참을성 없음**과 직접 관련된다는 점이다. 주인공이 순환성을 깨뜨릴 능력을 갖지 못할수록 더욱더 히스테리적인 외침과 위협의 말을 내뱉으며 인내력 부족을 드러내는 것이다. 무라토바에게서 반복의 견고함은 인물들이 전혀 기다리거나 인내할 줄 모른다는 점에 뿌리박은 것처럼 보인다.

인물들이 '사로잡힌' 시간의 순환성은 전체 에피소드 중 단 한 차례 깨지는데 우스꽝스러운 테너와 신흥부자의 딸이 결혼식을 올리는 장면이다. 집을 탈출한 대학생은 이 결혼식에 참석하는데 그렇게 또다시 아버지의 이웃과 엮인다. 손님 가운데 한 명이 결혼식 후에 도시로 태워다 준다고 약속했지만— 알다시피 히스테리를 겪는 — 대학생은 식이 진행되는 동안 잠이 들고 손님은 그를 두고 떠난다(이는 이미 〈무기력 증후군〉에서 사용된 전형적인 체호프적 모티브들 중 하나이다).

현대의 삶이 돌아온 탕자의 격언을 실현할 수 있는 상태에 있지 않은 것처럼 교회식 전례의 전통의식을 견딜 상태도 되지 못한다. 의식은 손님들에게, 심지어는 결혼식의 당사자('신의 종인 표트르'와 '신의 종인 베라')에게까지 참을 수 없는 권태를 불러일으킨다. 결국 신부의 어머니는 어느 순간 참지 못하고 이반의 아버지를 재촉해 달라고 지인에게 부탁한다.

〈체호프적 모티브들〉에서 제시되는 제의와 영화의 관계는 언젠가 자신의 고전적 논문 "기계복제 시대의 예술작품"에서 발터 벤야민이 말한 바 있는 특정한 정황을 자연스럽게 떠올리게 한다. 기억할 것은 벤야민에 따르면 예술이란 애초에 제의에서 발생해 복무했으며 점차로 제의에 대한 의존에서 해방되었을 뿐이라는 점이다. 여기서 제의와의 결정적 단절은 예술작품의 기계적 복제가 발생하면서, 즉 사진이 발명되면서 생겨났고 더욱 극단적으로는 영화의 발명과 더불어 시작된 것이다.

　… 예술작품의 기계적 복제는 역사상 최초로 제의에 기생하던 예술

의 실존을 해방시켰다.[1]

벤야민은 제의로부터의 해방을 예술작품이 '종교적 가치'에서 벗어나 '전시적 가치'를 증대시키는 것으로 묘사한다.

> 종교적 가치라는 것은 본래 예술작품을 은폐할 필요성을 지닌다. … 몇몇 성모 그림은 1년 내내 장막으로 덮여 있다. … **예술적 실천의 개별 형태가 제의에서 해방되기 시작하면서** 그 결과를 청중에게 내보일 가능성이 자라난다.[2]

복제성은 전시적 가치의 증대와 직접적으로 관련된다. 영화 스크린에 자리하게 되면서 교회식 제의는 이상한 방식으로 총체적 노출의 환경에 처하게 되었고 이는 모든 '종교적 가치'에 심각한 해가 되는 것이었다. 마침 무라토바가 이 테마에 관한 일화적 코멘트를 영화 안에 삽입해 놓았다. 결혼식이 진행되는 동안 한 비밀스러운 여성의 형상이 교회 안을 배회하는데 그녀의 얼굴은 헝겊으로 덮여 있다. 그녀의 등장은 처음에는 호기심을 불러일으키다가 나중에는 인물들의 신경을 건드리기 시작한다. 민감해진 신랑은 결국 그녀가 자신으로 인해 자살했던 여배우임을 '알아보게' 된다.

교회 제식의 틀 내에서 모든 가려져 있음의 상태를 참지 못하는 이런 상황은 '종교적 가치'가 완전히 몰락했음과 더불어 교회성이 결정적으로 구경거리와 복제성으로 옮겨 가게 되었음을 증언한다. '휘장에 가려진' 형상이 다름 아닌 여배우라는 점은 우연이 아닌 것

---

1) В. Беньямин, *Произведение искусства в эпоху его технической воспроизводимости*, М., 1996, С. 28.

2) Там же, С. 31.

이다. 하지만 사실 특별한 볼거리는 아무것도 없다. 종교적 가치의 소멸은 단지 저열한 구경거리만을 드러냈을 뿐이다.

그러나 이것으로 인물의 권태가 모두 설명되는 것은 아니다. 체호프의 인물을 쫓아 무라토바의 인물이 경험하는 권태, 그것은 시간을 살아 내는 명백한 형태 중 하나이다. 인간은 특정한 대상(가령 풍경, 장소, 인간)에 '따분함'을 부여하는데 이때 이 권태가 무엇보다도 그 대상 자체를 특징짓는 것이다.

무라토바식 결정의 극단성은 다음의 사실에 있다. 그녀는 이 결혼 제의를 아무런 커팅 없이, 그러니까 스크린 위에서 펼쳐지는 사건의 연대기적 시간을 문자 그대로 보존한 채 찍었다. 감독은 기도의 한 구절, 신부의 제스처 하나도 놓치지 않는다. 그렇게 함으로써 그녀는 영화의 관객을 교회 내의 '관객'이 자리하는 바로 그 상황에 가져다 놓는다. 이와 같은 영화의 비상한 시간성은 관객을 사원에 자리한 바로 그 웃기는 구경꾼들, 그러니까 에피소드의 서두에서 우둔함과 '영혼 없음' 때문에 비웃음거리가 되었던 바로 그 구경꾼들과 닮은 존재로 만든다. 무라토바는 극히 철저하게 시간을 계산해 놓았다. 정말로 놀라웠던 것은 어느 순간 등 뒤에서, 스크린 안에서 말해지는 것과 똑같은 외침을 거의 동시에 들었던 것이다. '세상에나! 더 이상은 못 참겠어!' 영화관 안에서 벌어지는 제식에 지친 관객은 스크린 안의 히스테릭한 여인과 거의 동시에 극장과 교회를 떠나기 시작하는 것이다. 이 동시성은 굉장한 것이었는데 마치 행위가 갑자기 스크린을 떠나 영화관으로 진입하는 듯한, 그래서 참을성 없는 군중과 참지 못한 관객이 하나로 합쳐지는 듯한 선명한 느낌을 가져다주었던 것이다.

여기서 흥미로운 것은 막상 스크린 위에서 펼쳐지는 사건은 전혀 지루하지 않다는 점(감히 누가 무라토바를 지루하다고 비난할 수 있겠는가!) 이다. 엄청나게 긴 이 에피소드(아마도 1시간 좀 못 미친다)는 눈을 뗄 수 없게 하는 우습고 부조리한 흥미로운 디테일로 가득 차 있다. 사건의 '참을 수 없음'은 기본적으로 영화적 시간의 질과 관련되었는데 후자는 다시 제의의 질이 결정한다. 유일하게 평온한 참석자 ― 두 신부 ― 는 제의가 끝난 후 거칠고 의미 없는 히스테리를 분출하는데 히스테리의 일정한 반복은 전체 영화의 순환적 리듬을 결정한다. 〈무기력 증후군〉에서와 마찬가지로 관객에게는 사건을 거리를 둔 채 그저 관찰하는 것이 허용되지 않는다. 문자 그대로 자신의 체험으로 경험하도록 만드는 것이다.

내용적 차원에서 볼 때 〈체호프적 모티프〉는 현대인이 어떤 형태로든 신적인 것과 연결성을 가질 수 없게 되었음을 말한다(플롯의 틀 내에서 교회적 속성이 풍부하게 산재되었음이 특징적이다. 대학생의 집에서는 식사 전에 기도를 하고 벽에는 성화와 십자가 따위가 걸려 있다). 신적인 것은 제의의 틀 내에 고착된 바대로 시간성의 초월화, 즉 영원성의 상징적 선언(이는 리듬성, 반복성, 순환성 등으로 드러난다)과 깊게 관련된다. 무라토바의 영화에 나오는 우리 현대인은 도덕적 잠언을 자기화하지 못해서가 아니라 이런 시간성에 육체적으로 적응할 수 없기 때문에 신적인 것과의 접촉에 돌입하지 못하는 것이다.

제의를 올바르게 겪어 내기 위해선 그것에 친숙해질 필요가 있다. 제의의 반복성과 리듬성은 그것의 참여자나 관객이 앞으로 일어날 일을 항상 사전에 예측하는 방식으로 작용한다. 제의가 주는 만족감은 기대와 그것의 충족이 이어지는 과정에 상당부분 기초한다. 따라서 제의적 경험의 시간 구조 속에서는 언제나 과거의 순간(익숙한 것을 알아보기)과 미래의 순간(현재 순간의 경계 밖을 향하는 기대)이 교체되는 것이다. 이런 상반된 시간 유형 간의 교체가 발생하지 않을 때 ― 이런 일은 인간이 제의와 친숙하지 않을 때 일어나는데 — 제의의 시간적 구조는 참을 수 없을 만큼 무정형의 것이 되어 버린다. 즉, 순환적인 것과 리듬적인 것이 그 안에서 전혀 드러나지 않는 것이다. 〈체호프적 모티브들〉에 등장하는 손님들에게 일어난 일 그리고 이 영화의 관객에게 일어난 일이 바로 그것이다.

모든 영화 속 인물은 예외 없이 시간을 리듬화하는 능력, 그러니까 그것의 순환적 구조 속에 유기적으로 진입할 능력을 갖지 못해 고통받는다. 플롯의 상황을 통해 순환적인 반복성을 극복해 보려는 그들 모두의 히스테릭한 지향은 이와 관련된 것이다. 체호프적인 것은 플롯 안에서 기이한 방식으로 결혼식의 제의적 구조와 섞인다. 즉, 플롯의 틀과 제의 모두에서 인물들이 곤란을 겪는 동일한 반복성이 그려지는 것이다. 무라토바는 이반의 아버지인 신부가 예배 후에 대학생과 거의 구별되지 않는 히스테리를 폭발시키는 에피소드를 통해, 전례와 대학생의 불운 사이에 존재하는 직접적 관련성을 드러내보였다. 그의 조수가 기도서의 페이지를 잘못 넘기는 바람에 기도 구절을 헷갈렸던 것이다. 제의는 심지어 성직 종사자에게도 온전히 달성되지 못한 것이다.

무라토바의 영화에서 지금껏 말한 이런 테마는 영화인에게 특별한 의미를 갖는 이론적 차원을 열어 놓는다. 문제는 영화가 본질상 즐길 거리의 형식, 정확하게 말해 시간의 압박에서 벗어나기 위한 형식에 다름 아니라는 점이다. 널리 퍼진 표현에 따르면, 영화는 '시간을 죽이는 데' 도움을 준다. '시간을 죽인다'(*killing time*)는 것은 시간의 흐름 자체에서 떨어져 나온다는 것, 즉 고통스러운 시간의 압박으로부터 보호해 줄 수 있는 어떤 것에 자신을 매어 두는 것을 뜻한다. 그런데 이 압박은 마침 우리가 '시간으로부터 도망치지' 못하는 상황, 그러니까 권태의 순간에 자신을 드러내는 것이다. 시간을 압착할 수 있는 영화의 능력, 즉 시간이 극복 불가능한 흐름으로 우리를 압박할 수 있는 힘을 빼앗는 방식으로 시간을 조종할 수 있는 영화의 능력은 부분적으로 이와 연관된다. 무라토바는 영화가 원칙적으로 말살하고자 하는 바로 그 시간 속으로 우리를 몰아넣는다. 이미 이 때문에 그녀는 원칙적으로 반(反)영화적인 영화를 찍는 것이다. 그리고 제의는 이와 같은 전략에서 중대한 역할을 수행한다. 왜냐하면 제의의 전례적 시간을 특징짓는 것은 그 어떤 '이반의 아버지'에게도, 즉 영화적 모범에 따라 사건들을 '죽이고', '축소하고', '압착하고자'하려는 히스테릭한 바람을 가진 그 어떤 무리에게도 굴복하지 않는 온전한 드러냄이기 때문이다.

그런데 우리가 시간과 더불어 단둘이 남게 됨으로써 권태를 느끼기 시작한다는 사실은 무엇을 뜻하는가? 시간, 그것은 우리의 삶이 그 안에서 펼쳐지는 차원, 즉 우리의 경험이 실현되는 차원이다. 우리는 자신 속에서 시간을 경험하면서 본질상 우리 자신을 직면하게 된다. 결국 권태란 우리 자신의 공허, 즉 편안한 삶을 위해 외적인 오락거리를 필요로 하는 우리 자신의 공허를 드러내는 것에 다름 아니다. 만일 과거에 교회의 제의가 시간을 조직화함으로써 우리를 초월적인 것에 대면시켰다면 이제 그것은 우리를 우리 자신과 다만 이제는 참을 수 없는 완전한 공허의 평면에서 대면시키는 것이다.

이런 의미에서 〈체호프적 모티브들〉는 〈무기력 증후군〉에 나타난 원칙의 직접적 연장이다. 다만 내가 보기에 이 연장은 보다 심오한 철학적 하부텍스트를 갖는 연장이다. 시간의 구조를 실험 대상으로 삼아 무라토바는 관객적 **경험**의 본질 — 만일 하이데거를 믿는다면 존재 자체의 본질 — 속으로 더 깊이 침투하는 것이다.

제 **10**장

고다르를 읽으면서
고다르적 텍스트 장(場)에 관한 에세이

이 짤막한 에세이는 모스크바에서 있었던 고다르 영화 회고전 카탈로그를 위해 쓴 것이다. 나는 1991년 1월에서 2월 사이에 제네바에서 목록을 준비했고 영화에 관한 고다르의 텍스트를 번역했다. 나는 친구인 프랑수아 알베라와 함께 메트루까지 순례여행을 감행했고 그곳에서 고다르와 인터뷰했다. 이어지는 에세이는 당시 내가 완전히 빠져 있었던 고다르의 텍스트에 대한 논평이다. 몽타주의 대가로 여겨지는 고다르의 사유에서 당시 나를 무엇보다도 놀라게 했던 것은 그가 그려내는 영화 세계의 기이한 위상학적 구성이었다. 고다르의 텍스트가 범상치 않은 힘을 갖고 말했던 것은 몽타주란 단지 영화언어의 구축 수단일 뿐 아니라 극단적으로 모순적이며 복잡한 공간들의 구축 수단이라는 점 그리고 후자를 묘사하기 위해서는, 가령 메를로퐁티가 《보이는 것과 보이지 않는 것》에서 시도했던 현상학이 보다 적합할 것이라는 점이었다. 이런 전망 아래서 영화는 현실의 복제가 아니라 세계의 복잡한 현상학적 투사로 그려졌다.

장뤽 고다르는 재현뿐 아니라 말의 창조자이기도 하다. 말로써 영화만큼이나 의식을 흥분시킬 수 있는 영화인은 많지 않다. 이 '말하는' 감독의 언급에서 놀라운 점은 대개 고다르의 영화를 그토록 가득 채우는 말과 텍스트에 종종 대립한다는 사실이다. 그는 영화에서 "말로 이야기될 수 있는 모든 것을 다 제거해 버려야만 한다"[1]고 말한다. 그렇다면 고다르 자신의 실천에서 말, 코멘트, 논문은

---

1) 이어지는 고다르의 언급은 다음에서 인용한 것이다. Годар Жан-Люк, *Страсть: Между черным и белым*; Сост., М. Б. Ямпольский, Paris, 1991.

대체 왜 필요하다는 말인가? 이를 이해하는 것은 곧 고다르에게 재현이란 무엇인지, 그가 미국인의 평평한 '장면'에 맞세운 재현이 과연 무엇인지를 이해하는 것을 뜻한다.

재현, 그것은 단지 복사나 주형, 복제물이 아닌 무언가 다른 어떤 것이다. 그것은 비전의 담지자이다. 즉, 클리셰와 텍스트의 닳고 닳은 복제물을 열어젖히는 시각의 개방이다. 다르게 말해, 고다르에게 재현이란 곧 사유이다. 그러므로 그것은 복제된 장면과 같지 않다. 그것은 장면 안에 비약과 변형이 도입될 때만, 그것이 지적 행위의 대상이 될 때만 발생하는 것이다. 보는 것을 방해하고 시각을 경화시키는 '텍스트'(가령, 신문이나 텔레비전에 나오는 공허한 저널리즘적 말)에 고다르가 그토록 반대하는 이유가 거기에 있다. 이는 또한 고다르가 왜 적극적인 말, 재현에 해가되지 않을 뿐 아니라 그것의 창조자가 되는 말을 그토록 필요로 하는지를 설명해 준다. 질 들뢰즈는 "… 분신, 시뮬라크르, 반영의 얼굴 앞에서 말 이외에 다른 어떤 행동을 취할 수 있겠는가? … 말 자체는 모든 다른 분신을 표현해 주는 가장 상위의 분신, 가장 높은 시뮬라크르이다. … 말, 그것은 재현, 메아리 그리고 분신에 대한 우리의 적극적 행동이다. …"[2] 라고 지적했다.

따라서 수동적 복사인 장면과의 투쟁은 복제의 다른 층위, 즉 언어적 층위로 전화할 수 있다. 바로 여기에 고다르적인 말을 정당화하는 근거가 있다. 재현은 비약과 변형의 산물이므로 사유와 동종의 것이 될 수 있다. 고다르에 따르면 '스크린은 사유한다', '스크린은 생각한다'. 이 사유, 이 '지적 활동'은 프로이트의 무의식의 활동과 유사하다. 이런 유비는 감독으로 하여금 스크린의 상황, 즉 영

---

2) G. Deleuze, *Logique du sens*, Paris, 1969, p. 383.

화적 구경거리의 체계를 통한 재현의 상황을 근본적으로 다시 해석하도록 만든다.

고다르에게 재현은 전통적 영화이론에서와 달리 관객 앞이 아니라 마치 관객의 심리 안에, 즉 사실상 스크린에 투영되어 그것과 섞이는 관객의 심리 안에서 펼쳐지는 듯하다. '시나리오'의 텍스트에는 스크린의 순결한 백색, 흰 페이지, 보이지 않는 것 위에서 생겨나는 재현의 탄생이 묘사된다. 그러나 이 백색은 의식 속에 잠겨 있다. 즉, "… 이 백색은 기억 속의 구멍과 비교된다. 너는 자신의 기억의 심연, 그 깊은 곳에 자리한다 …". 이 기억속의 구멍이란 자신의 흔적을 재현으로서 드러내는 무의식적 배제가 아니고 무엇이겠는가?

스크린 앞에 전통적인 방식을 거부함으로써 고다르는 전혀 일반적이지 않은 위상학적 구축을 생각해낼 수 있었다. 재현은 뫼비우스의 띠와 유사해지는바, 양방향성을 띠게 된다. 고다르는 재현 속에 파고들어 "재현의 뒤를 보려는 열망, 마치 우리가 스크린의 앞이 아니라 뒤, 정확하게는 재현 내부에 있는 것처럼 그것을 뒤에서 보고 싶어 하는" 바람을 이야기한다. 이렇게 해서 스크린은 관객과 감독이 미로 속에 빠져드는 일종의 세포막('자신과 사물 사이의 스크린')이 되는데 다시 그것은 인간과 현실 사이의 투과층, 즉 만남과 열망의 장소가 된다. 고다르는 영화를 체계적으로 이 '사이' 공간에, 인간과 그의 거울 사이에 가져다 놓는다. "누군가, '사람'이 존재한 후 재현이 존재하는 것이다. 영화는 그 둘 사이에서 발생하는 그 무엇이다." 오직 그와 같은 재현의 중간적 ('사이의') 상황만이 자크 라캉이 묘사한 주체의 쪼개짐(shize), 그러니까 보는 동시에 다른 자에게 보이고 관찰하는 동시에 타인에게 자신을 투사하는, 그래서 마치 그의 눈이 자신의 몸에서 벗어나 재현 속으로 들어가는 듯한 상황을 가능하게 만든다. 라캉은 메를로퐁티를 따라 제작 과정이 마티스(Matisse)를 체현하는 영화, 즉 손의 움직임을 통해, 특히 정신분석가들이 시적인 표현을 사용해 '붓의 소나기'(la pluie du pindeau)라고 부르는 것을 통해 화폭 위에 '자신의 시각을 남기는'(la déposition regard) 영화에 관해 썼다.[3] 시각화의 과정에서 예술가는 자신의 시각을 보이도록 만드는바, 이를 통해 장인은 (외적인 시선을 갖는) 그림의 관객이기를 그치고 캔버스의 표면 자체에 놓인 시각이 되기에 이른다. 고다르가 찾으려 했던 것은 바로 이와 같은 스크린 속으로의 시각의 침투였다. 그가 자신을 인상주의자의 후예로 불렀던 것은 우연이 아닌데 그들의 붓 터치 기술은 특히 명백하게 손을 통해 눈을 캔버스 위로 투사했던 것이다.

바로 이로부터 스크린 앞의 객석이라는 전통적인 관객의 위치를 근본적으로 비판하는 고다르의 주장이 나온다. 그와 같은 위치는 영화인 자신, 가령 촬영감독에게 특히 참을 수 없는 것이다. 왜냐하면 그런 관객은 "마치 '오늘 저녁 연극에서처럼' 기본적으로 재현이 아닌 무대에 관심을 두기 때문이다. 그들은 영화의 관객이지만 그것의 창조자는 아니다". 고다르에게 영화의 창조(그리고 물론 그것의 인지)란 안에서 밖으로, 밖에서 안으로 끊임없이 들락날락하는 움직임인바, 그것은 수동적으로 (스크린) '앞' 자리에 앉아 있을 가능성 자체를 부정하는 것이다. 그에게 영화의 창조란 인상(즉, 밖으로부터 오는 어떤 것)과 자기표현(밖으로의 투사)이 복잡하게 결합된 것이다. 따라서 고다르는 "뤼미에르가 만든 기구는 촬영과 투사에 동시에 복무하는 것으로서 하나의 기구가 둘 모두를 행한다는 점, 그래서 사물은 먼저 한 방향으로 움직이다가 그다음에는 다른 방향으로 움직

---

3) J. Lacan, *Le Séminaire, livre XI: Les quatres concepts fondamentaux de la psychanalyse*, Paris, 1973, pp. 129~130.

인다는 사실"에서 출발할 것을 권고한다.

투사로서의 영화라는 메타포가 더욱 전면적으로 제기된 텍스트("새로운 대중 소통 수단이 영화에 갖는 의미")에서 영화와 정신분석의 깊은 관계가 지적된다는 점이 흥미롭다. 나는 여기서 '투사'라는 용어 자체를 단지 영화적 의미에서가 아니라 정신분석적 의미에서 이해해야만 한다고 생각한다. 프로이트가 투사를 "(불만족)이 마치 내부가 아닌 외부에서 작용하는 것인 양 그로부터 벗어나려는 충동"[4]으로 정의했음을 기억하라. 여기서 투사는 마침 내부에서 외부로, 인상에서 자기표현으로 옮겨 가는 움직임의 전형적인 모델이 된다. 즉, "사물은 처음에는 한 방향으로, 그다음에는 다른 방향으로 움직이는 것이다." 영화관객의 상황에 대한 또 다른 고다르식 정의는 다음과 같다. "… 상상할 수 있는 것은 대상을 바라보는 어떤 주체인데 이때 그 주체들 안에는 대상의 무엇인가가 반영되어 있다." 본질상 이 모든 것은 투사의 정의에 해당한다.

영화에 대한 이런 이해는 고다르로 하여금 영화미학의 근본적 개념을 재고하도록 만든다. 무엇보다 그는 빛(조명)의 기능을 비판하는데 그에게 빛(조명)은 초인에 관한 파시스트적 이념과 관련되었다. 그는 "나는 빛, 그러니까 파시즘, 조명에 관한 영화를 만들고 싶다 …"고 선언했다. 선적 투시법의 근본을 이루는 광선은 르네상스-데카르트적 의식의 바탕에(고다르는 데카르트적 코기토를 비판한다) 그리고 사진적 재현의 바탕에 놓였다. 직광선의 기하학은 스크린 앞의 관객의 상황을 투시법의 관점에 고정시킨다. 고다르는 데카르트적 주체가 자리하는 바로 이런 이상적 관점을 초인의 상황과 동일시한다. 관객을 재현의 내부 속으로 메타포적으로 이동시키는

---

4) Зигмунд Фрейд, *По ту сторону принципа наслаждения*; З. Фрейд, 〈*Я*〉*и* 〈*Оно*〉: *Труды разных лет*, Кн. 1, Тбилиси, 1991, С. 159.

것은 이런 추상적 기하학을 파괴하며 이상적 주체의 상관자로서의 빛의 신화를 혁파한다.

이와 더불어 고다르는 전통적인 영화미학의 또 다른 근본 요소와도 결별하는데 숏의 개념이 바로 그것이다. 숏을 스크린의 이상적 표면 위에 있는 재현을 도려내고 광선 다발을 잘라내는 프레임으로 간주하는 견해가 그것이다. 숏의 프레임은 사실 관객이 스크린 앞에 자리한 자신의 위치를 유지할 때만 의미를 지닌다. '숏은 없다', '숏은 결과이다', 마침내 나는 '숏에서 벗어났다' 따위의 고다르의 선언은 역설적으로 들리지만 그 파토스는 명백하다. 그는 경계, 막, 중심으로 이루어진 좀더 복잡한 영화 세계의 위상학을 정립할 것을 지향하는 것이다. 이미 언급했듯이 라캉은 "보이는 것과 존재의 관계가 지니는 본질은 … 직선에 있는 것이 아니라 빛의 (지)점, 즉 발광의 (지)점에 놓였다"고 썼다. 이것이 숏이란 없으며 단지 특정한 (지)점을 찾아내야 할 뿐이라는 고다르의 주장을 반복하는 것이 아니라면 무엇이겠는가?

이 경우에 (지)점은 숏과 달리 투사의 원점, 어루만짐과 접촉, 이동의 장소인바, 선형 투사법의 추상적인 점과는 다르다. '발광 지점'과 마찬가지로 내부에 있는 그것은 창조의 근원이다. 하지만 그것은 재현 안으로 진입할 것을 허용한다. 즉, 그것은 스크린의 표면 위에 벌려진 지점, 시선이 새어나오는 균열점인 것이다. 그 지점을 통해 인간은 스크린의 표현으로 침투한다. 그리고 이런 진입은 이미 말했듯이 고다르에게 원칙적인 것이다. 관객은 스스로가 자신의 그림이 되는바, 그는 자신을 구경거리의 상태로 내보이는 것이다. 내적인 지각은 외적인 것의 형태로 귀환한다. 이 지점이 고다르식 투사를 실현하는 것이다. 따라서 몽타주는 감독에 의해 점들의 결합으로 이해되기 시작한다. '존재하는 것은 관계일 뿐 숏이 아니다.' '숏, 이것은 이어붙인 두 가지 사이에서, 그것들의 교차 위에 생겨난 세 번째 재현이다.'이때 교차 위란 곧 (지)점을 뜻한다.

이 접촉의 지점을 통해 스크린으로 침투하는 인간, 그 자신을 위한 구경거리인 인간은 예기치 않게 투사된 미립자, 즉 외부로 분출되는 (지)점들의 형태로 자신을 만들어가기 시작한다. 고다르는 바로 그와 같은 범주 속에서 〈단편적 사유들〉에 등장하는 소녀의 변형을 묘사했던 것이다. 그 소녀의 움직임은 단계별로 절단되었고 리드미컬한 변형에 처했던 것이다.

인간은 오직 재현 속으로 진입함으로써만, 자신의 거울 속으로 들어감으로써만 관객인 동시에 창조자가 될 수 있다. 내가 보기에 그리스도의 형상을 향한 고다르의 예기치 않은 관심은 다름 아닌 이 맥락에서 이해될 수 있다. 그리스도는 스스로의 이미지를 창조하는 바로 그만큼, 다시 말해 스스로의 재현 속으로 진입한다는 의미에서 신(창조자)이 된다. "성 바울이 말하기를, 형상은 부활 속에서 충만함을 얻는다. 이는 그리스도의 기계적 부활과 관련해서는 완전히 옳다고 할 수 없다. 만일 이런 표현이 가능하다면, 그리스도는 자신의 형상을 위해 대가를 치렀던 사람이다"라고 고다르는 밝혔다. '자신의 형상을 위해 대가를 치렀다'는 것은 무엇을 뜻하는가? 이는 그리스도가 신으로서의 존재를 거절했다는 것, 자신의 형상에 충만함을 주기 위해 인간으로서 자신을 십자가에 던졌다는 것을 뜻한다. 바로 여기에 영화에 관한 모든 고다르식의 메타포가 숨어 있지 않은가? 그에 따르면 감독과 관객은 스크린 앞에서 자신의 모든 '신적인' 위치를 거부해야만 한다. 즉, 선형적 투시법, 초인과 신이 자신에게 부여한 이상적 주체의 자리를 박차고 나와야만 하는 것이다. 그럴 때에만 그는 재현 속으로 침투하여 바로 그 자신의 이미지, 다시 말해 **자기 자신의 시각과 사유의 형상인 동시에 타인에게**

할당된 장면이 될 수 있다.

하지만 이런 이동, 인간이 영화로 바뀌는 이 변화는 다른 경로를 통해, 즉 안에서 밖으로 향하는 투사를 통해 이루어져야만 한다.

그렇게 되면 너는 이미 기억 속에서 쓰는 것이 아니다. 왜냐하면 그 기억이 이미 여기에 있기 때문이다. 완벽하게 하얀, 백색의 스크린, 백색 천, 흰 속옷, 베로니카의 수건5)과도 같은 그것, 아마도 우리는 그것을 영화의 육체라고 부를 것이다. 베로니카는 그리스도의 몸에 대해 말했던 것이다.

— 1991

---

5) [옮긴이 주] 십자가를 지고 골고다 언덕을 오르던 그리스도의 얼굴을 닦아 주었던 베로니카의 수건을 말한다. 이에 관해서는 이 책의 앞선 글 "영화에서의 죽음"(1권 2부 5장)에 달린 22번 각주(옮긴이 주)를 참조하라.

제 3부

카이로스

제 1장

담론과 서사

이 논문에서 나는 처음으로, 이후 나에게 결정적인 중요성을 갖게 되는 테마에 주목했다. 그것은 영화에서 몇 가지 층위, 즉 '계열'의 상호관계라는 테마이다. 나중에 나는 일련의 '시간성'에 대해서 말하게 된다. 이글은 언어학적 모델에 대한 비판에서 시작하여, 작가의 발화행위와 관련되는 담론층위와 주인공의 행위와 연관되는 서사층위의 존재를 표명하게 된다. 문제는 작가의 세계와 주인공의 세계 간의 차이를 언어학적용어로 정식화하는 것이고 이에 대해서는 이미 바흐친이 1924년에 쓴바 있다. 여기서 가장 중요한 것은 주체와 객체라는 고전적 대립으로 환원되는 이런 구분 자체가 아니라 서사와 담론의 층위가 서로 간에 어떤 '필연적' 관계도 맺지 않는다는 중대한 확신이다.

나 자신이 했던 말을 다시 인용하자면 "담론의 형식은 원칙적으로 서사에 의해 규정되지 않는다. 대화장면을 찍을 때 감독이 '리버스 앵글'[1]을 선택해야 할지 아니면 롱숏을 선택해야 할지 무조건적 혹은 선험적으로 강제하는 것은 아무것도 없다. 담론의 형식은 영화 촬영의 자유로운 선택의 결과이며 발화 내용에 직접적으로 영향을 주지는 않는다".

이러한 확신은 두 가지 방향으로 귀결될 수 있다. 첫째로 영화문화에서 '코드'로서 받아들여지는 여러 담론 형식에 대한 해명이다. 나는 과거에, 특히 그런 종류의 해명을 자주 정식화하려고 시도했다. 두 번째 방향은 이와 약간 다른데 형식과 서사의 상호관계 속에서 일종의 주의주의 또는 (예컨대, 감독에 의해 착상되고 잘 조직화된 경우) '우연성'을 인정하고 그러한 우연성의 결과를 따라가 보는 것이다. 다행히 나는 이 논문에서는 두 번째 방향을 과감하게 선택할 수 있었다. 비록 우연성을 의미

---

1) [옮긴이 주] 리버스 앵글 숏(*reverse angle shot*)은 이전의 숏과는 정반대인 180도 앵글에서 찍은 숏으로, 카메라의 위치가 처음과 정반대로 설치된다. 리버스 앵글의 다양한 측면에 관해서는 이 책 1권 1부의 1장("'완전' 영화와 '몽타주' 영화")과 3장("영화의 가상공간에 관하여")을 참고하라.

론적 메커니즘으로 고려하는 것이 나에게 쉬운 결정은 아니었지만 말이다 (당시 내가 전혀 다른 자료를 갖고서 우연성의 문제에 관한 다른 논문을 쓴 것이 도움되었다. 우연성에 관한 이 논문은 나중에 "클리나멘"이라는 제목을 달고 나의 책 《관찰자》[2]에 포함되었다). 물론 영화에서 담론과 서사의 우연한 마주침이라는 문제는 아직 이 글에서는 질료에 대한 형식의 결정론이라는 가면을 썼다. 하지만 이 결정론은 원칙상 감독의 특정 전략 이외에 다른 근거를 갖지 않았다. 영화의 구조 속에 진정한 근거를 두지 않은 것이다. 어찌되었건 이 논문은 나에게서 (영화형식의 자유로운 선택이 예술가적 자유의 직접적 표현이 된다는 점에서) 해방적 의미를 지녔으며 이후에 내가 영화에서의 계열과 시리즈의 병행구조를 다양한 시간성의 병행구조로서 고찰할 수 있도록 해 주었다.

1. 문제설정을 위하여

인간의 사고는 언어형식을 통해 고정되고 전달되며 수용된다. 잘 알려진 이 공리는 모든 유형의 메시지에서 그 정당성을 지닌다. 자연언어의 용어로 형식화된 것들 뿐 아니라 영화를 비롯한 시청각적 메시지의 경우에도 마찬가지이다.

1960~1970년대에 태동한 영화기호학은 영화언어의 모델을 자연언어와의 명백한(혹은 암묵적인) 동렬 관계에 근거하여 구축했다. 그런 식의 언어중심주의는 더 이상 유효하지 않은 것으로 밝혀졌다. 실제로 영화언어를 자연언어와 비교해 본다면 이른바 '영화언어'라는 것이 전통적 의미에서의 언어가 전혀 아니라는 것을 어렵지 않게 입증할 수 있다. 가령 영화언어는 이중분절(곧 음운론적 층위)을 갖지 않으며 전통적인 문법과 통사에 의해 지배되지 않는다. 시청각 메시지가 반드시 그와 같은 속성을 가져야만 한다고 생각할 근거는

---

2) [옮긴이 주] 2000년에 출간된 얌폴스키의 저서로 "시각의 역사에 관한 에세이"라는 부제를 달았다. 2012년에 2판이 재간되었다.

전혀 없다. 시네마토그래프에서 의미는 다른 방식으로 생산된다. 영화언어는 공간과 시간을 의미화할 수 있는 특별한 나름의 가능성을 가졌으며 주객관적 관계와 술어적 연결의 기초 위에서 그것을 구축할 수 있다. 그런 의미에서라면, 예컨대 시네마토그래프의 몽타주 코드를 (말의 가장 넓은 의미에서의) 언어체계로서 말해 볼 수 있다.

영화 텍스트는 다양한 의미발생과정과 그 기능에 따른 다채로운 언어전략의 교차점인바, 이에 대한 이해가 없다면 영화의미에 대한 적절한 분석은 불가능하다.

영화에서 '담론'과 '서사'의 관계를 조직하는 것 역시 그와 같은 기본적인 언어전략에 포함된다. 이 둘의 상호관계는 문자 텍스트에서도 강력한 의미론적 잠재성을 갖지만 영화에서는 문학에서와는 다른 방식으로 조직된다. 담론과 서사는 영상묘사, 청각적/문자적 말, 사운드와 배경 음악 등 영화의 모든 표현질료에 침투한다.

영화의 표현층위에 있는 영화의 모든 요소는 담론에 포함된다. 발화과정과 관련된, 그래서 작가적 심급과 연관되는 모든 요소는 담론으로 간주할 수 있다. 서사는 인물의 행동과 관계의 영역을 담당한다. 서사공간에서의 인물의 움직임과 그들의 대화는 담론의 그것과 조건적으로 분리될 수 있다. 담론은 플롯적 사건이 우리에게 현상하는 것이다. 동일한 대화라도 다양한 담론적 형식의 옷을 입을 수 있다. 그것은 롱숏으로 찍힐 수 있고 몽타주적 연속화면을 통해 '리버스 앵글' 묘사되거나 카메라의 움직임을 통해 한 인물로부터 다른 인물로 혼합되는 것으로 제시될 수도 있다. 담론의 형식은 원칙적으로 서사에 의해 제한받지 않는다. 감독으로 하여금 대화장면을 찍기 위해 '리버스 앵글'을 선택해야 할지 롱숏을 선택해야 할지 무조건적혹은 선험적으로 강제하는 것은 아무것도 없다. 담론의 형식은 영화연출자의 자유로운 선택의 결과이며 서사적 범주로 이해되는 발화의 내용에 직접적으로 영향을 끼치지 않는다. 대화 전달을 위해 어떤 형식을 선택하든지 간에 대화의 내용은 변화하지 않으며 그에 따라 영화에서 사건의 진행 역시 변화되지 않는다.

한편 전통적인 영화서사에서는 서사로부터의 담론의 자율성이 결코 무한정 보장되지 않는다. 전통적인 영화는 자신을 이야기꾼으로 생각한다. 거기서 서사의 층은 담론을 서사에 예속시키는 것인바, 담론은 서사적 층위에 '복무'한다. 우리는 서사적 관심에 대한 담론의 이러한 종속을 영화에서 끊임없이 확인하게 된다. 만일 영화 속 주인공이 거리를 따라 걸어간다면, 카메라는 주인공을 프레임과 초점에 담는 방식으로 함께 움직이게 된다. 원칙상 감독은 어느 방향으로건 카메라를 움직일 수 있는 권리를 가졌지만 이 경우 주인공은 카메라로 하여금 자신의 뒤를 따르도록 강제하는 심급이 된다. 그런 식으로 서사층위는 담론 속에서 일어난 사건을 규정하는 원인이 된다. 실제로는 우리의 스토리라인 읽기, 가령 등장인물의 중요도에 따른 위계화를 결정하는 것이 담론임에도 불구하고 말이다. 카메라가 인물을 따라 움직인다는 사실이 말해 주는 것은 서사에서 이 인물이 갖는 중요성이다. 우연히 지나가는 행인은 카메라 체제에 영향을 주지 못하며 프레임에서 빠져나간다. 이것이 카메라의 움직임이 그에게 '우연적'이라는 지위를 부여하는 이유이다.

담론과 서사의 그러한 상호작용 체제는 담론의 요소를 무력화하고 투명하게 만들어서 서사가 그 자체로 진행되는 것 같은 환상을 불러일으킨다. 연구자들이 주목하듯이 "담론 속에 담겼으며 원칙상 그에 의해 제한되는 서사는 담론과의 관계에서 외적이다(즉, 발생에 선행하며 종결에 후행한다). 서사는 담론의 틀을 벗어나는바, 마치 담론이 서사에 포함되는 것처럼 보인다".[3]

이러한 메커니즘은, 가령 클로즈업에서 롱숏으로 이행하는 경우에서처럼 영화적 기표의 최소 전략에도 반영되었다. 그런 이동은 서사에서 점점 더 자주 동기화된다. 클로즈업 화면으로 화자의 얼굴을 본다고 해 보자. 그는 말을 마치고 자리에서 일어나야 한다. 인물이 일어나면서 프레임 밖으로 벗어나지 않기 위해 대부분의 영화작가는 배우가 상대적으로 화면 내 공간에서 자유롭게 움직일 수 있도록 말이 끝날 때쯤 롱숏으로 전환한다. 흥미로운 것은 이러한 단순한 영화적 기표 형상에 대한 히치콕과 트뤼포의 주석이다.

> **히치콕** 방을 돌아다니기 위해 앉아 있던 인물이 일어날 때, 나는 한 번도 촬영각을 바꾸거나 카메라를 뒤로 뺀 적이 없어요. 나는 항상 인물이 앉아 있을 때 쓴 바로 그 클로즈업 상태로 움직이기 시작하죠. 화면에 두 사람이 앉아서 대화를 나눌 때 당신은 먼저 한 사람을 클로즈업해서 찍고 이어서 다른 사람을 클로즈업으로 찍습니다. 그리고 단속적으로 반복하다가 갑자기 카메라가 뒤로 빠지면서 롱숏으로 찍습니다. 한 사람이 걸어 나가려고 일어나는 걸 보여 주기 위해서요. 이건 변칙적인 촬영방법입니다.

> **트뤼포** 맞아요. 왜냐하면 그런 식의 기법은 동작을 따라가는 대신에 동작에 선행하기 때문이죠. 그건 관객들로 하여금 인물들 중 하나가 곧 일어나거나 할 거라고 추측하게 만듭니다. 그러니까, 카메라가 다음에 일어날 일을 미리 예고해서는 안 된다는 얘기죠.[4]

이 경우에 인물이 일어서기 이전의 롱숏으로의 이행은 서사와의

---

3) Ж. Дюбуа, *Эдилин Ф, и др*, *Общая риторика*, М., 1986, C. 306.

4) *Hichcock by François Truffaut*, New York, 1967, p. 203. 또한 Ф Трюффо, *Кинематограф по Хичкоку*, М., 1996을 보라.

관계에서 담론의 주도적 역할을 명백하게 해 주는 담론적 행위이다. 왜냐하면 인물이 카메라의 움직임을 결정하는 것이 아니라 그 반대이기 때문이다. 즉, 카메라의 이동이 인물의 움직임을 '강제'한다. 이 점에서 히치콕 같은 서스펜스의 거장이 담론의 독자성을 억제해야 한다고 요구한 것이 이해된다. 같은 동작을 다르게 찍는 전략으로 일본의 영화감독 오즈 야스지로는 체계적이고도 의식적으로 담론층위에서 서사의 종속을 거부한다. 오즈의 경우 인물이 일어설 경우 카메라는 대부분 그를 따라서 위로 올라가지도 롱숏으로 물러서지도 않는다. 오즈는 동작을 몽타주로 잘라내어 첫 프레임에서 일어서는 동작의 첫 장면을 보여 준 다음 일어서는 인물의 아래를 향하는 얼굴 윤곽을 보여 준다. 외적으로 동기화되지 않은, 형상의 이런 몽타주를 통해 담론의 자율성이 보존되는 것이다.

이것이 담론이 이야기를 조직하는 방식이다. 만약에 담론이 서사체제에서 작가의 입지와 밀접하게 관련된 양태로 기능한다면 서사의 명료성과 그 선조성은 보호된다. 그것의 가장 중요한 기능은 텍스트에서 인과적 상호관계를 조직하는 것이다. 이 기능으로부터 영화 의미의 형성에서 담론의 특별한 기능이 도출되어 나온다.

이후부터 나는 '담론-서사'의 대립관계가 어떻게 영화언어의 기능방식을 규정하는지를 보여 주려 한다. 나의 분석은 불가피하게 부분적 성격을 띠게 될 텐데 그 분석의 경계를 넘어서는 많은 물음이 남게 될 것이기 때문이다. 나는 분석의 제재로 알렉세이 게르만의 영화 〈내 친구 이반 라프쉰〉을 쓰고자 한다. 이 작품을 고른 데에는 몇 가지 이유가 있다.

게르만의 영화는 우리 영화사에서 보기 드문 영화언어의 체계성으로 말미암아 두드러진다. 담론과 서사의 상호관계는 게르만에게서 기본적 의미전략이다. 이 영화는 평단의 전폭적 환영을 받았으며 영화사적 사건으로 간주되었다. 하지만 영화를 본 이후까지 남은 의미론적 풍부함의 느낌은 실상 이야기의 장식적 빈곤함과 범속함 그리고 인물들의 평면성과 상충한다. 이야기의 관점에서(혹은 보다 넓게는 서사의 관점에서) 영화 속에서 사건은 거의 일어나지 않는다. 경찰서장 라프쉰은 여배우 아다쇼바와 사랑에 빠진다. 그녀는 라프쉰에게 화답하지 않고 작가인 하닌을 사랑한다. 하지만 하닌은 아다쇼바에게 무관심하다. 패거리가 체포될 때 하닌은 부상당하며 회복되자 도시를 떠난다. 라프쉰은 홀로 남는다.

인물의 심리적 빈곤은 그들 간의 미약한 연결 관계에 반영되었다. 우리는 하닌과 라프쉰의 관계에 대해서 별로 떠올릴 것이 없다. 아다쇼바의 거절은 라프쉰에게 아무런 심리적 갈등도 유발하지 않는다. 우리는 주인공들의 내면세계와 그들이 가진 문제에 대해 거의 알지 못한다. 서사층위의 빈곤은 비평가의 영화분석을 더욱 어렵게 한다.

그런 상황에서 대부분의 경우 비평가는 한가지로 반응한다. 대부분의 비평이 1차적으로 주목한 것은 영화의 특별한 리얼리즘이었고 그 목적은 시대의 충실한 환기였다.

대표적 비평에서 특징적인 인용문을 뽑아 보면 다음과 같다.

> **스티쇼바** 알렉세이 게르만 감독은 우리의 가까운 시대의 역사에서 인물의 형상을 재현해내고자 했다. … 감독의 과제는 분석적인 것이다. 즉, 과거에 존재했던 사람의 일상을 재현해내는 것이다.

> **죠민** 자신의 새로운 작품 〈내 친구 이반 라프쉰〉에서 감독은 자신을 마치 고고학자처럼 디테일과 오래된 문서들, 사진들을 가지고 50년 전 우리 삶을 근사치로 재현하고자 한다. … 영화는 우리에게 그때는 그랬다고 보여 준다. 과거는 바로 저런 모습이었다. 1930년대 중반 우리의 아버지와 할아버지가 바로 저렇게

살았다. 그렇게 그들은 서로 싸우고 꿈꾸었다. 바로 그렇게 우정을 나누었다. 우리로선 상상할 수 없을 만큼의 고난의 삶을 그렇게 쉽고 자연스럽게 살았다. 이런 노래를 불렀다. 저런 머리 모양을 하고 다녔고 그런 말을 나누었다.

조르카야 화면은 관객을 먼, 하지만 잊을 수는 없는 1930년대로 데려간다. 진실로, 문자 그대로, 기적적으로 이야기가 펼쳐진다. 때문에 당신은 마치 생생한 사진 속으로 빨려들듯이 혹은 〈불꽃〉이나 〈건설하는 소비에트〉 같은 당시 유행하던 잡지의 푸른색 혹은 갈색 인쇄물 속으로 빨려들 듯이 그 화면 안으로 발을 들여놓게 될 것이다.

이런 식으로 영화적 의미의 풍부함은 이야기 자체가 아니라 영화 세계의 사실성 구축("그때는 그랬다")에 놓여진다. 여러 가지 측면에서 이런 시각은 대체로 영화에 관한 대화를 예술 외적 방면으로 몰고 간다. 그래서 실제로 1930년대에 정말 그랬느냐는 논란이 벌어졌고 역사적 시대착오를 찾아내기도 했다. 당연한 말이지만 역사의 재구성이 예술의 자기목적이 될 수는 없다. 게르만의 완성도와 신뢰성에 대해서는 근본적 회의가 존재한다. 이런 점을 잘 보여 주는 예민한 분석가의 시각도 있다. 가령 로트만은 이렇게 쓴다.

다른 영역, 가령 1940년대의 그것과는 너무나 다른 우리의 동시대적 삶의 특성이 가져 와진다. 내게는 이것이 게르만의 영화에서 영화적 진실을 고수하는 많은 부분에서 보인다. 그의 영화는 본질적으로는 1930년대나 전쟁기의 매우 정확하게 복원된 일상을 동시대의 삶을 재구축하기 위해 이용한다. 이것은 결코 그의 영화에 대한 폄하가 아니며 내 생각에는 심지어 예술의 일정한 법칙에 답하는 것이다. … 1930년대의 삶을 기억하고 전쟁기의 일상에 대해선 더 잘 기억하

는 사람에게 이는 분명 전혀 다른 과제가 된다. 5)

  사실 감독 자신이 자신의 재구축의 신뢰성에 대해 전혀 확신하지
않는다.

  사람들이 이렇게 말하더군요. '당신은 그 시대를 재현한 거야.' 물론
  내게 이 말은 즐겁게 들립니다. 하지만 아무도 모르는 일이죠. 그 시
  대란 것이 전혀 달랐는지도. 6)

2. 작가와 서술자

  담론에서는 작가의 목소리가 전면적으로 나타나기 때문에 〈내 친
구 이반 라프쉰〉의 텍스트가 자신의 작가를 어떻게 구축하는지에
관해 특별히 상세하게 기술할 필요가 있다.
  영화는 타이틀 롤 이전의 프롤로그식 에피소드로 시작한다. 이런
식의 프롤로그는 특히 '작가주의' 영화가 거세게 형성되던 1960년대
영화에서 유행했다.
  프롤로그는 화자의 집을 훑어가는 카메라의 길고 어지러운 움직
임으로 시작한다. 7) 처음에 화면에는 낡은 밀랍 조각상이 등장하고

---

5) 1986년 필자와 치비얀의 인터뷰에서. 이것은 영화 잡지 〈영화노트〉, 1994, 20호,
   4~11쪽; *Кино (Рига)*, No. 1, 1997에 수록되었다.

6) A. Герман, Кино произрастает из поэзии: Беседа с Т. Иенсен, *Вопросы
   литературы*, No. 12, 1986, C. 150.

7) [옮긴이 주] 이후로 이어지는 작품 분석은 영화에서의 서사와 담론 간의 대립구
   도에 관한 핵심적인 통찰을 담은 중요한 내용이다. 분석이 미시적 차원에서 상
   세하게 이루어지는 만큼 (원문에는 없지만) 독자의 이해를 돕기 위해 주요한 분
   석 장면의 타임라인을 괄호 안에 병기하기로 한다. 아울러 영화 〈내 친구 이반

이어서 카메라가 종이와 파일로 가득 찬 책장을 아래로 훑어 내려가고 그다음에는 낡은 라디오 수신기 등을 잡는다. 우리는 화자의 목소리가 사운드트랙에서 들리기 전에 그의 숨소리와 목을 가다듬는 소리를 듣는다. 이렇듯 카메라의 첫 번째 움직임은 우리에게 주관적 숏으로서 주어지는바, 서술 작가의 눈으로 본 세계가 주어지는 것이다. 그러나 예기치 않게 카메라가 우리가 제대로 볼 시간도 주지 않은 채 중년의 남자를 빠른 속도로 스쳐 지나간다. 그와 동시에 화면 밖의 목소리가 일종의 작가적 고백으로 다음과 같은 서사를 도입한다.

> 이것은 나의 설명이다. … 그들과 더불어 내 유년시절이 지나갔던 바로 그 사람들에 대한 사랑을 설명하는 것이다(02:21).

바로 이 화면 밖의 텍스트에서 영화의 이후 구성이 동기화된다. 그 구성에 플롯의 '와해'가, 즉 주관성이 현전한다.

> 기억이 친절하게도 얼굴들, 구절의 단편들을 낚아챈다(02:15).

한편, 카메라는 아파트를 따라 움직이다가 계단에 앉아 줄로 무언가를 갈고 있는 소년에게서 멈춘다. 그리고 다시 화면 밖의 목소리가 설명한다.

> 이 아이가 나의 손자, 괜찮은 소년이다(01:45).

나의 손자라는 이 지칭이 마침내 카메라의 시선을 화자의 시선에

라프쉔〉을 볼 수 있는 사이트를 소개한다. https://my-hit.org/film/19417/

정박시킨다. 하지만 카메라는 집을 따라 방랑을 계속하고 우리는 낡은 집의 테라스에서 테이블에 앉은 여행의 시작 부분에 잠깐 명멸했던 예의 그 중년 남자를 발견한다. 그는 아래에서 위로 카메라를 정면으로 응시한다. 여행은 정지화면으로 끝난다(02:40). 마치 카메라의 목적 없는 방황이 자신의 혼돈스러운 추적의 목표물에 닿은 듯하다. 이 사람이 바로 서술자, 즉 그의 이름으로 이야기가 진행되는 서술자이다. 이렇듯 처음에 우리에게 주관적인 숏으로 읽혔던 모든 장면은 사실 그렇지 않은 것으로 판명된다. 화자는 '외적 초점화'[8]를 얻는바, 그는 카메라와 동일시되는 작가적 입지에서 분리된다. 카메라가 화면 밖 목소리의 원천을 찾아 방황하다가 숏 안에서 그를 발견하고는 멈춰 서는 것이다.

이렇듯 영화의 시작 부분에서 화자와 작가의 최초의 동일시가 발생한 후 다시 그들 간의 분리가 발생한다. 한 명이 말하고 다른 사람이 보여 준다. 담론은 두 명의 발신자를 갖게 된다. 실상 게르만은 작가적 입지의 더 커다란 분리를 동원하게 된다.

영화에서 영상에 소리를 입히는 것은 소리의 원천을 드러내는 것에 기초한다. 원천이 드러나지 않는 곳에서 영화 텍스트는 음성적인 것과 이미지적인 것으로 갈라진다. 그래서 원천과의 동일시는 테스트를 '부착하는' 작업이면서 동시에 담론과 서사를 결합하는 작업이 된다. 왜냐하면 (화면 밖) 음성은 서사층위에서 그것의 자리가 정해

---

8) 초점(*focus*)에서 나온 초점화(фокализация)는 '시각', '장'(場), '관점' 같은 용어에 내재한 특별한 시각적 함의를 피하기 위해 제라르 쥬네트가 도입한 보다 추상적 용어이다(Ж. Женетт, *Фигуры*; Ж. Женетт, *Роботы по поэтике*, Т. 2, М., 1998, С. 204). 외적 초점화는 '등장인물의 감정이나 사고에 대한 지식이 독자에게 전혀 허용되지 않는' 경우의 서사유형을 가리킨다. 게르만의 영화에서 화자가 외적 초점화를 취한다는 것은 그가 사건에 대한 **자신의** 시각을 진술하기를 그만둔다는 것을 뜻한다.

지기 전까지는 전적으로 담론적 성격을 띠기 때문이다. 프롤로그에서의 화자의 등장은 담론과 서사를 연결하면서 동시에 작가적 입지를 쪼개 놓는다. 한 차원에서의 단순화가 다른 차원에서의 복잡화로 뒤바뀐다. 하나 더 지적할 것은 화자의 음성 전달에서 음성적 퍼스펙티브의 부재는 그를 아파트에서 실제로 움직이는 사람과 동일시할 수 없도록 만든다. 음성의 원천, 즉 아파트 안에 있는 사람은 움직이는데 실제 목소리는 자신의 음성을 바꾸지 않는 것이다.

화면 바깥의 목소리는 프롤로그에서 이렇게 설명한다. "나는 아버지가 무언가를 말씀하셨던 것을 기억한다." 그리고 영화가 진행되는 내내 소년-화자와 나란히 또 다른 목격자, 즉 그의 아버지가 등장한다. 어린 시절의 화자는 플롯에 통합되지 않는데 그는 사건에 전혀 참여하지 않는 순수한 관찰자이자 관점의 전달자이다. 화면 밖의 주석자의 목소리는 중년의 화자의 것인데 관점은 소년의 것이라 서술자 자체가 두 개로 갈라져서 마치 자기 자신을 바깥에서 보는 듯하다. 영화의 제목이 나온 이후 화면에 짧게 머리를 깍은 소년의 뒤통수가 나타나기 전에 '미래로부터 온' 목소리가 말한다. "이것이 나다. 나는 9살이다"(03:00). 제목이 나온 이후 우리는 보로쉬의 초상화 곁에서 소년-화자를 보게 되고 카메라는 라프쉰의 방을 따라 왼쪽으로 움직인다. 소년은 일어나서 숏 안에 들어오기 위해 왼쪽에 자리 잡고 앉는다. 이때 소년의 움직임은 외적으로 동기화되지 않은 카메라의 움직임을 위한 유일한 '원인'이 된다(소년은 담론의 구성에 미치는 자신의 영향력을 숨기며 거의 눈에 띄지 않게 후면으로 미끄러진다). 서술자는 담론 심급의 인격화로 나타난다. 소년은 카메라 전면에 앉았고 화면 밖 화자의 목소리는 이렇게 말한다.

모두 앞으로 닥칠 전쟁에 대해서 점점 더 많이 이야기했다(07:35).

108

그리고 곧 이에 응하여 전략에 대한 숙의가 시작된다. 화자는 사건을 미리 예견하여 미래의 시점에서 그것을 조직하고 자신이 아는 바에 따라 끌고 나간다. 그뿐만이 아니다. 현재의 서술자가 과거를 볼 수 있는 능력을 가졌을 뿐만 아니라 소년-화자는 영화의 디제시스(서술공간) 속에서 마치 과거로부터 오늘날을 바라보는 듯한 숨겨진 가능성을 가졌다. 영화의 많은 인물 중에서 그 소년은 카메라를 바라볼 수 있는 몇 안 되는 인물 중 하나이다. 카메라를 향한 시선은 원칙적으로 영화의 공간에서는 금기시된다. 왜냐하면 그것은 카메라의 존재를 드러내며 등장인물과 관객 사이에 일반적으로 원하지 않는 관계를 창출하기 때문이다. 관객의 존재는 서사의 인물에게는 감지되지 않아야 한다. 과거로부터 우리의 시선을 바라볼 권리는 담론의 담지자인 소년에게 주어진다. 소년은 이 권리를 여러 차례 사용한다. 라프쉰의 생일 손님이 모두 나가고 나서 카메라는 문이 난 복도를 고정된 채 보여 주는데 그로부터 소년은 나타나지 않고 카메라의 대물렌즈를 바라보지도 않는다. 다른 에피소드, 오코슈키나(같은 주택에 사는 라프쉰의 동료)가 장작을 가지러 갈 때도 마찬가지다. 카메라는 문 쪽에 고정되었고 소년이 나타나서 렌즈 쪽을 바라보고는 나간다. 라프쉰의 공격 이후에 그리고 영화의 끝머리에서 라프쉰이 자기 집으로 돌아온 이후 아다쇼바와 하닌과 헤어질 때도 동일한 미장센에서 소년이 나타난다.

　본질적인 것은 소년이 끊임없이 외적 초점화의 자리에 놓인다는 것이다. 자주 주관적 성격을 띠는 카메라의 시선은 한 번도 그의 시선과 동일시되지 않는다. 그는 단지 디제시스로부터 우리를 바라볼 뿐이다. 하지만 디제시스는 한 번도 그의 시점을 통해 나타나지 않는다. 인격화된 작가는 **외적** 목격자이자 현실의 차단기로서 나타나며 그로써 가장 독특한 담론의 심급이 된다. 특별히 카메라를 향한 시선의 기능에 관해 연구해온 이탈리아의 연구자 프란체스코 카세티는 정당하게도 이렇게 지적했다.

> … 카메라를 향한 시선과 말은 일반적으로는 숨어 있는 것, 즉 카메라와 그 작업을 노출시킨다. 또한 독특한 이질적 공간, 결코 프레임의 내부 공간이 될 수 없는 프레임 바깥의 독특한 공간을 열어젖힌다. 이것은 스크린 반대편에 펼쳐진 홀이다. 그런 식으로 카메라를 향한 시선과 말은 '우리는 영화 속에 있다'라는 유희적이면서도 파괴적인 성격을 갖는 메타언어적 의식의 간섭을 통해서 영화라는 허구적 직조물을 찢어 낸다. 이런 의미에서 그것은 '영화가 그 자신을 불태우는 장소'이다. 9)

카메라를 향한 시선은 작가와 관객의 존재를 노출시키면서 담론이 존재한다는 사실을 강조하고 특별히 '나를 향하여' 조준하는 방식으로 그것의 내적 서사를 시각적으로 반영한다. 하지만 '나를 향해'라는 이러한 방향성은 모든 담론성의 근본적 특징이다. 이야기(스토리)는 그 자체로 존재하며 서사(내러티브)는 수신자를 향한 정향성을 갖지 않는다. 그러한 정향은 한 사람(작가)에게서 출발해 다른 사람(독자, 관객)으로 향하는 담론에 의해 주어지는 것이다. 미국의 영화학자 릭 올트만이 보여 준 대로 "텍스트에 수용된 범주는 종국에는 담론성을 함축하는, 나를 향한 정향성의 범주이다". 10) 이런 관점에서 카메라를 향한 소년의 시선은 프레임 바깥의 어른 서술자의 목소리만큼이나 담론적 요소이다(이 목소리는 관객에게만 들리며 관객만을 향한 것이다).

---

9) F. Casetti, Les yeux dans les yeux, *Communication*, No. 38, 1983, p. 79.
10) R. Altman, *The technology of the voice*, Pt. II, Vol. 4, No. 1, Iris, 1986, p. 115.

그렇게 '카메라에서 나오는' 목소리는 영화 속에서 카메라를 향한 시선과 거울관계에 놓인다. 서술자는 목소리와 시선, 소년과 노년으로 갈라지며 이러한 다층성 속에서 복잡한 통일성을 유지한다(관객에게 담론적으로 정향된, 관점과 음성의 통일성).

영화의 작가적 심급은 다면적 구축물로 이루어진다. 외부의 시선은 결과적으로 내부의 시선과 끊임없이 뒤섞인다. 화자는 디제시스로부터 빠져나가면서 동시에 그와 섞인다. 하지만 카메라를 향한 반복적 응시를 통해 서사적 시공간(디제시스)의 폐쇄성을 파열시키는 방식으로 섞인다. 플롯 내부에서 살아가는 서사의 인물과 나란히 플롯에서 빠져나와 담론과 동일시될 수 있는 목격자-인물이 자리한다. 여기서 문제는 과연 어떤 시선을 통해서 우리가 사건을 바라보아야 하느냐는 것인데 우리는 이에 대한 일의적 답변을 체계적으로 얻을 수 없다.

3. 행위자

확실히 가장 강력한 두 가지 유형의 플롯이 있다면 그것은 연애 플롯과 탐정 플롯이다. 비록 그 서사적 힘은 최대한 약화되었지만 둘 다 어느 정도는 영화 속에 제시되었다. 음모와 결합된 탐정 플롯의 라인은 인물과 관련되는 한에서 드러난다. 사랑의 삼각관계는 결과적으론 은닉되었지만 서사에서 보다 중요한 의미를 차지한다. 특히, 당사자는 영화의 플롯을 담당하는 주요 배역이다. 그들은 나머지 인물과 구별되며 현대 서사학에서 말하는 행위자로 나타난다. 즉, 서사에서 특정한 기능을 수행하는 등장인물인 것이다.[11] 이 영화에서는 3명의 행위자가 등장한다. 라프쉰, 아다쇼바 그리고 하닌.

영화의 플롯은 대부분 한 여자(아다쇼바)를 둘러싸고 구성된다. 여기서 특징적인 것은 라프쉰을 둘러싼, 특히 그의 '사무실'로 대표되는 주변 환경이다. 이곳은 여성의 존재가 완전히 결여되었다. 이 남자들의 세계는 아무런 플롯도 없는 세계이다. 거기서는 라프쉰 자신도 행위자로서의 속성을 상실한다. 어느 정도는 이와 같은 여성의 부재가 라프쉰의 동료들로 하여금 '이념'의 복무자, 법의 종복이 되게끔 한다. 12) 라프쉰의 유일한 친구로 연애에 빠져 있다가 결혼하게 되고 라프쉰에 의해 '콜렉티브'로부터 문자 그대로 쫓겨나게 되는 오코슈킨은 마지막에 아내를 떠나며 다시금 남자들의 의리의 세계로 돌아온다. 심지어 아버지와 함께 사는 소년-서술자조차도 어머니가 없으며 어머니에 대해서는 영화 속에서 단 한 번도 회상하지 않는다. 하닌은 아내의 죽음 이후에야 '콜렉티브'에 포함된다.

서로 대립되는 거울상의 두 세계 사이, 즉 극장과 솔로비요프 갱단 주변에는 여성이 풍부하게 존재한다. 갱단의 체포 에피소드 전체는 부수적으로 수사반에 의해 남편을 잃은 여자들의 히스테리로

---

11) 미케 발(M. Bal)은 행위자를 목적론적 유형, 즉 **목적**의 존재에 의해 정의되는 구축물에서처럼 파블라에 포함된 행동하는 인물들로 정의한다. 목적(욕망, 갈망)과의 능동적인 관계도 그들에게 파블라 속에서 어떤 **기능**을 수행하도록 해준다(M. Bal, *Narratology: Introduction to the theory of narrative*, Toronto, 1985, p. 26). 이러한 관계에서 주목해야 할 것은 〈내 친구 이반 라프쉰〉에서는 대다수의 인물이 '행복한 미래'에 대한 갈망과 욕망에 사로잡혔다는 것이다. 이런 의미에서 영화에서 대다수의 '능동적인' 인물들은 텔로스, 곧 목적 정향적이다. 그러나 이러한 정향성은 게르만에게서는 그들을 파블라의 능동적인 참여자로 만들어 주지 않는다. 목적론적 방향성은 그에게 행위자가 되기에는 불충분한 것처럼 보인다.

12) 여성에 대한 봉사를 법에 대한 봉사로 승화시키는 메커니즘은 고전영화에서 특징적이다. 존 포드의 《청년 링컨》의 경우에 나타난 이러한 메커니즘에 대한 연구는 Джона Форда, Молодого мистера Линкольна, 〈*Young Mr. Lincoln*〉 de John Ford, *Cahiers du Cinéma*, No. 223, Aout-sept, 1970, pp. 29~47.

구성된다. 수사반은 적극적인 탈성(性)적 원칙으로 나타난다(카치카-나폴레옹과의 장면에서 라프쉰이 '매춘을 바로 잡겠다'는 의욕으로 하는 말을 보라. "지저분한 얘기는 내버려 둬. 특별한 것 전부, 디테일들 말이야. 가장 중요한 걸 얘기해야 해. 어떻게 바르게 살 것인가를.")

하지만 능동적인 서사는 이미 말했듯이 특별히 여성과 관련되었다. 삼각관계의 인물(행위자)은 특별한 지위를 차지한다. 작가인 하닌, 배우인 아다쇼바는 그들 자신이 텍스트의 생산자가 된다. 라프쉰은 그들 옆에서 약간 다른 위치를 차지한다. 하닌과 아다쇼바가 각각 한 번씩 라프쉰에게 자신들을 현실에 '접근'시켜 달라고 찾아간다. 아다쇼바는 라프쉰에게 그녀가 연극에서 맡은 역할을 위해 진짜 매춘부를 소개해 달라고 부탁한다. 하닌은 갱들을 체포하는 곳에 데려가 달라고 부탁한다. 서사이론의 관점에서 보자면 핵심은 인물들의 세계를 분할하는 '의미론적' 경계의 횡단이다. 유리 로트만이 잘 보여 주었듯이 자신의 세계에서 나와 다른 세계로 이월하는 것이 능동적인 주인공(행위자)과 수동적인 주인공을 구별하는 가장 중요한 특징이다.

> 슈제트(플롯)의 (의미론적) 장의 경계와 관련하여 행위자는 그것을 돌파하는 자이며 경계는 그와 관련한 장애물로서 나타난다. [13)]

행위자에 의한 의미론적 경계의 횡단은 보통 중요한 결과를 낳는

---

13) Ю. М. Лотман, *Струтура художественного текста*, М., 1970, С. 291. [옮긴이 주] 유리 로트만에 따르면 주인공이란 텍스트 내부에서 금지된 경계를 횡단하는 자이다. 플롯의 가장 전형적 구성은 경계를 꿰뚫는 운동이 되는바, 주인공에 의해 이 금지된 경계가 돌파되었을 때 비로소 사건이 성립되는 것이다. 이에 관해서는 다음을 참조하라. Ю. М. Лотман, *Семиосфера*. 김수환(옮김), 《기호계》, 문학과지성사, 2008, 55~58쪽.

다. 때문에 두 경우 모두 극적인 결과로 귀결되는 것은 당연하다. 영화에서 행위자는 다른 '현실'과의 직접적 접촉을 견뎌내지 못한다. 하닌은 칼에 찔리고 아다쇼바는 라프쉰의 눈앞에서 매춘부 카치카-나폴레옹에게 모욕당한다. 요컨대 라프쉰은 행위자의 세계, 즉 파블라와 '현실' 사이의 실패한 중개자로 나타난다. 그리고 이러한 그의 서투름은 사랑하는 여인을 제압하지 못하는 그의 무능력과 육체적 쇠약(타박상)에서도 드러난다.

　행위자의 세계는 전적으로 연기의 세계이며 그 점에서 다른 인물의 세계와 대조된다. 대체로 이 영화에서는 가장 넓은 의미에서 연기 차원의 존재가 두드러진다. 이는 아다쇼바가 연기하는 극장뿐 아니라 그 극장의 두 공연작인 푸시킨의 〈페스트 기간의 향연〉과 포고진의 〈귀족들〉(벌어지는 일들에 대한 선명한 주석의 역할을 하는 이 작품들은 솔로비요프 갱단의 테마와도 밀접하게 관련된다)에도 해당한다.[14] 이것은 오코슈킨의 주위에 집중된 다양한 연기 게임에서도 그렇다. 오코슈킨은 자신을 창고지기로 사칭하며 전화로 검량소의 클라바를 호출하는가 하면 사람들은 장난으로 그의 침대에다 니켈로 만든 쇠공을 집어넣고 아다쇼바는 버림받은 아내를 사칭해 오코슈킨에게 한 방 먹인다.[15] 중요한 것은 이러한 연기 모티프가 여배우와

---

14) 연극성은 이 영화의 세계를 관통한다. '영화의' 시작 부분에서 '나치편 좌티예프'〔세묜 파라다 역(役)〕와 '전권위원 토칠린'은 '에티오피아 상공의 이탈리아 비행사-파시스트 혹은 갈색 페스트'(푸시킨의 연극과 비교하라)라는 개별 소품을 연기해 보여 준다. (극 중에서) 이에 대해 한 관객이 다름과 같이 평한다. "온전한 예술 연기자들이 탄생했군." 이 즉흥 연극은 마침 비행사에 관한 책을 작업 중인 하닌의 테마와 직접적으로 연결된다. 또한 극장에서 열린 작은 연회(그 자체로 연극적 볼거리인)에서 《야간 비행》(생텍쥐페리의 소설)이라는 테이블 게임이 극장에 들어올 거라고 발표하는 장면도 언급할 만하다. 영화의 주인공들은 시종일관 체스를 둔다.

15) 오코슈킨에 대한 아다쇼바의 희롱은 그 자리에 있던 하닌과 그녀의 관계를 연극적

작가 사이의 모든 관계 라인을 완성한다는 점이다. 하닌과의 마지막 작별 무대에서 아다쇼바는 이렇게 말한다. "하닌, 내 사랑, 나를 데려가줘요. 나를 데려가줘요! 난 여기선 죽을 거예요. … 물론 농담이에요. 이런 걸 연기라고 하죠"(01:26:15, 여기서 하닌은 라프쉰에게 같이 가자고 계속 청한다).

이런 연기술적 층위는 아다쇼바와 하닌의 행동 영역에서 가장 농축되어 나타난다. 이 인물들은 영화 속에서 재현의 코드들을 눈에 띄게 변형시켜 연극적 음역으로 변환시킨다. 광장에서 아다쇼바가 오코슈킨의 아내인 척하는 연극적 희롱 이후에 라프쉰과 하닌은 그녀를 오토바이에 태우고 집으로 간다. 오토바이의 전조등은 마치 무대조명처럼 광장을 빠져나가는 배우들을 비춘다. 이 대목에서 하닌과 라프쉰의 대화는 특징적이다.

> 하닌 가자. 더 이상 아무것도 없을 거야.
> 라프쉰 (친구의 그런 반응에 놀라면서) 뭐가 없을 거라고?
> 하닌 아무 일도 없을 거야.

그리고는 마치 무대 위의 연극적 재현을 마감하는 것처럼 오토바이의 전조등이 꺼진다. '더 이상 아무 일도 없을 거야'라는 말은 그래서 공연히 끝났다는 뜻이 된다.

아다쇼바의 마당은 온전히 연극적 공연의 장소이다. 라프쉰이 밤에 여배우의 창문으로 기어 올라가는 장면은 낭만적 연극의 패러디로 꾸며진다. 이 장면의 하부텍스트는 《돈주앙》 또 분명 《로미오와 줄리엣》이다(발코니 장면). 라프쉰이 비우호적인 이웃들을 깨울까

차원으로 번역한 것이다. 자신을 오코슈킨의 아내로 연기하면서 아다쇼바는 하닌의 아내가 되고 싶어 하는 자신의 욕망을 연극화하고 공개적인 것으로 만든다.

봐 두려워하는 아다쇼바의 모습은 직접적 패러디로 보인다. 16)

하지만 여기서 말하는 것은 단지 연극적 코드나 하부텍스트만이 아니다. 연극적 재현은 영화와 달리 텍스트 생산의 공간 내에 직접적으로 관객이 존재함을 전제한다. 아다쇼바는 여배우이다. 그녀는 영화 전체를 통해 특별한 층위의 인물들, 즉 목격자와 관객에 둘러싸였는바, 그녀의 연기는 고도의 공개성을 유지하면서 화면 안에 입회한 관찰자들을 위해 행해진다.

아다쇼바는 영화 안에서 내내 누군가의 집중적인 시선하에 놓인다. 그녀가 경찰서에서 카치카-나폴레옹과 면담할 때 카메라의 초점은 그녀뿐만 아니라 여배우와 매춘부를 응시하는 적군 병사에게도 맞춰진다. 하지만 이러한 구조는 매우 체계적으로 라프쉰과의 대화장면들에도 도입된다.

거리에서 그들의 첫 번째 만남은 장작을 살 때 이루어진다. 라프쉰과 여배우가 잠시 걸음을 멈추었을 때 그들에게 전투모를 쓴 누군가가 다가와서 그들을 무례할 정도로 훑어본다(17:45). 그리고는 시선을 카메라 쪽으로 돌린다. 그는 사방에서 관찰하는 자이며 담론적 심급의 존재에 대해서 아는 시선의 인격화이다. 다음 만남은 라프쉰이 경찰서로 초청하기 위해 오토바이로 아다쇼바가 탄 전차를 쫓아가는 장면이다. 두 주인공의 대화가 진행되는 동안 그들의 뒤에서

---

16) 셰익스피어의 《로미오와 줄리엣》과 비교하라(번역: Щепкинoa-Куперник)(У. Шекспир, Полн. собр. соч., В.8т., Т.3, М., 1958, С.44).

   줄리엣 어떻게 여기에 왔지요? 말해 봐요, 어째서요? 담벼락이 높고 넘을 수 없을 텐데. 신은 죽을지도 몰라도. 내 친척 중 하나가 혹시라도 당신을 보게 된다면.

   로미오 사랑의 날개가 나를 여기에 데려왔지요. 사랑에는 돌담장은 장벽이 될 수 없어요. 사랑은 가능한 무엇이건 감행한답니다. 그리고 당신의 가족은 내게 방해가 될 수 없어요.

카메라를 정면으로 향해 선 한 사람이 아무 말 없이 두 사람을 바라본다(17:40). 이후의 진행은 다음과 같다. 라프쉰이 극장에 장작을 가져오고 극장 근처에서 아다쇼바가 그를 맞이하고 감사를 표한다. 그런데 카메라는 주인공들을 떠나 라프쉰과 여배우를 뚫어져라 쳐다보는 운전사와 수염 난 어떤 사람에게로 옮겨 간다(29:58). 이어지는 대화는 극장에서의 연회에서 이루어진다. 우선 라프쉰과 여배우는 초점 바깥에 놓이고 정작 초점은 미지의 사람(나중에 정신 나간 극장 재봉사로 판명되는)에게 놓이는데 그는 카메라 쪽으로 고개를 돌리고 무겁게 주시하는 시선으로 정면을 바라본다(30:52). 그리고 마침내 '발코니'에서의 패러디적 장면에서 어디선가 집요한 목격자(페쟈)가 나타나 마치 집 안에서 모든 장면을 관찰하는 관객처럼 친절하게 사다리를 제공한다. 라프쉰이 아다쇼바의 창문에서 내려오다 바닥으로 떨어지고 나서 그는 멋쩍게 그 상황을 다음과 같이 설명한다. "이건 뭐 서커스 같구만!"(01:03:50)

아다쇼바와의 교제는 끊임없이 라프쉰을 그가 극도로 불편해하는 연극적 재현의 상황으로 몰고 간다. 재현체계의 연극화는 형사인 라프쉰의 행동에서 즉각 드러나는데 그는 불편해하고 넘어지고 광대를 연기하게 된다. 그리고 그에게 어울리지 않는 이 역할은 애초부터 여배우 여성에 의해 그에게 부여된 것이다. 배우들에게 라프쉰을 '지역 탐정가'로 소개하는 장면에서 예기치 않게 거리에서 그에게 박수갈채를 보내기 시작한다.

하닌 역시 극도로 볼거리화되었다. 심지어 그의 실패한 자살기도도 유사목격자를 만드는 거울 앞에서 벌어진다. 자살기도 장면 이후에 문틈 사이로 소년 화자(목격자 관객)가 나타나 카메라를 본다. 그다음에 하닌이 수건으로 머리를 감싸고 시체를 연기한다(이후 벌어질 비극적 행보를 예견하듯이). 자살기도의 모든 장면이 연극적 코드를 통해 제시된다.

하지만 하닌의 테마와 더 직접적으로 관련된 것은 이와는 다른 코드, 웨스턴 영화와 갱스터 영화의 코드이다.[17] 작가(하닌)는 계속해서 라프쉰에게 황금을 찾으러 알딘 시(市)로 가자고 청하며 갱단을 체포하러 가는 일을 마치 모험하듯 떠난다. 그리고 필시 그의 개입이, 서부영화의 패러디를 쉽게 감지할 수 있는 라프쉰과 솔로비요프의 결투 에피소드를 처리하는 데 영향을 미친다. 결투는 고전적 웨스턴과 스릴러 영화의 중심 장면인 '총싸움', 그러니까 두 적대자의 마지막 충돌 장면을 패러디한다. 그것은 대개 윈체스터 연발총이나 리볼버를 쥔 두 사람의 만남으로 이루어진다. 헛간 뒤에 숨은 건달을 향하는 라프쉰의 움직임은 이 전통에 맞춰 그려진다. 라프쉰이 솔로비요프에게 총을 쏘는 장면에서 건달이 롱숏으로 보이고 숏의 오른편을 피스톨을 쥔 라프쉰의 손이 차지하는 것이 특징적이다. 저격수의 손으로부터의 바라봐지는 이런 관점은 '총싸움' 장면에서 코드화된 것이다.[18] 게다가 행위자들의 기능은 웨스턴과 스릴러 영화의 시학과 간접적으로 연결된다. 보안관과 여배우(혹은 고급매춘부)는 이 장르의 고전적 인물인 것이다.

요컨대 행위자들의 관계 속에는 잘 알려진 대칭성이 존재한다.

---

17) 웨스턴 무비에 대한 게르만의 관심은 이미 〈도로 검문〉(*Proverka na dorogakh*, 1971)을 찍던 시기부터 존재했다. 애초에 그는 이 영화를 '러시아식 웨스턴, 즉 안티웨스턴'으로서 구상했다(A. Герман, *Кино произрастате из поэзии*, C. 145).

18) 미국 영화의 재현 속으로 라프쉰을 끌어들이는 이 장면은 또다시 그의 추락과 함께하는데 그는 창고 지붕에 부딪힌다(원본을 패러디적으로 끌어내리고 그의 기능적인 무능력을 드러낸다). 그는 무기를 버린 솔로비요프를 죽이는데 이로써 웨스턴의 윤리적 규범을 위반하고 결국에는 육체적 무력함의 발작 속에서 누군가의 헛간으로 기어들어 감으로써 '총싸움'의 코드에서 자신의 패배를 드러낸다.

라프쉰은 아다모바와 하닌을 자신의 세계로 헛되이 끌어들이고 그들은 또 나름대로 자신들의 재현체계 속으로 라프쉰을 극히 불편하게 끌어들인다. 행위자들의 실패는 그들에게 할당된 재현체계들의 한계를 표지한다. 갱단 체포의 에피소드가 두 부분으로 나뉘는 것 역시 본질적이다. (하닌의 부상 이전까지의) 첫 번째 부분이 라프쉰의 세계의 법칙에 따라 구축되어 작가(하닌)의 비극으로 끝난다면 두 번째 부분은 웨스턴의 법칙에 따라 재구성되어 형사(라프쉰)의 악몽으로 끝이 난다.

(라프쉰을 제외한) 행위자들이 자신의 고유한 재현체계를 만들어 낸다는 사실로부터 그들을 영화 속 고유한 담론 생산자로 해석할 수 있다. 이를 통해 담론이 서사에 의해 만들어진다는 고전적 서사 영화의 전형적 개념이 확증된다. 그러나 행위자들의 연극화된 담론은 그 형태에서 작가-화자의 담론과 명백하게 구별된다. 그것은 게르만의 영화언어 구조를 건드리지 않은 채 디제시스 내부에서 온전히 실현되는 듯하다. 그것은 마치 '배우-관객'의 대립에 기초하는, 영화 세계 바깥의 체계인 것처럼 보인다. 이로 인해 서사에 가장 적극적으로 개입하는 두 인물이 다른 인물들이 속한 세계 바깥의 형상인 것처럼 나타난다. 그들을 영화 속으로 끌어들이는 재현은 일종의 사이비 연기 체계로서 아이러니적 분리에 처해진다. 영화 속의 극장은 형편없는 지방 극단이다. 주요 행위자들의 세계, 그들의 선형적이고 논리적 서사 세계는 작가적 담론으로 잘 스며들지 못한다. 왜냐하면 그들 간의 이종성이 두드러지게 드러나면서 각자의 특별한 담론성을 주장하기 때문이다. 영화 〈내 친구 이반 라프쉰〉의 인물은 바흐친이 묘사한 모델에 따라 행동한다. 바흐친에 견해에 따르면 주인공은 자족성을 획득할 수 있으며 심지어 작가와의 투쟁에 돌입할 수 있다. [19]

이런 상황은 플롯의 차원에서도 완전히 동기화되었다. 아다쇼바
는 자신과 비슷한 재현적 세계를 가진, 다시 말해 현실에 대한 비슷
한 관점을 지닌 사람인 하닌에게 끌린다. 그들 모두는 영화의 끝부
분에서 라프쉰의 세계로부터 벗어나 떠나 버린다. 두 사람은 처음부
터 한시적 형상, 즉 '순회공연자들'로서 주어졌다(미로노프와 루슬라
노바를 선택한 것은 의미심장한데 그들은 아마추어들과 덜 유명한 연기자
들 사이에서 '순회공연하는' 스타인 것이다). 영화에서 그들의 출현은
담론으로의 진입이 그런 것처럼 낯선 환경에서 치러지는 행위자(강
한) 서사의 일종의 '순회공연'에 해당한다. 한편 여기서 이 담론들의
'순회공연'은 행위자들의 반응에서 의미화된다. 영화의 끝부분에서
라프쉰과 아다쇼바의 다음과 같은 대화가 펼쳐진다.

> **아다쇼바** 카치카-나폴레옹은 어떻게 됐죠?
> **라프쉰** 수용소로 보내졌소.
> **아다쇼바** 잘됐네요. 우리 쪽으로는 레닌그라드 극단이 오기로 했어요.
> 그네들은 우리와 달라요. 벌써 표가 다 팔렸대요….
>
> (01:27:15)

   여배우는 무의식중에 수용소로 보내지는 것을 순회공연과 비교하
며 게다가 그것은 아다쇼바 자신의 순회공연의 끝과 맞물렸다. 여배
우의 삶이 본보기의 운명에 투사된다(이렇게 해서 형법 세계와 연극 세

---

19) М. М. Бахтин, *Автор и геройв эстетическойдеятельности*; М. М. Бахтин,
    Эстетика словестного творчества, М., 1975, СС. 7~180. **[옮긴이 주]** 바흐
    친의 '다성악(polyphony) 소설 이론'을 말하는 것으로 작가가 주인공에 대한 권위
    적 지배력을 행사하는 방식(독백적 구성)이 아니라 인물과 동일한 평면에서 동등
    하게 대화를 나누는 방식을 가리킨다. 바흐친은 도스토옙스키를 다성악적 소설의
    대표자로 간주했다.

계의 테마는 또다시 공공연하게 뒤섞인다. 두 개의 강력한 각본의 영역, 즉 두드러진 연극성의 영역과 낯선 담론적 영역으로서 말이다). 여기서 한 순회공연의 지나감은 계속되는 담론의 회전목마를 만들어 내면서 또 다른 공연(레닌그라드 극단)의 도래를 준비한다. 바로 이런 맥락에서 재교육을 받으러 떠나는 라프쉰의 마지막 상황이 읽힌다.

> **라프쉰** 나는 재교육을 받으러 떠난다네.
> **자나드보로프** 재교육, 개조, 재훈련.
> **오코슈킨** 선수교체.
>
> (01:31:55)

무의미한 단어의 집합을 흉내 내는 이런 영화 속 인물들의 마지막 반응은 그러나 사실상 라프쉰의 행동을 바로 이런 코드변환의 체계로 진입시킨다. 개조(perekovka)라는 단어는 그 자체로 코드변환의 조작을 묘사하며 포고진식 연극[20]과 수용소의 삶이라는 중심주제와 관련된다. 선수교체는 연기와 형상 재배치의 최종적 주제이다.

4. 작가-화자의 담론

영화의 작가적 담론은 두 개의 층위에서 대조적으로 실현된다. 한편으로 그것은 카메라의 작업이고 다른 한편으론 에피소드 간의 몽타주이다.

---

20) [옮긴이 주] 니콜라이 포고진(N. F. Pogodin, 1900~1960)은 소비에트의 극작가로 주로 '새로운 인간형의 형성과정'을 그린 것으로 유명하다.

5. 카메라의 작업

영화의 공간은 세 가지 유형으로 나뉜다. 방, 복도, 야외. 이 유형 각각이 카메라 작업의 체제, 곧 담론의 유형을 규정짓는다. 이로부터 영화 속 공간 유형의 의미론적 대립구도가 나온다.

인테리어 중 가장 적극적으로 사용되는 것은 라프쉰의 **방**이다. 그것은 복도로 통하는 영원히 열린 출입구[21)를 향했다. 이 출입구는 카메라의 진입을 거의 허용하지 않는데 그 때문에 아파트의 다른 구역에서 일어나는 일이 이 출입구에 가려 잘린 채 파편적으로 보인다. 출입구가 정면으로 보이는 탓에 출입구는 무대의 거울과 비슷해진다. 하지만 이 무대 위의 행동은 전혀 연극적이지 않은 방식으로, 즉 프레임에 담기지 않은 채 조직화된다. 라프쉰의 방에서 카메라는 외견상 전혀 동기화되지 않는 것처럼 움직이며 공간 속을 지속적으로 방황하면서 '우연적인' 것처럼 보이는 행위를 되는대로 포착한다. 그렇다고 해서 이 '우연성'에 논리가 결여되었다고는 말할 수 없다. 카메라는 인물을 종종 추적하면서 서사적 체제 내에서 작동한다. 하지만 카메라는 이런 추적의 객체를 마치 동기화 없이 골라내는 듯하다. 예를 들어, 영화의 3분의 1 지점까지 카메라 작업에서 가장 능동적 영향을 끼치는 것은 서사적으로 가장 덜 본질적인 인물인 투덜대는 노파 파트리케예브나이다(그녀는 아파트 내의 유일한 여자이다). 서사적으론 전적으로 무용한 그녀가 담론에 끼치는 영향력은 충격적일 정도이다. 그녀가 방에 나타나기만 하면 카메라는 라프쉰 및 그와 가까운 인물들을 버려두고 거의 자동적으로 그녀를 따라가기 시작한다. 특이한 점은 파트리케예브나가 그저

---

21) [옮긴이 주] 닫는 문을 열어 놓아서 뻥 뚫린 출입구를 말한다.

'공허한' 인물, 즉 나름의 '반(反) 행위자'가 아니라 명백하게 주인공들의 삶을 방해하는 존재, 그러니까 그들 일상의 보잘것없는 반주인공(안타고니스트)이라는 사실이다. 카메라가 그녀에게 제공하는 특권은 그녀가 반(反) 서사적이고 반(反) 인물적 체제로서 기능한다는 점에서 드러난다. 흥미로운 점은 파트리케예브나의 담론적 힘이 아파트에 하닌이 등장한 이후(하닌은 그녀에게 돈을 주어 그녀의 호감을 산다)로는 급격하게 약화된다는 사실이다. 자기 방 안에서 라프쉰은 카메라에 별 다른 관심을 불러일으키지 못하는바, 카메라는 그를 거의 무시한다.

공간의 두 번째 유형은 **복도**이다. 영화 속에는 길고 꾸불꾸불한 복도가 이례적으로 많이 나오는데 라프쉰은 언제나 빠른 걸음걸이로 이 복도를 지나간다. 다름 아닌 복도가 그의 절대 왕국이다. 라프쉰이 아파트에서, 경찰의 형사부에서, 강도들이 숨은 임시 가건물에서 복도를 따라 걸을 때면 늘 어떤 식으로든 그와 연결된 카메라의 움직임이 동반된다. 복도에서 담론은 행위자에게 '들러붙는다'. 의미론적으로 복도는 외부 세계와 내부 세계 사이의 중간적 공간이다. 그 공간은 일종의 중개자라 할 수 있는 라프쉰에게 할당된다.

복도를 걷는 장면은 특이한 방식으로 촬영되었다. 첫 무대는 경찰의 형사부이다. 카메라는 간헐적으로 멈추면서 이쪽저쪽으로 방향을 틀며 복도를 따라 움직이고 사운드트랙에서는 음향적 트래블링이 부여된다(20:45). 이 부분에서는 주관성이 강조되는 느낌이 든다. 즉, 라프쉰이 바라본 복도가 그려지는 듯하다. 마침내 카메라는 집무실의 문 앞에서 멈춰 서고 뜻밖에도 카메라 뒤에서 화면속으로 라프쉰이 등장한다. 이로써 담론의 초점이 내적인 것에서 외적인 것으로 바뀐다. 카메라는 라프쉰 앞으로 움직이는데 이는 마치 라프쉰이 카메라를 밀어내는 것 같다. 움직임의 끝에서 우리는 라프쉰의 관점을 작가에게 되돌려야만 한다. 이런 식으로 복도는 관점이 인물로부터 작가에게로 이전되는 장소로 판명된다. 이 때문에 복도는 담론적 전위의 장소로서 제시된다. 여기서 시사적인 것은 라프쉰이 카치카-나폴레옹이 그를 기다리는 집무실로 들어설 때 사실상 시야에서 사라진다는 점이다. 카메라의 주의는 온통 창녀에게로 향한다(21:33). 방이 라프쉰에게서 서사적 힘을 빼앗아 버리는 것이다. 막사의 복도를 지나가는 동안에는 카메라가 이미 완전히 라프쉰의 관점과 동일시된다. 서사적으로 보다 강력한 행동(강도 잡기)이 인물의 담론적 기능을 능동적으로 만들어 그를 작가와 합치시키는 것이다.

카메라가 라프쉰 방의 출입구로 침투할 수 없다는 사실은 공간 사이의 경계가 갖는 에너지의 역량을 표현해 준다. 하지만 출입구가 카메라의 시선을 지속적으로 자신에게 끌어당긴다는 사실(많은 파노라마가 출입구에서 끝난다) 자체가 이 공간적 경계에 축적된 서사적(즉, 의미론적) 에너지의 용량이 막대함을 보여 준다.

공간의 세 번째 유형은 **야외**이다. 여기서는 방 촬영 방식이 복도 장면에서 전형적으로 나타났던 트래블링의 유형과 결합되는데 다만 한 가지가 수정된 채로 타나난다. 걸어가는 라프쉰이 여기서는 대개의 경우 등을 보이는 식으로 제시되는데, 즉 카메라가 (복도 장면에서처럼) 주인공을 앞지르는 것이 아니라 그를 따라가는 것이다(13:57). 이로써 행위자와 작가의 동일시가 차단된다. 카메라는 서사적 체제 속에서 작동하는데 사실은 예기치 못한 일탈과 더불어 그러하다. 즉, 카메라가 갑자기 라프쉰을 잃어버리고 엉뚱한 쪽으로 빠져 버리는 것이다. 예컨대, 처음 도시를 지나가는 동안 카메라는 공원의 조각상을 보여 주기 위해 오른쪽으로 빠지거나, 오코쉬킨을 따라 왼쪽 어딘가로 일탈하거나, 갑자기 휠체어를 탄 소년에게서 멈춰 선다(14:36). 막사로 가는 동안 카메라는 뜻밖에도 아이를 데리고 있는 여인을 보여 준다. 즉, 행동하는 인물들로부터 증인들에게로 옮겨 가는 것이다(17:57). 야외촬영 장면에서 카메라는 혼합적 체제로 움직이는데, 즉 복도 장면에서의 행위자에 대한 적극적 위치 설정을 방 장면에서의 완전한 담론적 자율성과 결합시키는 것이다.

야외촬영 장면에서 본질적 위치를 점하는 것은 (차를 타고 가는) 운행이다. 이 운행에는 라프쉰이 타고 시종일관 도시를 누비는 오토바이와 시체들, 부상당한 하닌, 장작을 실어 나르는 트럭이 참여한다. 운행은 화면 속에서 가장 격렬한 카메라 움직임을 동기화해 주는데, 이 운행을 통해 에피소드들이 여러 차례에 걸쳐 서로서로 접합되기 때문이다. 차를 통한 움직임은 고양된 에너지를 지니며 한 에피소드에서 다른 에피소드로의 이전을 가능하게 해 준다. 가령, 카메라가 달리는 라프쉰과 동일시되는 거의 유일한 주관적 숏인, 오토바이를 타고 도시를 누비는 장면 이후에 이미 앞서 묘사한 수사국 복도에서의 카메라의 움직임 — 이 움직임은 처음에는 '주관적'으로, 나중에는 '객관적으로' 제시된다 — 이 갑자기 연결되며 이어진다. 여기서 에피소드들의 접합은 동일 유형의 음향적 트래블링을 통해 제시된다.

운행 장면 전체는 모두 트럭과 오토바이의 복잡한 상호작용 위에 구축되었는데 그 덕분에 카메라의 작업 체제 역시 예기치 못한 방식으로 변화된다. 시체들(강도 솔로비요프의 희생자들)을 내가는 장면에서 떠나는 트럭의 뒷모습을 잡은 카메라는 그 뒤를 따라 움직이기 시작한다(28:00). 우리는 오토바이를 탄 채로 트럭 뒤를 추적하는 라프쉰의 눈으로 그 트럭을 보는 듯한 느낌을 받는다. 그런데 갑자기 예기치 않게 라프쉰이 탄 오토바이가 화면 속으로 들어오고 이는 우리로 하여금 초점을 내적인 것에서 외적인 것으로 옮기도록 강요한다. 그다음에는 오토바이가 다른 쪽으로 빠져 버리면서 카메라마저 데려가 버린다. 트럭은 수차례에 걸쳐 서사의 기만적 초점, 그러니까 결국에는 동기화되지 않은 담론적 선택임이 판명되는 초점으로 사용된다. 이는 다름 아닌 복잡한 담론 전략을 확립하기 위해 화면 속에 도입되는 것인데, 만일 운행 장면에서의 트럭이 없다면 영화 전체를 관통하는 이 전략은 불가능한 것이다. 운행 장면에서는 움직임의 속도 자체가 '우연한' 인물들의 가능성을 배제하는 듯하다. 마찬가지 구조가 라프쉰과 하닌 그리고 아다쇼바가 중앙 광장으로 향하는 에피소드(이 에피소드는 아다쇼바가 오코쉬킨에게 연기로 한 방 먹이는 장면으로 끝난다)에서도 정확하게 재현된다 (35:05). 카메라가 트럭을 추적한다(이처럼 뒤로부터의 추적이 이 영화의 특징이다). 사운드트랙에서는 숏의 주관성을 강조하는 시 낭독이 진행된다. 갑자기 화면 속으로 주인공들이 탄 오토바이가 들어오고(초점의 이동) 이어서 트럭과 오토바이가 그들의 길이 엇갈리게 되는 광장으로 들어온다. 결국 트럭은 오토바이와 아무런 상관도 없는 것으로 판명되는 것이다. 22)

---

22) 운행의 역동적 힘은 원칙적으로 담론적 전위에서 받는 충격을 증대시킨다. 운행 장면에서의 초점 변환을 가진 에피소드 중 가장 이례적인 것은 탁월한 인도 감독 리트윅 가탁(R. Ghatak, 1925~1976)의 영화 〈아잔트릭〉(*Ajantrik*, 1958)에 포함되었다. 주인공이 차를 타고 달린다. 이 운행은 주관적 숏으로 제시되기에 우리가 스크린에서 보게 되는 것은 단지 점점 더 심해지는 뱀처럼 구불구불한 도로일 뿐이다. 그런데 갑자기 예기치 않게 이 움직이는 자동차가 — 아마 틀림없이 바로 그 자동차로부터 롱숏 촬영이 이루어졌을 텐데 — 급작스럽게 카메라를 향해 정면으로 들어선다. 초점의 설명할 수 없는 교체(그러니까 우리는 이 차를 타고 '달렸'던 것이 아닐 뿐 아니라 심지어 그와 반대 방향으로 달렸던 것이다!)는 관객에게 너무도 큰 심리적 충격을 안겨주기 때문에 마치 진짜 교통사고를 겪은 듯한 느낌마저 불러일으킨다.

6. 에피소드 간의 몽타주

나는 이미 에피소드 간의 몽타주에서 운행 장면이 행하는 '활력적' 기능을 언급했다. 운동 에너지는 여기서 1차적 역할을 수행하는데 그것의 서사적 에너지가 완전히 고갈될 지경에 이르기까지 체계적으로 끊어지곤 하는 에피소드가 서로 접합되도록 돕는다. 에피소드는 서사 차원에서는 거의 우연한 장소에서 끊어질 수 있지만 대신 담론 차원에서의 관계는 아주 강력하게 조직화된다. 덧붙여 에피소드 간의 몽타주(이는 전적으로 담론의 영역에 해당한다)의 관점에서 볼 때 서사에서는 부차적인 것이 특별한 의미를 획득한다.

운행과 관련된 에피소드에서 나타나는 초점화의 '유희'로 되돌아가자. 시체를 내가는 장면이 처음에는 트럭을 따라가다가 뒤이어 카메라를 오토바이 쪽으로 슬그머니 가져가는 방식으로 구축되었음을 상기하자. 그런데 그다음에 곧바로 우리는 다시 트럭을 따라가게 되고 또다시 뒤이어 라프쉰의 오토바이가 등장한다. 그러니까 이미 다른 에피소드가 진행되는 것이다(28:00~29:00). 트럭은 극장으로 장작을 싣고 가는 중이다. 시공간적으로 나누어졌던 장면이 담론 상황의 반복과 동일 유형의 관점의 배치를 통해 서로 접합되는 것이다. 서사 속에서 나눠졌던 것이 담론 속에서 견고하게 결합된다. 얼마간의 시간 지난 후에 트럭과 오토바이가 처했던 바로 그 상황이 라프쉰, 하닌, 아다쇼바가 광장으로 들어올 때 반복되는데(35:05), 이 상황은 **서사적으로는** 전혀 동기화지 않았지만 **주제적 동기화**는 여전히 강하게 남았다. 이 우연한 트럭은 라프쉰과 극장 배우들 및 아다쇼바가 처음으로 인사를 나눌 때 나왔던 바로 그 장작, 그러니까 라프쉰이 이미 극장으로 갖고 들어갔던 그 장작을 싣고 가는 중이다. 이 장작 테마는 극장과 너무도 밀접하게 연결되어서 그것의 새로운 등장은 에피소드 전체 — 연기 장난 — 를 연극적 음역으로 가져가면서 담론에 영향력을 행사한다.

특징적인 것은 극장과 장작이 예기치 못한 방식으로 라프쉰의 삶에서의 연애 라인과도 접합된다는 점이다. 그가 장작을 극장 안으로 싣고 갈 때 행정관이 그에게 감사를 표시한다. "고맙소. 고맙구려, 이반 바실리예비치. 고맙게도, 오, 히멘[23]이여. 이반 바실리예비치." 배우는 행정관의 말을 가로막는다. "히멘은 무슨 히멘. 프로메테우스지!"

오토바이가 탄 라프쉰이 뒤따르는 트럭, 이것은 죽음의 라인(시체와 부상당한 하닌의 운송 장면에 깔린 하부텍스트는 《페스트 속의 향연》[24]에 나오는 시체운반용 수레이다)을 연극 및 사랑의 테마와 결합시키는 나름의 상징적 고리이다. [25]

에피소드 간 몽타주 전체가 이런 식으로, 즉 몽타주의 접합을 위장하고 서사적으로 분열된 에피소드에 담론적 통일성의 외관을 부여하는 식으로 만들어졌다. 예를 들어, 하닌의 자살 에피소드는 페이드아웃으로 끝나는데 거기서 천장 아래의 램프만이 밝혀진 상태로 남았다(44:25). 그다음, 강 위의 증기선을 담은 짧은 삽입 숏(강과 증기선의 이런 삽입 숏은 서사로부터 완전히 떨어져 나온 유일한 파편

---

23) [옮긴이 주] 히멘(Hymen/Hymenaeus)은 그리스 신화에 나오는 결혼의 신이다.
24) [옮긴이 주] 푸시킨이 볼지노 시기에 창작한 소비극 중 하나로 존 윌슨의 작품 《페스트의 도시》(*The city of the plague*)의 영향을 받아 쓴 작품이다. 공포와 즐거움이 공존하는 향연 속에서 죽음을 직시하고 그것에 맞서는 즐거움을 주장하는 인물이 등장한다.
25) 이런 의미에서 히멘을 언급하는 것 역시 지극히 상징적으로 보이는데 히멘은 그리스 전통에 따르면(〈핀다로스〉, 단편. 139) 디오니소스와 그의 연인들 중 한 명의 결혼식에서 느닷없이 죽었다(아로폴로도르에 따르면 위대한 의사 아스클레피에 의해 부활했다).

이다)이 나오고 이어서 화면 속에 또다시 천장 아래 램프가 나타남으로써 이미 지나간 에피소드의 공간으로 되돌아옴을 지시해 준다 (44:45). 그런데 사실 사건은 라프쉰의 아파트가 아니라 이미 경찰 형사부에서 일어난다. 강도들을 심문하는 에피소드가 진행된다. 이 에피소드는 라프쉰이 하닌과 자나드보로프가 앉아 있는 방 쪽의 형사부 복도를 지나가는 장면으로 끝난다. 자나드보로프가 수프를 만든다(48:05). 다음 에피소드에서 라프쉰, 하닌, 아다쇼바는 여배우의 아파트에서(마치 이전 장면에서 만들어진 것 같은) 수프를 먹는다 (48:54). 이런 식으로 서사의 단절이 지속적으로 담론 속 에피소드들의 굉장히 촘촘한 짜임새에 의해, 즉 서사적 솔기들에 대한 나름의 담론적 '덧칠'에 의해 보충된다. 이 영화가 의도적으로 파편화되었으면서도 동시에 조형적으론 거의 해체될 수 없는 텍스트라는 이중적 인상을 받게 되는 것은 이 때문이다.

이런 인상은 몽타주의 접합 양이 최소치로 축소되어 지속적인 카메라의 움직임으로 대체되는 에피소드 내적 몽타주 층위에서도 유지된다. 여기서 게르만은 카메라의 관점을 180도로 돌리는 고전적 기법, 특히 전통적 대화장면에서 주로 사용한 '8자형' 기법을 거의 완전히 거부한다. '8자형'은 카메라가 공간 속에서 절대적으로 자유롭게 회전할 수 있는 능력을 강조하는 공간 분할의 특수한 방식이다. 게르만의 영화에서 카메라는 그와 같은 추상적인 담론적 자유를 갖기에는 작가-내레이터의 복잡한 심급과 너무도 밀접하게 연결되었다('8자형'이 지대한 정도로 서사에 의해 결정됨을 지적하자. 시점의 이동은 말이 대화의 한 참여자에서 다른 참여자로 옮겨 가는 것에 의해 결정된다). 아주 가끔 등장하는 '8자형'은 그래서 특별한 의미론적 하중을 지닌다. 가령 카메라는 라프쉰이 아다쇼바와 처음으로 만나는 장면 그리고 그들이 헤어지는 장면에서 자신의 위치를 180도 바꾼다. 그것이 파블라의 기본적인 굴곡의 시작과 끝을 표시하는 것이다.

작가적 담론은 거의 물리적으로 감각되는 내레이터의 존재와 극히 밀접하게 연결되었기 때문에 아주 극단적인 경우에만 인물들의 세계로부터 완전한 자유를 획득할 수 있다. 인물들의 세계로부터의 이런 일탈들은 강이나 강 위의 증기선을 묘사하는 디제시스 바깥의 짧은 삽입화면에서 가장 선명하게 표현되었다. 이 장면들은 그것들이 발생 중인 사건들로부터 소외되었음을 강조하는 작가적 목소리 및 동기화되지 않는 음악과 더불어 나온다. 강이 나오는 이런 장면들은 현재 운찬스크에서 배가 뜬 강을 보여 주는 에필로그와 결합된다(또다시 음악과 화면 너머의 코멘트가 동반된다). 이런 삽입화면들을 현재로 내던짐으로써 그것들과 현재의 시간을 사는 작가의 관계가 강조된다. 그런데 영화의 끝에서는 그것들이 하닌을 데리고 가는 증기선 및 아다쇼바가 정박장 쪽으로 떠나는 장면과 결합되는 만큼 플롯 자체 속에서 보충적 동기화를 획득하게 된다. 결국, 그것들은 줄거리의 피날레를 작가적 시선으로 미리 보는 것, 즉 플롯 전개의 대단원과 관련된 나름의 서사 외적 '예언들'로 등장하는 것이다.

영화 내에서 그것들의 자리를 이해하기 위해서는 집요하게 등장하는 음악적 테마가 중요하다. 이 테마는 두 개의 강 장면에서는 동기화되지 않았다가 하닌이 떠나는 장면에서 오케스트라가 이야기의 공간 속으로 도입될 때 디제시스적 동기화를 얻게 된다. 영화의 사운드트랙은 초점의 전환을 보장해 주면서 원칙적으로 서사와 동일한 체제에 따라 작동한다. 라프쉰이 오토바이를 타고 아다쇼바를 형사부로 데려가고 이 움직임의 주관적 층위가 묘사될 때 사운드트랙에서는 화면 너머의 노래가 들려온다. '하즈불랏 썩 꺼져라.' 이 운행은 달구지에 앉아 노래를 부르는 아줌마의 묘사로 갑작스럽게 종결된다(20:45). 이 부분의 끝에서 소리의 원천이 드러남으로써 노래의 위상이 디제시스 외적인 것에서 디제시스 내적인 것으로 바뀐다. 특징적인 것은 사운드트랙에서 담론적 층위가 서사적 층위로 이렇게 미끄러져 내려가는 것 자체가 영화 전체를 통틀어 유일한, 전적으로 주관적인 운행을 동반한다는 점이다. 이미지에서 초점 전환의 부재가 음향상에서의 낭독 체제의 전환에 의해 보충되는 것이다. 게르만은 이야기의 단의미적 양태를 끊임없이 파괴한다.

7. 의미론적 전략

사례를 계속해서 늘려갈 필요는 없을 것이다. 영화의 담론과 서사의 상호관계를 조직함에서 기본적 형상은 이미 기술되었다. 게르만이 사용한 기법의 레퍼토리는 상당히 제한적이지만 모두 하나의 방향성을 가졌다. 한편으로, 감독은 작가와 서술자의 분명한 동일시를 방해하고 독서법을 '혼동시키면서' 담론의 심급을 체계적으로 분화시킨다. 다른 한편, 그는 집요하게 담론의 층을 행위자의 서사로부터 떼어 낸다. 이 두 가지 절차는 영화의 독서를 가장 표층적인 수준에서 굉장히 복잡하게 만들고 그 텍스트를 유동적이고 다층적인 구조로 바꿔 놓는다. 영화의 리얼리티의 충격적인 효과는 바로 여기에 기초한 것이다. 일상적 디테일의 상대적 정확성은 이 경우 부차적 성격을 띠고 있을 뿐이다.

게르만이 창조한 이러한 영화의 현실은 어떤 경우에도 1830년대의 진정한 역사적 현실과 동일시될 수 없다. 그것은 다양한 관점(행위자의 재현, 작가의 담론, 현재 서술자의 담론, 텍스트 속 서술자의 담론 등)의 복잡한 위계를 골라내면서 재현체계 전체를 자신 속에 포함하기 때문이다.

여기서 다음과 같은 의문이 생긴다. 무엇을 위해 게르만은 이 복잡한 구성을 필요로 했으며 영화의 전체적인 의미론적 전략 속에서 그것의 기능은 무엇인가?

게르만 감독의 모든 영화는 우리의 역사를 다룬다. 역사에 대한 이러한 관심은 우연한 것이 아니다. '역사'라는 말로 우리는 두 개의 상이한 현상을 정의한다. 특정 시대의 사람들에 의해 체험되는 경험적 현실이 하나라면, 다른 하나는 그것의 의미화와 기술, 즉 역사 서술이다. 경험적 현실로서의 역사와 그것을 의미화하는 텍스트로서의 역사 사이에는 어마어마한 차이가 있다. 어떤 텍스트도 경험을 끝까지 적절하게 묘사할 수는 없으며 불가피하게 경험을 논리화, 위계화하고 선별하게 된다. 즉, 그것은 언어적 혹은 다른 예술적 반영의 법칙에 따라 가공되기 마련이다. 현실에 대한 예술적 묘사에서 지배적 모델은 예술 텍스트의 모델이다. 미국의 연구자 헤이든 화이트가 보여 주었듯이 역사의 플롯적 가공의 영역에서는 4개의 모델이 주류를 이룬다. 로망스, 풍자, 희극, 비극.[26] 역사 영화에서도 동일한 모델이 기능한다.[27] 역사의식의 이와 같은 반(半)예술적 구조는 결국 그 안에서 역사적 과정이 의미화되는 역사적 현실 자체와 부합할 수 없다.

요컨대, 역사와 관련하여 고전적인 행위자적 서사는 애초부터 기만적인 것이다. 이런 서사의 주인공은 비록 자신은 의식하지 못할지언정, 불가피하게 현실과 비극적 불일치에 처할 수밖에 없다. 왜

---

26) H. White, *Metahistory: The historical imagination in nineteenth century Europe*, Baltimore, 1973. 러시아 판본도 참조하라. Х. Уайт, *Метаистория: Историческое воображение в Европе XIX века*, Екатеринбург, 2000(Прим. ред).

27) D. Polan, *La poétique de l'histoire: 〈Metahistory〉 de Hayden White*, Vol. 2, No. 2, Iris, 1984, pp. 31~40.

냐하면 역사와 그 속에서의 자신의 자리가 상대적으로 분명하고 얼마간 단순한 도식에 상응하는 것처럼 여겨지기 때문이다.

작가가 영화의 행위자적 서사에 봉사하기를 거부한다는 사실, 즉 그의 뚜렷한 담론적 자율성이 뜻하는 바는 재현의 연극적이고 전통적인 모델을 현실에 부합하는 모델로서 인정하기를 거부한다는 뜻이다. 카메라의 자율성은 진정한 사건이 서사의 도식 바깥에서 일어난다는 것을 가리키는 듯하다. 요컨대, 담론의 조직화는 논리화하는 낙관적인 역사의식에 대한 비판으로서 등장하는데, 이때 언어 층위에서의 비판은 영화 세계 자체 속에 포함된다. 영화에서 행위자적 도식의 와해는 엄청나게 중요하다. 주요 주인공들의 관계는 그 어디에도 귀속되지 못하고, 연극적 관계들의 매듭은 끝까지 묶여지지 않고, 주인공들은 '우연한' 사람들의 군중 속으로 사라져 버리고, '현실' 속으로 흩어지고 용해된다. 스토리 — 사랑의 스토리든 탐정 스토리든 — 에 참여하는 것은 혼돈, 상처, 공허로 끝난다.

영화 속의 강력한 담론 그리고 작가적 심급의 두드러진 현전은 자신만의 인과관계의 망을 짜고(이는 다양한 에피소드를 결합시키는 과정에서는 특히 명백하게 드러난다) 인물들은 그 관계들의 존재를 짐작할 수 없다. 그들은 나름의 도식에 따라 현실을 의식하면서 살지만 담론에 종속된 또 다른 도식에 포함된다. 범박하게 말해서, 트럭의 이상한 출현과 움직임은 대부분 인물들의 생각들보다는 작가적 이야기의 논리를 규정짓는다. 하지만 작가는 서술자의 형상을 통해 1930년대로 침투함에서 자신의 이야기를 먼 미래로부터 진행시킨다. 작가의 이러한 분화 작업은 시간 속에서 미끄러지는 사건에 대한 관점, 즉 그 시대의 내부로부터도 또 멀리 떨어진 현시대로부터도 완전히 볼 수 없는 사건들에 대한 관점을 창조한다. 이렇듯 영화의 현실은 내적 초점화에서 외적 초점화로의 지속적 이행으로서 제시된다. 그의 의식 속에 반영되는 현실이 그런 것처럼 사건들의 주된 원인이라는 작가 역시 포착되지 않는다. 단지 저돌적 이행에서만(복도에서의 에피소드들) 작가와 주인공, 담론과 서사 간의 잠시 동안의 접합이 일어날 뿐이다. 영화의 주인공은 세계와 재현 체계 사이의 관계를 짜주는 사람, 즉 매개자로서 제시된다. 영화에서 그가 담당하는 특수한 기능, 이행의 짧은 순간 동안 담론을 자신에게로 엮을 수 있는 능력은 그로부터 나오는 것이다.

영화의 마지막 부분에서 아다쇼바가 라프쉰을 영원히 떠나 군중 속에 묻혀 버릴 때, 공간의 심연으로부터 극단의 배우 중 하나가 손에 덧신을 든 채 카메라를 향해 걸어 나온다. 그는 라프쉰의 화면 바깥에 선 자에게 몸을 돌리고 말한다. '덧신을 잃어버렸어. 정말 큰 일이야!'(01:28:12) 이 이상하고 우연적인 인물은 사라져 가는 행위자를 대행하는데 결국 이는 우연이 아니다. 가능했을 법한 행복의 상실이 예기치 않게 덧신의 분실로 대체되는 것이다. 아마도 이 사소한 에피소드는 관객을 은근히 체호프의 《벚꽃동산》[28]과 안데르센의 동화 《행복의 덧신》으로 인도하는 듯하다(극장 구석에서 여우와

28) 게르만이 인도하는 것은 〈벚꽃동산〉의 마지막 막, 그러니까 모두 떠날 채비로 분주한 가운데 로파힌이 이별하기에 앞서 마지막으로 바랴에게 해명을 시도하는 장면이다. 사라진 덧신의 모티프는 4막 전체를 관통한다.

트로피모프 (…) 내 덧신이 없잖아!

바랴 (다른 방에서) 당신의 이 지저분한 걸 가져가세요! (고무 덧신 한 켤레를 무대로 내던진다.)

트로피모프 아니 왜 화를 내는 거요, 바랴? 음… 그나저나 이건 내 덧신이 아니군! …

바랴 페챠, 그놈들이 여기 있군요. 당신의 덧신 말이에요. 트렁크 옆에. (눈물을 흘리며) 어쩜 이렇게도 지저분하고 낡았을까….” 등등.

(А. П. Чехов, Собр. соч., В. 12т., Т. 9, М., 1956, СС. 452, 460.)

체호프의 암시는 영화의 연극적 층위를 고려할 때 본질적이다. 덧신의 소유자가 배우라는 사실도 특징적이다.

수탉을 갖고 하는 '실험'은 또 다른 동화 — 이번에는 러시아 동화 — 로 이끈다. 파트리케예브나라는 민담에 나오는 '여우'의 이름과도 비교하라). 이 덧신들은 뚜렷한 상징성을 지닌 채 영화의 에피소드에서 한 번 더 나타난다. 오코쉬킨은 복도에서 덧신에 부딪쳐 비틀거리다가 거울을 깬다. 자나드보로프는 이렇게 코멘트한다. "아주 나쁜 징조야. 그것도 모든 사람들한테." 이 대사는 실없는 것이 아니라 다른 에피소드로 넘어가는 '전환기'의 역할을 한다. 이 대사에 이어 영화의 가장 무서운 에피소드, 즉 시체 신기가 등장하는 것이다.

분실된 채 '방랑하는' 덧신의 운명적 역할은 안데르센에 의해 해명된다. 영화와 동화를 비교해 보면, 구성적 핵심의 명백한 유사성이 눈에 들어온다. 극장이 형성되고, 시인을 만나 그의 자유를 질투하는, 등장인물 중 한 명(경찰관)이 예기치 않게 부당한 비극의 작가가 된다는 것 등등이다. 하지만 가장 본질적인 것은 따로 있다. 《행복의 덧신》에서는 〈내 친구 이반 라프쉰〉의 담론 구축 방법이 뜻밖의 방식으로 '묘사된다'. 즉, 덧신 자체가 시간과 공간 속을 여행할 수 있게 해 주고 그래서 죽어 버린 몸이 한 곳에 남은 동안 영혼은 다른 곳을 여행할 수 있다는 사실이다(영화에서의 작가 심급의 분화와 비교하라). 안데르센의 동화에서 연극의 에피소드는 앞으로 일어날 모든 일에 대해 아는 여자 마법사에 대한 이야기(《할머니의 안경》)를 담았다.

이처럼 사건을 미래로부터 보는 것은 현실로서의 경험적 역사를 텍스트(안데르센에게선 연극)로 바꾸어 놓는데 텍스트 속에서 인물의 '삶'은 운명적 결정성으로 두드러진다. 그들의 운명은 사전에 이미 작가에게 알려졌다. 시간 속 여행이 행복은 가져올 수 없는 것은 그때문이다. 안데르센의 동화에서 덧신의 마지막 소유자인 수련의는 선언한다. '나는 지상의 존재의 최종적이고 가장 행복한 목적에, 모든 것 중에서 가장 행복한 목적에 도달하기를 원한다.'(시체들을 나른 뒤 내뱉는 라프쉰의 말과 비교해 보라. "땅을 청소하고 정원을 가꾸고 우리가 직접 저 정원에서 산책까지 하자.") 수련의의 소망은 역설적인 방식으로 실현되는데 그는 '죽음과도 같은 잠'에 빠져드는 것이다. 서사 안에서 주인공은 이상적 행복을 지향하지만 미래로부터의, 즉 담론 영역으로부터의 시선은 언제나 이 서사적 낙관주의와 모순된다. 작가는 주인공의 삶이 그의 죽음으로 끝난다는 것을 안다. 앎의 이러한 극점들(과거로부터의 인물의 앎과 미래로부터의 작가의 앎) 사이에 시간 속에서 미끄러지는 현실, 서사와 담론의 복잡한 상호물림으로서의 현실이 놓였다. 역사는 결국 두 가지 운동의 산물로서 나타난다. 과거로부터 미래로 향하는 역사의 참여자 그리고 우리에게 주어진 미래로부터 과거로의 역사 기술이다.

지나 가버린 현실과의 접촉을 끊임없이 추구하는 영화는 관객에게 지나 가버린 역사의 통계적이고 합당한 반영으로 받아들여진다. 이 놀라운 효과는 많은 것을 말해 준다. 현실감각이란 끝없는 운동, 동기화와 초점화의 교체, 담론과 서사의 분산된 방황의 산물, 달리 말해서 텍스트의 언어적 전략 차원에서 진행되는 쉼 없는 생성과 이행의 산물이 아닐까?

지금까지 살펴본 의미론적 전략은 이미 지적했듯이 영화 텍스트 속에서 실현되는 많은 것 중 하나일 뿐이다. 이 분석은 '서사-담론'의 대립구도에 근거한 가능한 분석방법론을 보여 주기 위한 것이었다. 여기서 제안된 접근법은 서사 도식의 강력한 핵심이라 할 행위자적 사슬과 이 도식이 영화 속에서 구현되도록 돕는 언어적 절차에 대한 형식적 분석을 1차적으로 드러내는 데 기초한다. 이 분석의 본질적 의미는 담론과 서사의 불일치를 드러내는 데 있다. 단언컨대, 영화의 의미의 관점에서 나타나는 이 불일치의 계기들이 가장 본질적이다.

이런 접근법은 서사와 담론의 범주를 내용과 형식이라는 전통적 개념으로 대체할 가능성을 배제한다. 심지어 담론 절차를 형식의 개념(카메라의 움직임, 몽타주 등)에 귀속시킬지라도 영화의 서사층위를 내용의 영역으로서 고찰할 근거는 없다(특히, 이 층위가 이미 살펴보았듯이 자기 자신의 고유한 재현을 창출할 수 있음을 고려한다면). 하지만 문제는 그뿐만이 아니다. '서사-담론'의 대립구도는 형식과 내용의 부합이라는 전통적 관념의 틀 안에서 기술될 수 없다. 왜냐하면 이 대립구도의 의미론적 잠재력은 다름 아닌 그것들의 부적합성과 불일치에 놓였기 때문이다.

가장 표층의 차원에서 담론과 서사의 중대한 불일치는 인물들의 행동과 카메라의 '행동'을 탈동시화시키는 것을 통해 실현된다. 여기서 특별한 역할을 수행하는 것은 담론의 초점 변경이다. 카메라의 시선은 인물의 시선과 동일시될 수 있으며(내적 초점화), 서술자의 시선과 동일시되거나(게르만의 영화에서는 이런 일이 무엇보다도 잦다) 추상적인 작가의 시선과도 동일시될 수 있다. 서술자를 통한 초점화는 디제시스 내에 보이지는 않지만 동시에 육체적 자질들을 지닌 인간, 곧 '증인'이 존재함을 염두에 둔다. 예를 들어, 이런 초점화는 사람의 신장과 같은 높이에서의 촬영, 걸어가거나 무엇인가를 타고 가는 사람의 움직임 속도에 상응하는 카메라의 움직임 등을 가정한다. 추상적인 작가를 통한 초점화는 담론으로 하여금 자유로운 몽타주식 리버스 앵글, 가장 특이한 원근화법이나 극단적인 클로즈업 형식을 취할 수 있도록 한다.

담론적 초점화의 교체는 텍스트 속에서 인과관계의 특성을 변화시킨다. 그것은 관객과 영화의 시각적 동일시의 성격과 관객을 향한 텍스트의 정향성의 예민함에 영향을 미친다.

결국, 담론 특성의 변경은 텍스트 내에서의 우리의 **앎**의 유형을 바꾼다. 우리는 어떤 경우에는 영화의 주인공이 아는 만큼만, 다른 경우에는 증인이 아는 만큼만을 알지만 또 다른 경우에는 작가의 초월적 앎에 합류하기도 한다. 이 앎의 유형 교체는 과거에서 미래로 혹은 미래에서 과거로 행하는 텍스트의 시간적 방향성과 불가분의 관계에 있다. 요컨대 담론적 초점화의 교체는 영화 속 시간의 흐름의 성격과 그것의 역사적 반성성의 수준에 영향을 미친다.

　끝으로, 영화에서 담론에 대한 강조는 우리를 담론의 메타진술적 기능으로 이끈다. 서사적 층이 영화감독의 영향력 바깥에 존재하는 만큼 감독의 존재는 전적으로 담론과 관련된다. 감독의 존재가 더욱더 분명하게 드러날수록 영화의 감각은 더욱더 적극적으로 변한다. 담론의 메타기능은 스크린 위에서 벌어지는 것의 영화적 특성을 지시하는 것과 연결된다. 담론이 영화의 시공간적 관계와 그것의 논리적 연속성을 동시에 구축하기 때문에 프랑스 영화 연구자 프랑수아 조스트의 표현대로 "그것은 디제시스를 구축할 수 있는 동시에 그것을 순수한 영화적 허구로서 제시할 수 있는 능력을 갖는다".29) 〈내 친구 이반 라프쉰〉은 이런 역설적 법칙을 훌륭하게 보여 준다. 담론이 강할수록, 영화 속에서 영화적인 것의 감각도 더 강력해지고 그 속에 담긴 현실감각도 더 강렬해진다. 우리의 역사는 여기서 두드러진 작가적 이야기의 형식으로 나타나고 그 때문에 진정한 역사적 규모를 획득한다. 서사에 대한 담론적 비평이 역사를 텍스트로 그리고 텍스트를 역사로 바꿔 놓는 것이다.

— 1987~1989

---

29) F. Jost, Discours cinématographique, narration: Deux façon d'envisager le problème de l'énonciation, *Théorie du Film*, Paris, 1980, p. 124.

존재형식으로서의 사라짐

제2장

알렉세이 게르만의 영화
〈흐루스탈료프, 차 가져와!〉에 대하여

이 논문은 현재까지 알렉세이 게르만의 가장 최근 영화를 다루며 〈내 친구 이반 라프쉰〉을 분석할 때 공식화된 몇몇 명제를 발전시키지만 두 텍스트 사이에 명백한 관계가 보이는 것은 아니다. 〈내 친구 이반 라프쉰〉을 다룬 작업에서 나는 처음으로 영화 구성의 토대인 '시리즈' 및 '계열'(列) 그리고 그것들의 교차를 분석하는 데 주의를 기울였다. 나는 〈내 친구 이반 라프쉰〉 작업 이후, 다닐 하름스에 대한 책을 쓰면서 다시 시리즈 문제와 부딪쳤지만 이 경우의 시리즈는 전혀 다른 형상으로 제시되기에 '담론' 및 '서사'와 아무런 직접적 관계도 갖지 않았다. 하름스의 텍스트의 관점에서 보자면 담론과 서사는 그저 시리즈의 부분적인 경우에 불과하다. 하름스에게서 시리즈 간의 관계는 지극히 기묘한 방식으로 축조되는데 몇몇 경우에는 한 시리즈의 요소가 다른 시리즈 속에서 발생하기 위해 원래 시리즈로부터 사라지는 것 같기도 했다. 계열(列) 간의 관계는 흡사 '절벽'처럼 구축되었다.

하름스에 대한 작업은 내가 〈흐루스탈료프, 차 가져와!〉에 대한 작업을 구상하기 시작했을 때 유용했는데 후자의 세계는 혼돈의 세계, 즉 우연성과 사라짐 그리고 나타남의 세계였기 때문이다. 나는 '담론'과 '서사' 간의 긴장이 여기서 현저하게 증대했고 이것이 예기치 않게 영화 세계 전체를 변화시켰다는 느낌을 받았다. 특히, 내 관심을 끈 것은 영화 속의 부조리성과 혼돈성(〈폴리쿠시카〉에 대한 논고를 쓸 무렵부터 나의 관심을 끌었던)이 사실은 모종의 법칙 혹은 더 정확히 말해 1953년 당시 러시아에 만연했던 테러의 어떤 법칙성을 표현하는 것이라는 점이었다.

나는 처음에 법칙과 혼돈으로의 이런 동시적 복종이 스피노자의 이른바 '수평적' 인과성과 '수직적' 인과성을 연상시킨다는 생각이 들었다. 스피노자에 따르면 물질적 사실들은 인과관계의 무한한 사슬(수평적 인과성)과 결국 신에게로 귀착되는 모종의 논리적 귀결 법칙들의 행위(수직적 인과성)로부터 나온다. 수직적 인과성에서 수평적 인과성으로 이동할 때 법칙의 무시간성은 시간 속에서, 지속 속에서, 인과관계의 사슬 속에서 그 존재감을 드러내기 시작한다.

하지만 나는 이 논문에서 스피노자의 모델을 부분적으로 염두에 두긴 했지만 그것을 옆으로 제쳐 두었다. 결국 최종적으로 나에게는 현상학적 모델이 영화의 세계에 더 잘 부합하는 것처럼 보였다. 그 세계에서 우연한 것은 사물의 혼돈으로부터 전면으로 나왔다가 그다음에는 사라져 버린다. 사물과 사람의 이런 우연한 발생과 사라짐이 나에게는 사건처럼 여겨졌는데 바로 그 사건 속에서 현상학적인 것이 카이로스, 다시 말해 시리즈가 교차하는 순간과 만나게 된다.

후설은 현상이 현전과 불가분의 관계로 연결되었다고 썼다. 자기 현시, 이것은 온갖 현상의 가장 중대한 특징이다. 따라서 현상학은 드러남(이 주제는 이후 "미학으로서의 시네필리아"라는 논문을 통해 다른 관점에서 발전될 것이다)에 관한 학문 그리고 그에 따라 현상이 자신을 드러내는 조건에 대한 학문임이 판명된다. 후설의 제자인 체코 철학자 얀 파토츠카는 드러남(나타남)을 위해서는 현상이 나타날 수 있는 무대장치와 무대가 필수적이라고 썼다. 그가 쓰기를, "현상학이란 현상 그 자체에 대한 학문이며 그것은 우리에게 사물이 아니라 차라리 사물의 드러남의 방식을, 어떻게 사물에 가 닿을 것인지, 어떻게 그것에 접근할 것인지, 그것이 어떻게 자신을 드러내는지를 보여 준다."[1] 바로 그렇기 때문에 나에게는 현상과 사라짐의 세계야말로 본질적으로 현상학적 세계라고, 사물의 세계가 아니라 현상과 우리의 관계의 세계라고 생각했다. 이런 관점이 카이로스와 사건을 현상학적 전망 속에 포함시킬 수 있는가라는 단순하지 않은 문제를 설정하게 해 준다.

알렉세이 게르만의 영화 〈흐루스탈료프, 차 가져와!〉에 대한 이 짧은 논문은 영화에 대한 완전하고 철저한 분석을 염두에 두지 않는다. 나는 이 영화를 오래전에 보았기 때문에 이 영화에 합당할 만큼 충분한 말을 할 수가 없다. 이 글은 차라리 이 영화에 대한 가능한 접근법의 길을 나 스스로에게 만들어 보려는 시도일 뿐 그 이상은 아니다.

〈흐루스탈료프, 차 가져와!〉에는 〈내 친구 이반 라프쉰〉에서는

1) J. Patočka, *Palto and Europe*, Stanford, 2002, p. 31.

발견할 수 없는 어떤 새로운 것은 거의 없다. 나는 게르만이 〈내 친구 이반 라프쉰〉에서 창조한 체계에 그토록 충실하다는 점에 충격을 받았다. 하지만 〈내 친구 이반 라프쉰〉에서는 완화된 형태로 존재했던 것이 여기서는 매우 과격해졌으며 거의 논리적인 극단에까지 다다른다. 유사성은 두 경우 모두 시작 숏에서 서사를 이끌어 가는 인물인 중년 남성의 프레임 바깥의 목소리를 들을 수 있다는 데서 시작된다. 나중에 클렌스키의 아들로 판명될 이 화자는 먼저, 언젠가 '우리의 거리'에 있던 페르시아 라일락조차 기억하지 못하는 목격자들의 부실한 기억력을 한탄한다. 모든 증인이 이미 죽어 버렸거나 아니면 잊어버린 것이다.

달리 말해, 두 영화는 역사 그 자체의 재건을 자처하는 것이 아니라 회상으로서 주어지는 것이다. 이 점은 극히 중요하다. 물론 게르만은 과거의 특징을 최대한 촘촘히 복원해내고 영화가 과거를 거의 환각적으로 떠올리게끔 만들고자 시도한다. 그럼에도 불구하고 〈흐루스탈료프, 차 가져와!〉는 단지 회상, 말하자면 나름의 소비에트식 《잃어버린 시간을 찾아서》일 뿐이다. 거기서 프루스트의 과자 '마들렌'의 맛은 과거를 향한 기본 통로가 된다. 어떤 구체적 인물이 아니라 〈내 친구 이반 라프쉰〉에서처럼 상당히 모호한 지위를 가진 화자에게 귀속되는 주관적인 숏들의 의미가 두드러지게 강조되는 것은 이 때문이다. 이를테면, 영화의 마지막 부분에서 "나는 더 이상 아버지를 보지 못했다 …"라는 대사를 한 이후 그가 기차에서의 에피소드나 스탈린의 별장에서 벌어진 에피소드를 대체 어떻게 '볼 수' 있었는지가 도무지 이해되지 않는 것이다.

영화 전체가, 심지어 화자가 동석할 수 없었던 장면조차도 어린 아이의 시각으로 표현된다. 그것은 부분적으론 1953년 당시 소년이었던 알렉세이 게르만 자신의 시각과도 일치한다. 〈흐루스탈료프,

차 가져와!〉 속 아버지가 1953년 당시 의학교수의 모델에 전혀 부합하지 않는 키 크고 힘 센 쾌활한 남자라는 사실은 바로 이런 어린 아이의 시각으로 설명될 수 있다. 흥미로운 것은 니키타 미할코프의 영화 〈위선의 태양〉에 나오는 사단장 코토프가 생동감, 완력, 쉼 없는 재담 덕분에 다소간 게르만의 클렌스키를 상기시킨다는 점이다(물론, 나머지 모든 점에서는 〈흐루스탈료프, 차 가져와!〉와 전혀 비교될 수 없다). 두 경우 모두 이 형상들 너머에는 아버지를 힘세고 쾌활한 사람으로 지각하는 어린아이의 관점이 서렸다. 비록 〈흐루스탈료프, 차 가져와!〉에서 아버지와 아들의 관계는 완곡하게 표현해 말끔하다고는 보기 어렵지만 그럼에도 이런 어린아이다운 열광의 흔적은 여기서 지극히 명백하다.

회상은 영화의 서사구조 전체를 규정짓는다. 다양한 디테일을 포착하고 무언가 완전히 하찮아 보이는 것에 뜻밖의 과장된 의미를 부여하는 기억의 작용 자체가 게르만에 의해 복원되는 것이다. 이 과정은 지나 가버린 현실로부터 분간해내기가 이미 불가능한 이상한 착란들과 더불어 흘러간다.

프로이트의 텍스트들 덕분에 우리는 기억이란 것은 꿈이 그렇듯이 전혀 선형적이지도 서사적이지도 않다는 것, 강조점을 끊임없이 바꾸며 재배치를 수행하는 것이라는 생각에 익숙해졌다. 관객의 입장에서 〈흐루스탈료프, 차 가져와!〉와의 접촉이 어려운 이유는 영화가 기억의 법칙에 따라 축조되었고 배경을 전면에 내세우면서 기본 '형상들'과 주요한 서사 라인을 끊임없이 어둠 속으로 몰고 가는 대신에 배경을 전면에 내세우기 때문이다.

영화 속에는 예의 그 의심스러움 탓에 오히려 설득력을 갖는 디테일이 다수 존재한다. 갑자기 클렌스키의 병원에서 군복을 입은 여자처럼 생긴 바보가 춤을 추는 장면이나 겨울에 눈밭에서 멍청한 우산이 저절로 펴지는 장면(과연 1953년에 자동우산이 있었던가?) 등이 그러하다. 이런 디테일은 전혀 동기화되지 않은 채 그야말로 '마들렌'처럼 회상을 위한 동력원으로서 영화의 직조물 안에 포함된 것이다.

이런 디테일이 동기화되지 않았기 때문에 관객의 전통적 지각에 문제가 발생한다. 문제는 우리가 물리적 현실세계를 인과관계의 세계로 간주하는 것에 익숙해졌다는 데 있다. 칸트는 인과율을 물리적 세계의 기초로서 공리화했다. 예술 텍스트의 개연성은 서사 속에서 인과관계를 구축함에 기초한다. 개연성은 저 유명한 권총의 원칙, 즉 무대 위의 총은 반드시 발사되어야만 한다는 원칙에 근거한다. 왜냐하면 무대 위의 총이 존재한다는 사실은 오직 총이 야기한 모종의 돌이킬 수 없는 결과에 의해서만 동기화될 수 있기 때문이다. 실제로 극장에서 쏘는 권총은(물론 실제 '삶에서'와는 전혀 다르게 처신하기는 하지만) 무대 위의 가공의 현실을 세계의 물리적 현실에 근접시키는 수단이기도 하다.

게르만에게서 권총은 원칙상 쏘아지지 않는다. 그것이 쏘아지지 않는 이유는 쏘는 총이란 기억 속에 남겨지기에, 즉 〈마들렌〉이 되기에는 너무나 하찮기 때문이다. 그에게 필요한 것은 우산 소유자의 목숨이 위협받는 순간 눈밭에서 저절로 펴지는 우산이다. 왜냐하면 바로 그런 우산이 기억의 직조물을 구성하기 때문이다. 다만 그것은 물리적 현실에 대한 우리의 관념과는 다른 방식으로 자기 나름대로 구축된 직조물이다. 따라서 〈흐루스탈료프, 차 가져와!〉의 세계는 의식적으로 익숙한 둥지에서 떨어져 나온 두드러지게 강조된 일상적 디테일로 직조되었다.

〈흐루스탈료프, 차 가져와!〉는 그 본질상 심오하게 현상학적인 영화로서 나에게 충격을 안겨준다. 주지하다시피, 현상학은 우리의 지각 세계, 현상계가 우리의 주관성의 산물이 아니라 우리에게 객관적으로 주어진 세계로서 고찰되어야 한다는 사실에서 출발한다. 게르만의 경우에서는 지각과 회상이 절대적 객관성 및 역사적 신빙성의 부류로 격상되는 놀라운 사태가 실제로 발생한다. 〈흐루스탈료프, 차 가져와!〉에서 나타나는 형상과 배경 간의 비전통적 관계는 정확하게 이런 맥락에서 이해되어야만 한다. 이 영화에 특징적인, 어디인지 알 수 없는 배경으로부터 나왔다가 다시 배경 속으로 사라져 버리는 인물들과 그들의 불분명한 대사 및 제스처의 격류 또한 마찬가지이다.

후설은 《이념들》에서 (그 이전에는 베르그송과 윌리엄 제임스에 의해 이 점이 지적되었다) 우리의 의식이 능동적으로 깨어 있는 지대로 이루어졌을 뿐만 아니라 모종의 '테두리' 혹은 '수평선'으로 둘러싸였다고 썼다. 이 '테두리'로부터 현상은 지각의 중심으로 움직여 갈 수 있다. 후설은 이런 점에서 각각의 지각은 또한 **예외**, 흐름에서의 일탈, 고립의 결과이기도 하다고 적었다. 이것은 러시아어보다는 독일어로 더 아름답게 들린다. "jedes Erfassen ist ein Herausfassen"(모든 지각은 붙잡아 끌어내는 것이다). 만일 후설이 사라지고 나타나는, 수평선으로 물러나고 중심으로 나오곤 하는 이 속성이 우리의 주관적 활동의 산물이 아니라 우리에게 주어진 현실 그 자체의 속성, 말하자면 그것의 존재론이라고 덧붙이지 않았다면 여기에는 그 어떤 새로운 것도, 그 어떤 '현상학적인 것'도 없었을 것이다. 이렇듯 지각되지 못한 물질적 사물의 존재 근거란 지각될 수 있는 그것의 능력에 있다. 하지만 이런 유형의 존재 방식은 사물 자체가 그 내부에 잠재적 무(無)를 포함함을 전제로 한다. 달리 말해, 지각되지 못한 사물이 물리적 세계에 전혀 존재하지 않는다는 뜻이 아니라 현상의 세계 속에서 존재할 수 있는 그것의 능력이 존재하지 않을 수 있는 능력, 곧 자신을 부정할 수 있는 능력을 포함한다는 뜻이다. 반복하건대, 존재하거나 혹은 존재하지 않을 수 있는 이런 능력은 우리의 정신 활동의 산물이 아니라, 이런 식으로 자신을 나타내어 존재를 획득할 수 있는 사물의 속성이다.

내가 현상학의 이런 일반론을 늘어놓는 이유는 〈흐루스탈료프, 차 가져와!〉의 직조물이 놀라운 방식으로 바로 이렇게 축조되기 때문이다. 여기서는 사물이 화자(카메라)의 시야에 나타났다가 사라진다. 그것들은 마치, 먼저 사물을 관객에게 실어다 주고 나서 다시 영원토록 그것을 지각의 경계 너머로 쓸어가 버리는 모종의 격류에 실린 듯하다.

바로 이로부터 〈흐루스탈료프, 차 가져와!〉의 세계가 지니는 본질적 특징이 나온다. 사물과 인간의 포화 상태가 그것이다(그런데 이는 〈내 친구 이반 라프쉰〉의 특성이기도 하다). 이곳에는 코뮤날카[2]의 세계(심지어 클렌스키의 커다랗고 귀족적인 노멘클라투라[3] 아파트에도)와 플루시킨적[4]인 물질적 축적의 세계가 만연했다. 부분적으로 이러한 물질적 포화 상태는 대체로, 절대 아무것도 버리지 않았던 소비에트의 빈곤한 생활상의 본질적 요소이다. 덧붙여 이 세계의 중대한 속성은 사물과 인간의 등가성에 있다. '마담 클렌스카야'의 아파트에 사람들을 잔뜩 밀어 넣자 그녀가 이 거대한 '가족'이 몽땅 어디에 살게 되는 것이냐고 물을 때, 그녀에게 되돌아온 대답은 다음과 같다. 가족이란 없다. 오직 그녀와 소년뿐이다. 나머지 사람은 그러니까 아무것도 아닌 것, 무, 사물의 절대적 모상이다. 이 세

---

2) [옮긴이 주] 코뮤날카는 소비에트 당시 공동 주택으로, 한 아파트의 각 방에 다수의 개별 가구가 거주하며 욕실과 부엌 등을 공유하는 주거 형태를 말한다.
3) [옮긴이 주] 노멘클라투라는 소비에트 사회의 특권 관료계급을 말한다.
4) [옮긴이 주] 플루시킨은 고골의 《죽은 혼》에 나오는 등장인물 중 하나이다. 이 기심과 의심으로 똘똘 뭉친 지방 소지주로 강박 관념적인 수집벽을 가졌다.

계에 대립되는 것은 흡사 게베슈니키들5)에 의해 통째로 점령당한 것 같은 겨울 밤거리의 인적이 드문 공허함의 세계이다. 아파트나 병원에서는 사람과 사물이 한데 뭉쳐져 뒹굴고 대신 길거리에서는 사람과 사물이 흔적도 없이 사라진다.

여기서 우리는 현상학적 현실과 정치적 현실의 이상한 근접성에 다가간다. 인간과 사물의 사라짐이라는 속성, 즉 부정성에 의해 부각되는 이런 존재 방식은 물론 스탈린 시대의 존재 방식이다. 그것은 짐작할 수 있듯이 절대 우리 지각의 주관성으로 귀속시킬 수 없는 존재 방식이다.

영화에는 외견상 부차적으로 보이는 이상한 곁가지 라인이 존재하는데 클렌스키의 아파트에 사는 두 유대인 소년의 이야기이다. 아파트의 초인종이 울리자마자 그들은 옷장으로 돌진하여 그 속에서 사라져 버린다. 분명하게 드러나지는 않지만 그들은 체포된 친척들의 딸로 불청객을 피해 몸을 숨긴 것이다. 이 기괴한 삽입 라인(영화의 대부분의 라인이 기괴하고 삽입적이다)에서 관객이 지각하는 사건, 가령 사물과 인물의 뜻밖의 실종은 '플롯'으로 귀결된다. 스탈린적 현실, 그것은 현상학적 현실의 괴물 같은 등가물인바, 거기서 사람들은 사라지고 나타난다. 총은 쏘아지지 않는다. 인과관계는 허물어지고 작동하는 것은 오직 현상학적 지향성, 그러니까 사물의 의미론적이고 감정적인 뉘앙스 자체, 그것의 존재 방식 자체에 담긴 비존재의 축적물일 뿐이다.

영화의 1부(일반적인 의견에 따르면 좀더 선형적인 2부보다 잘 이해되지 않는)를 지각하기가 어려운 것은 1부가 초점, 즉 중심적 형상을 거의 갖지 않기 때문이다. 클렌스키가 점차로 영화의 중심부로 등장

---

5) [옮긴이 주] 게베슈니키는 소비에트 시기 국가정보기관(KGB)의 기관원을 말한다.

한다. 그에게 주된 자리가 할당되었다는 첫 번째 신호가 극도로 혼란스러운 병원에서의 에피소드에서 나타난다. 클렌스키의 명령에 따라 사람들이 문을 부수고 그는 '일행과 함께' '저 편으로' — 자제르칼리예6) — 로 침투해 자신의 분신을 발견한다.

분신과의 만남은 영화의 가장 '어두운' 에피소드 중 하나이다. 작가들은 이 만남에 관해선 옷장 속의 소녀들에 대해서보다 훨씬 더 적은 설명을 제공한다. 대체로 사건이 '이상할수록' 게르만과 카르멜리타는 육체와 상황의 기이함 자체가 주석 없이 스스로의 의미론적 잠재력을 드러낼 수 있도록, 가급적 해명을 하지 않으려는 경향이 있다. 플롯의 '논리' 차원에서 분신과의 만남은 그다지 설득력은 없지만 어쨌든 허용할 수는 있는 설명을 갖는다. 클렌스키는 분신을 보고 국가안전기획부가 자신이 참석해야만 할 공개 재판을 준비함을 깨닫는데 만일 그가 자신을 위해 준비된 이 역할을 거절할 경우를 대비해 분신-배우가 필요한 것이다.

국가안전기획부의 음모에 대해 이러쿵저러쿵 추측하기를, 원하지 않는 많은 관객에게 에피소드가 여전히 불명료한 것으로 남았기 때문에 더 논의될 수 있는 것은 러시아 문학에서 공고한 낭만주의적 전통으로 자리 잡은 모티프, 즉 분신과의 만남에 대한 것뿐이다. 19세기 과학은 분신을 영혼의 개념과 연결시킴으로써(타일러, 스펜서, 뒤르켐) 이 미신을 설명하려 노력했다. 인간은 육체를 떠나버린 자기 자신의 영혼, 곧 자신의 죽음을 본다. 에밀 뒤르켐의 표현에 따르면 우리는 "생명의 원칙과 감각이 얼마간 생명 없는 육체를 떠나버리는 상태"일 때, 즉 자신을 흔히 꿈속에서 제삼자의 관점으로 보게 된다. 〈흐루스탈료프, 차 가져와!〉에서 분신과의 만남

---

6) [옮긴이 주] 자제르칼리예는 '거울 뒤편'이라는 뜻을 가졌다.

에피소드는 모종의 꿈과 같은 색채를 띠는데 이는 영화의 전체 분위기를 특징짓는다.

하지만 내가 보기에 가장 중요한 것은 뜻밖에도 클렌스키가 자기 자신을 나타나고 사라지는 능력을 지닌 존재로서 의식한다는 점이다. 여기서 사라질 수 있는 능력, 즉 **존재하지 않을 수 있는 능력**은 클렌스키 자신에게 제삼자의 관점에서 파악된 그의 육체의 객관적 본성으로서 제시된다. 분신과 만나는 동안에 클렌스키는 되뇐다. "삶과 공존할 수 없다! 삶과 공존할 수 없다!" 그가 잠재적으로 영화의 주인공이 되는 것은 바로 이 순간부터이다. 요컨대, 그의 존재 자체의 연약성이 드러나는 그 순간, 그는 '영화적' 존재를 획득하게 되는 것이다. 우리는 살아남고 보존되고자 하는 그의 시도, 그의 사라짐과 지옥으로부터의 귀환의 증인이 된다. 사라짐과 나타남에 기반을 둔 영화의 현상학적 구조 전체가 점차적으로 플롯의 층위로 넘어간다. 그가 가짜 자신을 제삼자적 관점에서 보는 순간부터 그의 정체성, 즉 아이덴티티가 허물어지기 시작한다. 우선 그는 군복을 문관 제복으로 바꿔 입는데 변화의 격류는 그다음부터 점점 더 빠르게 증대한다. 클렌스키 장군이 아이들한테 구타당하고 (이는 클렌스키가 아이들을 제지하고 아들과 대면하는, 유대인 소년 구타 장면과 대칭을 이루는 에피소드이다) 그다음에는 건달들에게 폭행 당해서 '아줌마'로 변하고[7] 이로써 그의 성적 정체성과 완전히 결별한다. 주인공이 자기 자신과 이 세계 속 자신의 자리에 대한 의식을 잃어버리게 되는 이 모든 일련의 저돌적인 사건은 너무도 빨리 일어나기 때문에 클렌스키가 집으로 돌아왔을 때 그간의 사건은 단

---

7) [옮긴이 주] 클렌스키가 시베리아로 이송되는 트럭의 짐칸에서 범죄자들에 의해 집단 강간을 당하는 것을 가리키는데 여기서 남성성을 대변하는 주체였던 그는 역으로 남성성의 대상이 된다.

지 이렇게 말해질 뿐이다. "귀신이 곡할 노릇이다. 아무도, 아무것도 알지 못했다." 그 모든 에피소드가 '우리 거리'의 페르시아 라일락처럼 그저 기억에서 사라지는 듯하다.

현상학적 퍼스펙티브로 되돌아가자. 우리의 지각에 주어지는 사물은 주관적 색채에 물든 채 연이어 등장하는 이미지와 관점의 격류와 같다. 이 다종 다기한 이미지로부터 모종의 '객관적'이고 이상적인 사물의 이미지가 만들어진다. 그것이 객관적인 것은 우리 지각의 조건들과 무관하게 안정적인 것으로서 나타난다는 의미에서이다. 후설의 관점에 따르면 객관적 현실성이란 우리를 폭발시키는 온갖 인상과 이미지의 다양성을 넘어서는 모종의 단일체, 즉 이상과 같은 것으로서 우리에게 존재한다. 만일 이미지들이 우리가 객관적이라고 이해하는 이런 이상적 단일체로 수렴될 수 없는 상황이라면 현실성은 붕괴되고 흩어져서 성립될 수가 없게 된다.

내가 보기에 우선 현실성이라는 것, 즉 케렌스키의 존재의 객관성은 그가 자신의 분신을 보게 되는 순간, 그러니까 그가 두 개의 상이한 위격〔의사와 환자, 클렌스키와 비(非)클렌스키, 원본과 복사본〕으로 등장하게 되는 순간 이미 의심스러운 것이 된다. 이 순간 그의 존재의 객관적 현실은 비존재를 향한 능력을 드러내는바, 동일한 육체에 대한 복수의 반영들, 곧 복수의 관점을 종합할 수 있는 능력 자체가 균열의 조짐을 보이는 것이다.

이후 이런 이상적인 단일체의 붕괴는 왕성하게 진행되어 영화의 결말을 예고한다. 결말에 이르렀을 때 이 인물은 다음과 같이 말한다. 그는 사라졌다. 그는 "체포된 자들 사이에도, 죽은 자들 사이에도 없었다". 확신하건대, 나는 이런 결말을 심리적 타격의 결과, 즉 심오한 정신적 트라우마의 발현으로 이해하면 안 된다고 생각한다. 만약 이 같은 사건 이후에 클렌스키가 이제 더 이상 가정에도,

직장에도 남을 수 없게 되었다면 어쩌겠는가. 내가 그와 같은 심리적 해석을 옳지 못하다고 보는 이유는 무엇보다도 이 영화가 심리주의, 즉 사건에 대한 심리적 관점을 절대적으로 회피하기 때문이다. 여기에 햄릿주의의 징후는 손톱만큼도 없다. 가장 개연성이 없는 사건조차 지속적으로, 심리적 층위로부터 대상(사물)적 층위로, 즉 일상적이고 기괴한 디테일의 영역으로 옮겨진다. 내가 보기에 클렌스키의 직업이 신경외과 의사인 것은 우연이 아니다. 즉, 그는 뇌의 내용, 대문자로 된 주관성을 파고드는 사람이 아니라 뇌를 가르는 사람이다.

그러므로 클렌스키의 수수께끼 같은 최종적 실종은 다름 아닌 현상학적 사라짐으로 이해해야만 한다. 주인공은 더 이상 육체로, 객체로, 심지어는 대상으로도 존재하는 것이 아니다. 기차 플랫폼에서의 마지막 에피소드를 주인공이 몰락하여 결국 노숙자가 되었다는 증거로 보는 것 역시 온당치 않다. 최후의 클렌스키, 그는 그저 사회적 현실을 포함한 어떤 현실에도 속하지 않는, 아무것도 아닌 자일 뿐이다. 그것은 지위가 없는 인간, 더 이상 존재하지 않는, 심지어 공간적 의미에서조차도 존재하지 않는 인간이다. 그는 시공간의 '신분증'을 지니지 않은 채 어디론가 무슨 이유에서인지 그냥 움직인다. 그리고 주인공의 이러한 사라짐은 분신과의 충돌에 의해 시작되었고 그의 변신 시리즈에 의해 지속되었던 것이다.

이런 사라짐에 선행하는 것이 영화의 핵심적 에피소드 중 하나인 죽어가는(사라지는) 스탈린과의 만남이다. 이 에피소드는 분신과의 만남과 대칭을 이룬다. 마찬가지로 은밀하고 신비로우며 스크린의 '배경' 깊은 곳에 숨어 있다가 갑자기 '수평선'으로부터 화면의 중심으로 솟구쳐 오르는 저 불가해한 육체 역시 마찬가지이다. 하지만 차이점은 첫 번째 경우에 클렌스키가 분신을 알아본다면 두 번째 경우에는 믿기지 않게도 그가 '민족의 아버지'(스탈린)뿐 아니라 그와 연루된 사건의 또 다른 죄인인 베랴도 알아보지 못한다는 데 있다. 이 알아보지 못함은 마치 기억처럼 축조된 이 영화에서 특히나 중요하다. 영화 전체에 걸쳐서 스탈린의 묘사가 마치 분신처럼 증식하여 말 그대로 그를 둘러쌈에도 불구하고 클린스키가 그를 알아보지 못한다는 사실이 중요하다. 스탈린 역시 그 자신의 이미지들을 하나로 접합시켜주는 어떤 종합의 이상적 객체가 될 수 있는 능력을 상실한 것이다.

알아보지 못함이라는 것은 사실 이 영화의 보편 전략 속에 구조적으로 기입되었다. 즉, 거기서는 플롯을 따라가지도 사건의 의미를 이해하지도 못하는 관객의 무능력이 이미 흘러가 버린 일상의 디테일을 기억해내고 그것을 알아볼 수 있는 관객의 능력에 의해 끊임없이 교정되는 것이다. 달리 말해, 관건은 예의 그 사물을 볼 줄 아는 능력, 하지만 그것들을 인과관계의 사슬 속에 위치시키지 못하는 무능력이다. 영화의 끝에서 스탈린 및 베랴와의 대면, 이것은 사건 전체의 **원인**(원문은 대문자로 강조―옮긴이)과의 대면에 다름 아니다. 분신과의 음모 전체가 비록 처음부터 끝까지 고안된 것은 아닐지라도 라브렌티 파블로비치의 개입에 의한 것이었음은 의심할 여지가 없다. 다름 아닌 대문자 원인과의 직접적 접촉의 바로 그 순간에 클렌스키는 자신의 눈멂을 드러내는 것이다.

영도자의 살해에 관한 역사적 증언과 배치되게끔 주도면밀하게 구축된 이 에피소드에 관해 몇 마디 덧붙일 필요가 있다. 게르만은 자신의 주인공인 신경외과 의사로 하여금 주로 스탈린의 배에 집중하도록, 그것을 힘껏 마사지하도록 만든다. 이 마사지의 의학적 의미가 어떤 것인지 말하기는 어렵다. 클렌스키가 지도자의 배를 요령껏 다룸으로써 달성하는 유일한 성과는 죽어가는 스탈린이 방귀를 뀌도록 하는 것이다. 주지하다시피, 게르만은 이 방귀에 특별한 의미를 부여했고 이 에피소드의 사운드를 정교하게 작업했다. 이 순간은 베랴가 클렌스키에게 각별히 부탁할 만큼 중요하다. "한 번 더 누르게, 방귀를 뀌시도록." 그리고는 신경외과 의사에게 배를 재차 마사지하도록 강요한다. 클렌스키는 환자에게 그 외의 다른 어떤 것도 하지 않지만 이 배 마사지 덕분에 베랴로부터 키스를 받는다. "자넨 공작이 될 걸세"라는 말과 함께.

베랴가 외과의사에게 단말마의 고통에 시달리는 스탈린의 마지막 말이 무엇이었는지 묻자, 클렌스키는 "나를 구해 줘!"였다고 알려준다. 요컨대, 마사지는 구조 요청에 대한 이상한 응답의 제스처였음이 판명되는 것이다. 마사지를 받는 바로 그 순간에 스탈린은 죽는다.

이 이야기의 의미는 보기보다 더 투명하다. 유난히 무시무시한 죄인은 입으로 숨(영혼)을 내뱉지 않으면 죽을 수 없다는 이야기가 있다. 가령 그것은 목에 걸린 밧줄 탓에 '위를 통해서는' 숨을 내뱉을 수 없는 목매 죽은 자에 해당된다. 이 미신은 유다와 특히 밀접하게 연관되는데 그의 경우 그리스도를 배반한 입으로는 숨이 나올 수 없었고 따라서 숨이 목을 매 자살한 그 악당의 몸에서 다른 길을 찾던 중 배를 찢고 창자 바깥으로 굴러 나와 엉덩이에서 나왔다는 것이다.

스탈린의 최후를 다룬 에피소드에서 베랴는 클렌스키에게 어찌된 일인지 먼저 죽어가는 자의 머리 위를 가르라고 부탁한다. "이 사람의 여기를 가르게…." 신경외과의가 일언지하에 거절하자 그녀는 유화적으로 "한 번 더 누르게, 방귀나 뀌라지"라고 청함으로써 유다의 경우와 마찬가지로 스탈린의 숨을 위해 '아래를 통한' 길을 열어주는 데 동의하는 것이다. 이어 배설물이 공개되고 지도자는 똥칠이 됐고 베랴와 간호사가 말다툼을 하는 에피소드가 이어진다. "그는 더러워요!" "그는 깨끗해!" 물론 여기서 이 형용구(epithet)들 자체도 은유적으로 읽혀야만 한다.

클렌스키가 스탈린의 숨이 아래를 통해 날아가도록 도와준 이후에
야(그는 스탈린의 손과 배에 몰래 입을 맞춘다) 비로소 주인공의 최종
적 파멸이 이루어지는바, 즉 그가 비존재 속으로 사라지는 것이다.

육체적 하부의 형상은 우리를 바흐친적 카니발과 그로테스크의 뒤
집힌 세계로 인도한다(라블레에게서 위와 아래를 통한 숨의 순환의 모티
프는 우리가 아는 대로 중요한 자리를 점한다). 하지만 게르만의 영화
에서 그것은 영화의 조화 전체를 문자 그대로 위아래로 뒤집으면서
완전히 특별한 의미를 획득한다. 무엇보다 그것은 원인과 결과 사이
의 관계를 거꾸로 뒤집어 놓는다. 민족의 아버지이자 하늘의 별인
스탈린, 베랴의 말에 의하면 그의 몰락이 곧 세계적 격변을 뜻하는
스탈린은 실은 구원자가 아니라 유다로 판명된다. 구원자의 역할은
외려 클렌스키에게 맡겨진다('나를 구해 줘', 베랴는 스탈린의 이 마지
막 대사를 되뇌면서 '정말 이상하군!'이라고 덧붙인다). 이 말은 "자네는
공작이 될 걸세"라는 불가해한 어구의 의미를 밝혀준다. 그런데 어
떤 공작일까? 빛의 공작? 아니면 어둠의?

스탈린 육체에 향한 이런 변태적 도착(倒錯)은 구타, 남색, 아들
의 배반(정작 아들은 죽은 자들 사이에서 '부활한' 아버지를 보자 유다처럼
절망적으로 신에게 기도한다)으로 이어지는 클렌스키의 온갖 수난과
변신 그리고 스탈린의 기괴하고 뒤틀린 '구원'에 특별한 조명을 부여
해 준다. 즉, 이 모든 것에 명백하게 '기독교적' 색채가 부여된다.

하지만 클렌스키를 현대의 그리스도로 간주하고 영화를 모종의
기독교적 관점 속에 위치시키는 것, 그것을 스탈린을 소재로 한 쉐
피티코의 〈승천〉[8] 비슷한 어떤 것이나 심지어 '참회'로 만드는 것

---

8) [옮긴이 주] 소비에트 영화감독 라리사 쉐피티코가 1976년에 만든 영화이다.

은 온당치 않을 것이다.

클렌스키가 그리스도로 변신하는 것은 전적으로 불가능하다. 이 것은 기차 플랫폼에서의 마지막 에피소드에서 클렌스키가 물을 포도주로 바꾼 예수의 기적을 패러디함으로써 강조된다. 그는 포도주 잔을 자신의 모자 윗부분에 놓아서 그것이 흘러넘치지 않도록 한다. 현성용(顯聖容)⁹⁾ 대신에 클렌스키는 사라짐을 체험한다. 즉, 의미들의 종말론적 응축이 아니라 종말론적 공허, 곧 비존재를 남겨 놓고 떠나는 것이다. 기독교적 암시(그렇다, 뒤틀린 카니발적 모양새로 주어진)에도 불구하고 이상적 이미지는 구현되지 않는다. 현상학적 혼돈의 본질이 극복되지 않는 것이다.

— 2000

---

9) [옮긴이 주] '현성용'이란 그리스도가 성령의 빛에 의해 새로운 존재로 변신하게 되었다는 일화를 가리키는 것으로, 비잔티움에서는 메타모르포시스(*Metamorphosis*), 라틴 측에서는 변모(*transformation*), 러시아에서는 프레오브라제니에 (*preobrazhenie*)라고 불린다.

제3장

번역과 복제

앙드레 바쟁과 리메이크 미학

1980년대 말에 나는 영화에서의 상호텍스트성에 관한 책 《타이레시아스의 기억》을 작업하는 중이었다. 그 연구서에서 영화 속에는 어떤 '어둡고' '불투명한' 순간이 있으며 그것을 이해하기 위해서는 영화의 내부나 구조를 볼 것이 아니라 외부의 어떤 다른 텍스트를 끌어들이는 좀 특별한 방식의 해독이 필요하다고 결론을 내렸다. 나는 이 어둡고 불투명한 순간을 미메시스는 파괴되지만 오히려 강렬한 의미작용이 발생하는 순간, 즉 의미형성에 특별히 본질적인 순간으로 규정했다.

이 논문에서는 영화의 전체 구조에서 벗어난 이 순간으로 되돌아가 텍스트의 경계를 넘어가는 순간으로 읽으려 시도하는데 다만 그 순간의 본질에 대한 견해를 극단적으로 바꾸고자 한다. 이 논문의 소재는 리메이크, 그러니까 주로 미국에서 행해지는 것과 같은 이미 존재하는 영화의 변조이다. 보다 정확히 말해, 여기서의 고찰 대상은 리메이크 자체가 아니라 1950년대에 앙드레 바쟁이 리메이크에 관해 쓴 두 편의 글이다. 리메이크는 상호텍스트성의 특별한 유형을 제시한다. 즉, 완전히 '낯선' 텍스트가 아니라 원작의 번역임을 상기시켜주는 어떤 오리지널에 대한 참조인 것이다. 영화의 오리지널 버전을 영상으로 옮기는 과정에서 바쟁이 주목했듯이 원작의 몇몇 요소는 거의 아무런 변경 없이 새로운 버전으로 옮겨진다. 원작에 대한 최대한의 모방적 충실성을 보존하는 것이다. 하지만 몇 가지 이유 때문에 바로 이런 요소가 리메이크작 속에서 이질적 요소로 나타난다. 다시 말해, 상호텍스트적 상황과 달리 미메시스적으로 투명한 부분일수록 특별한 의미작용의 발생소가 되는 것이다. 의미형성은 다른 텍스트와 전적인 모방적 관계를 견지하는 바로 그 지점에 특별히 집중된다. 하지만 내가 우연히 주목하게 된 앙드레 바쟁의 저술이 나에게 열어 준 가장 중요한 것은 오리지널과 리메이크 관계의 시간적 차원이다. 바쟁 덕분에 나란히 놓인 텍스트 간의 병행적 관계를 두 개의 시간 층위로서 읽을 수 있게 되었다. 이런 상황은 카이로스를 향한 내 관심의 맥락에서 이후 한층 더 중요해진다. 나는 이 논문에서 최초로 시네필 현상에 관심을 두는데 이 문제는 이어지는 세르주 다네에 관한 글에서 더 본격적으로 다루어진다.

번역의 개념은 흔히 언어 텍스트의 영역과 관련된다. 이미지는 대개 번역이 의도되지 않는다. 모든 종류의 텍스트적 전이에 매혹되었던 발터 벤야민은 복제와 번역에 관해 이야기했다. 이미지의 복제와 언어의 번역 사이에는 명백한 유사성이 존재한다. 양자 모두 반복에 해당하지만 그들의 전략은 정반대이다.

번역은 언어의 자연스러운 성장과 진화에 참여한다. 그것은 중단 없는 형성의 과정(노화와 죽음을 포함한)에 포함되는 것이다. 흔히 번역은 과거의 불가피한 잠식으로부터의 구원으로 간주되는바, 그것은 죽어가는 텍스트를 되살린다. 횔덜린의 소포클레스에서 부버-로젠즈바이크의 성경에 이르기까지 근대의 가장 의미심장하고 논쟁적인 번역의 과제는 시간의 흐름을 극복하려는 유토피아적 시도이다. 어떤 경우에 그것은 깜짝 놀랄 만한 직역과 어원적 환상에 의거해, 다른 경우에는 예언적 목소리의 직접적 현존을 장인적으로 모방함으로써 실현된다.

현존의 모방을 지향하면서 번역은 자신의 극단적 표현 속에서 말을 이미지로 '바꾸는' 것에 이끌린다. 이상적인 번역은 유사-시각성을 획득하기 위해 언어적 한계를 뛰어 넘는다. 낯선 텍스트의 복제는 여기서 무언가 새로운 작품으로 바뀌는 모험을 감행한다. 매튜 아놀드는 호머의 번역을 논하면서 번역자의 가장 중요한 과제가 호머가 청자에게 미친 감정적 영향을 재건하는 것이라고 주장했다. "… 우리 번역자의 과제는 호머의 영향력을 재생시키는 것이다. 하지만 평범한 영국 독자의 가장 강력한 감정은 결코 확신하지 못한다. 번역자가 이 영향력을 복원하는지 아니면 무언가 다른 것을 전달할 뿐인지."[1]

---

1) M. Arnold, *On translating homer*, New York, 1983, p. 3.

벤야민에 따르면 복제의 과제는 그 지향에서 완전히 정반대이다. 가령, 영화적 복제에서 오리지널은 살아 있는 배우인데 그의 물질성, 그의 직접적 현존은 스크린 위에서 상실된다. 이 육체성의 상실은 아우라의 상실로 표현된다. "진정 아우라는 그(배우)의 '지금 그리고 여기'에 묶여 있다. 거기에는 복제가 있을 수 없다"(Denn die Aura ist an sein Hier und Jetzt gebunden. Es gibt kein Abbild von ihr).[2] 벤야민이 사용하는 'Abbild'라는 단어는 '반영', '재현'을 가리킨다. 다시 말해 아우라는 재현되거나 복사될 수 없는 것이다. 이렇듯 번역이 현존의 재건을 지향한다면 복제는 그것의 상실을 표현한다.

이미지에서 상실되는 아우라를 향한 벤야민의 멜랑콜리한 향수에 모든 이론가가 동의하는 것은 아니다. 크라카우어는 육체적 현실의 최초의 윤곽이 영화에서 구제된다고(redemption),[3] 즉 육체적 현실 감각의 상실된 완전성이 재건된다고 지적한 바 있다.

> 영화는 우리가 볼 수 없는 것, 최소한 그것의 발명 이전에는 보지 못했던 것을 볼 수 있게 해 준다. 영화는 우리가 물리 세계를 그것의 심리적 대응물과 함께 성공적으로 열어 볼 수 있도록 돕는다. 영상 기계의 렌즈를 통해 그것을 파악하려는 시도를 통해 우리는 문자 그대로 비존재의 상태로부터 이 세계를 끄집어낸다.[4]

현실의 구제는 모종의 메시아적 사건[5]의 결과인데 영화의 발명

---

2) В. Беньямин, *Произведение искусства в эпоху его технической воспроизводимости*, М., 1996, С. 39.

3) 러시아 번역본에서는 육체적 현실성의 '재건'(реабилитации)이라 표현된다. 예를 들어, З. Кракауэр, *Природа фильма: Реабилитация физической реальности*, М., 1974를 보자.

4) Там же, С. 380.

또한 그중 하나이다. 영화는 현실을 '대상'으로 바꾸면서 그것을 이
중화한다. 하이데거의 용어를 빌리자면 영화는 "은폐된 것들 가운
데서 존재하는 것을 끄집어내며 그럼으로써 존재하는 것이 다른 어
떤 것도 아닌 그 자신이 될 수 있도록 돕는다".6) 크라카우어가 벤
야민과 부버에게 그토록 중요했던 '구제'라는 단어를 사용한 것 자
체가 의미심장하다. 바쟁은 영화와 현실의 존재론적 유사성에 관해
이야기했다. 물론 크라카우어와 바쟁의 눈에 물리적 현실을 필름에
옮겨 놓는 일이 그 현실의 재현으로서 나타나긴 했지만 그것은 완
전히 독특한 다의적 방식에 따른 것이었다.

이 글은 영화에서의 반복, 즉 일종의 영화적 번역에 관한 바쟁의
몇몇 성찰을 다루게 된다. 1951년의 논문 "반복들에 관하여"에서 바
쟁은 현실과 영화적 재현 사이의 관계는 너무나 밀접한 것이어서
벤야민이 **아우라**라고 부른 것의 상실 자체가 이 관계에서의 간접성

---

5) 틀림없이 크라카우어의 영화미학은 벤야민과 로젠츠바이크의 메시아주의에 영
   향을 받았을 것이다. 로젠츠바이크는 속죄, 즉 '재생'(Erlösung)을 시간의 폐기
   로서 묘사했다. 이런 메시아적 의식 속에서 미래는 이미 벌어진 어떤 것처럼 경
   험된다. 로젠츠바이크가 설명하기를 "모든 순간은 마지막이 될 수 있다. 이는
   그것을 영원한 것으로 만든다. 바로 그것이 미래의 원천, 모든 부분이 처음 것
   에 의해 미리 예정된 그런 순차성을 만들어 낸다. '당신들 가운데'의 왕국, '오늘'
   바로 도래하는 왕국, 바로 이런 미래의 개념이 순간을 영원으로 만든다". F.
   Rosenweig, *The star of redemption*, Boston, 1964, p. 226. 로젠츠바이크의 시
   간성에 대한 분석은 다음을 보라. S. Moses, *System and revelation: The
   philosophy of Franz Rosenzweig*, Detroit, 1992, pp. 127~149. 크라카우어에게
   현실의 '재생'이란 곧 영화의 '존재론적' 본질이라 할, 현실의 비현전을 극복하는
   일이다. 영화에서의 현실은 지금-여기서 우리에게 주어지는 것이 아니라 마치
   과거를 향한 듯하다. 현실의 '재건'은 이 과거 현실을 현재로 바꾸는 것, 과거의
   순간을 미래의 영원성으로 개조하는 일이다. 로젠츠바이크가 지적했듯이 다름
   아닌 과거로부터 미래는 영원히 지속되는 특성을 획득하는 것이다.
6) M. Heidegger, *Phenomenological interpretation of Kant's critique of pure reason*,
   Bloomington/Indianapolis, 1997, p. 19.

이 부재한 결과에 해당한다고 주장했다. 영화는 현실에 너무나 밀착된 나머지 현실 자체와 더불어 그 자신이 과거로 밀려난다.

> … 영화는 심리적으로 고유한 현실성(*psychologiquement tributaire de son actualité*)에 의존적이다. 수천의 뿌리가 그것을 현실과 연결하지만 그것들은 1년 중 자신의 때가 오면 말라죽는다. 7)

몇몇 현실의 요소 — 가령, 유행과 같은 — 과 특정 시대와의 관련성은 영화적 인지의 역설적 체제를 만들어 낸다. 영화 속의 행위는 우리에게 지금 현재 일어나는 일로서 주어지고 경험된다. 그러나 '물리적 현실'의 몇몇 '낡아 버린' 요소는 이 현재성의 감정과 모순된다.

> 영화스타들을 매개로 내가 유혹하려는 그녀는 1925년의 의상을 입은 채 소년의 머리 모양을 할 수 없다. 나는 그녀를 '이스파노 스위자'(Hispano-suiza)로 채색할 수 없다. 영화적 이미지의 시간적 상대주의는 그것의 절대성이다. 영화적 행위는 본질상 현실이나 꿈과 달리 지금 벌어지는 일로 감지된다. 그것은 자신을 과거로 인식할 수 없다. 8)

바쟁은 이 논문에서 시대의 특징은 필름으로 옮겨지면서 변화되지 않으며 해당 시대의 세계에 침잠된 사물, 곧 원본의 모든 본성을 유지하는 것처럼 보인다는 사실에서 출발한다. 해당 시대의 사물은 주인공이 속했고 그의 행동을 결정짓는 **상황**의 반복 불가능성을 만들어 낸다. 따라서 비록 행동이 상황으로부터 관객을 분리시

---

7) A. Bazin, A propos de reprises, *Cahiers du Cinéma*, No. 5, Sept., 1951, p. 54.
8) *Ibid.*, p. 55.

키고 우리가 그것을 마치 '현재' 일어나는 것처럼 경험한다 할지라
도 그와 같은 경험에는 위조의 뉘앙스가 담겼다.

한편, 이미 벤야민이 정당하게 지적했듯이 기술적 복제는,

> 어떠한 경우에도 그것(예술작품)의 여기와 지금을 손상시킨다. …
> 그것은 자연적 대상에는 없는 것이다. 그것은 예술작품의 진품성이
> 다. 사물의 진품성은 그것의 발생, 물리적 지속 그리고 역사적 가치
> 에 이르기까지 그것이 포함할 수 있는 모든 것의 집약체이다. 전자
> 가 후자의 기초를 이루기 때문에 물리적 지속이 파악될 수 없게 되는
> 복제에서는 역사적 가치 역시 흔들리게 된다. 9)

복제에서 '역사적 가치'가 손상되고 역사적 맥락이 자신의 의미를
잃게 되기 때문에, 레오 베르사니가 지적했듯이 복제 불가능한 독
특한 대상으로서의 원본의 가치는 부식될 수밖에 없다. 사실 이 원
본의 의미라는 것이 역사적 맥락의 변화와 함께 끊임없이 변화하기
때문이다. 10)

바쟁은 영화에서 이런 역사적 맥락의 격리와 그로 인한 물리적
실재의 '역사적 가치'의 손상을 무시한다. 그의 견해에 따르면 관객
은 시대착오의 역설에 다양한 방식으로 대응한다. 첫 번째 대응 유
형은 '시네필적인 것'이라 부를 수 있다. 이 유형은 개별 영화를 역
사적 페티시로 바꾸고 그것의 박물관적 가치를 장려한다. 그런 영
화에서 창작의 국면과 소비의 국면 사이의 간극은 원칙적 의미를
지닌다. 특정 시대에 속한다는 것, 즉 시간적 격차는 시네필에게는
잃어버린 것을 향한 페티시적 향수, 곧 시네필적인 멜랑콜리를 위

---

9) B. Беньямин, Указ., соч, CC. 21~22.

10) L. Bersani, *The Culture of redemption*, Cambridge, Mass., 1990, pp. 57~58.

한 필수 조건으로 여겨진다. 시네필적 제의란 시간적 격차를 통해 영화에 '박물관적 가치'를 투사함으로써 아우라를 재생시키는 것이다. 바로 이로부터 도출되는 것이 단지 창작 순간과 관람 순간을 분리시키는 것이 아니라 어떤 식으로든 잃어버린 현실성을 크라카우어식으로 구제하는 것, 즉 과거 복원의 불가능성을 강조하려는 바람이다. 오케스트라 연주에서의 '원곡'이나 혹은 착색된 이미지처럼, 모든 흘러가 버리는 것의 속성을 영화에 부여하려는 바람이 그토록 불가항력적인 이유가 바로 거기에 있다. 여기서 이른바 진품성의 재생이란 단지 '박물관화'의 방식, 그러니까 최대한의 거리 두기의 수단에 불과하다.

바쟁은 영화를 예술작품이라는 명예로운 영역 ─ 가령, 회화와 같은 ─ 으로 옮겨 놓는 이와 같은 '고귀한' 시네필적 태도를 찬양했다. 그러나 동일한 문제를 대하는 또 다른 태도도 가능하다. 이 다른 태도는 바쟁에게 심각한 우려를 낳았다. 그것은 바로 '리메이크', 같은 시나리오로 영화를 다시 찍는 것이다. 이는 바쟁의 표현에 따르면 '시네마클럽이 없는 나라' 미국에서 생겨난, 1951년 당시로서는 비교적 새로운 현상이었다. 리메이크, 그것은 언어 텍스트에서의 번역에 해당하는 이상한 시각적 대응물이다. 그것 역시 시간에 대립하려는 시도, 사랑의 대상을 되살려내려는 시도이다. 하지만 그 본질상 리메이크는 시네필의 모든 실천에 대립되는 것이다. 만일 유럽 시네필의 페티시가 온전히 기억 및 과거를 둘러싸고 구축되었다고 한다면 미국식 리메이크는 과거를 부정한다. 이 번역의 '원본'은 그저 파괴될 뿐이며 새로운 버전은 스스로 선행자 없는 원본을 자임한다.

시네필은 기표의 차원을 물신화한다. 리메이크는 영화(복사본)와 원본(현실)의 차이를 감지하지 않는 것과 같다. 리메이크의 창조자는 현실을 개선하고 그 안에서 낡은 요소를 당대적인 것으로 바꿔 버린다. 그들은 현실 속에서 관객과의 거리를 만들 수 있는 모든 것을 없애버린다. 거기에는 지리적 거리도 포함되는데 가령 유럽에서의 행위를 미국으로 바꿔버리는 식이다. 리메이크는 완전히 기억을 억압하는바, 절대적인 기억상실증을 동반한다. 어떤 의미에서 그것은 원본의 부재를 보여 주는 대용품의 끝없는 편집증적 확장 가능성을 열어 놓는다.

시네필적인 페티시와 **리메이크**의 차이는 키르케고르가 말한 반복과 회상의 차이를 떠올리게 한다.

> 반복과 회상, 이것은 서로 다른 방향을 향하는 동일한 움직임이다. 왜냐하면 회상되는 것은 뒤쪽을 향하면서 반복되는 반면, 진정한 반복은 앞쪽을 향하는 회상이기 때문이다. 그래서 반복은, 만일 그것이 가능하다면 인간을 행복하게 만들지만 회상은 인간을 불행하게 만든다. 11)

"반복에 관하여"를 쓴 지 1년 반 후에 바쟁은 "미국에서 다시 만들어진"(*Remade in USA*)이라는 논문에서 동일한 문제로 되돌아왔다. 거기서 그는 중세의 필사본 전사에까지 이르는 리메이크의 계보학을 동원한다.

> 같은 시나리오를 갖고 복제본을 만들기 위해서 영화 〈망향〉(1937)이나 〈새벽〉(1939)의 판권을 사기로 결정한 프로듀서는 중세의 필사가나 이집트 3조 왕국의 파라오와 똑같이 행동하는 것이다. 12)

---

11) S. Kierkegaard, *Fear and trembling : Repetition*, Princeton, 1983, p. 131.
12) A. Bazin, Remade in USA, *Cahiers du Cinéma*, No. 11, Avril, 1952, p. 54.

바쟁은 그와 같은 복제는 부분적으로 '작품이 아닌 원본'(la copie des sources et non pas des œuvres)의 복사에 기초한다고 지적한다.

이런 복사의 가장 본질적 결과는 모종의 원천을 상이한 기술적 환경으로 옮겨 놓는 것과 연관된, 기술적이고 문체적인 절충주의이다. 바쟁은 이런 전이의 본질을 밝히기 위해 동일한 텍스트가 처음에는 프레스코화로 '번역'되고 이후에는 화폭에 회화로 번역되는 미술사의 사실에 기댄다. 이때 첫 번째 경우는 재현의 중세적 코드에 따라, 두 번째 경우는 명암대비법(chiaroscuro)의 법칙에 따라 이루어진다.

그와 같은 베껴 쓰기의 방식은 관객에게 상이한 스타일의 상대성의 감각을 불러일으키고 '영화쓰기'와 현전 효과의 관계를 약화시킨다. 이 모든 경우에 독특한 역할을 수행하는 것은 상이한 스타일과 시대 사이에서도 편안함을 느끼면서 각종 스타일을 평가할 수 있는 훈련받은 특별한 엘리트 전문가 집단이다. 그 결과 몇몇 영화는 현재로부터 일정한 독립성을 획득하고 '몰시간적인 것'이 된다.

> 시간적 절충주의가 생겨나는바, 이는 몇몇 영화로 하여금 늙지 않도록 허용하고 전통 예술이 달성한 바 있는 그런 영원성을 부여한다. 13)

문제가 되는 것은 충격적 관점의 변경이다. 불과 몇 달 전에 비평가에게 그토록 중요시 되었던 '현재 시간과의 섞임을 허락하지 않는 노화(老化)'(Le viellis-sèment qui ne permet plus de confusion avec l'actualité réelle)가 이제는 '전통 예술이 달성한 영원성'을 영화에도 허용하는 절충주의를 통해 극복된다. 그와 더불어 **리메이크**의 의미도 극단적으로 바뀐다. **리메이크**는 시간성과의 관련성을 잃게 되는데 왜냐하면 절충주의가 그것에게 몰시간성의 행복을 부여하기 때문

---

13) *Ibid.*, p. 56.

이다. 이제 리메이크의 주된 의미는 지리에 놓인다. 바쟁은 자신의 이전 주장과 완전히 대립되는 주장을 한다.

노화는 원본 영화의 개작에서 아무런 우연적이고 임의적인 역할도 하지 못한다. 영화 〈망향〉(1937)은 영화 〈알제리 전투〉(1938)가 만들어졌을 때 아직 늙을 시간이 없었다. 〈새벽〉(1939)이나 〈까마귀〉(1943)도 마찬가지이다. 14)

이것이 뜻하는 바는 **리메이크**가 시간적 휴지를 제거하는 것이 아니라 단지 문화적 차이로 드러나는 지리적 격차만을 극복한다는 사실이다. 바쟁은 **리메이크**의 필요성을 이렇게 설명한다. 영화는 미국 바깥에서 높은 명성과 엘리트적 성공을 거두었지만 그것의 상업적 성공은 지극히 제한적이었다.

국제적인 엘리트는 진정으로 그것을 칭송했지만 대부분의 대중관객은 미국식 스타일로 교육되었다. 15)

두 번째 논문에서 바쟁은 모든 걸 뒤집어 놓는다. 첫 번째 논문에서는 리메이크가 원작과 원천의 존재를 인정하지 않으며 그 자체로서의 기표의 존재를 부정한다고 이야기된다. 그런데 이제 리메이크는 원작과 원천을 가장 세밀한 디테일에 이르기까지 옮겨 놓는 노스탤지어적 경험이 된다. 예컨대 줄리앙 뒤비비에르의 영화 〈망향〉에서 가스통 모도는 빌보케(*bilboquet*)16)를 한다. 존 크롬웰의 리

---

14) A. Bazin, *op. cit.*, p. 56.

15) *Ibid.*, p. 57.

16) "손잡이에 공 받침대와 공이 매달린 장난감"으로 스페인의 발레로(*Balero*), 영국의 컵앤볼(*Cup-and-ball*)와 유사하다.

메이크 영화 〈알제리 전투〉에서도 동일한 등장인물이 프랑스 원작에서와 똑같은 빌보케를 한다. 이와 같은 직접적인 옮김을 바쟁은 '그로테스크한 표절'이라고 불렀다.

질문이 생겨난다. 아마도 별다른 의미를 지니지 않을 이런 세밀한 디테일을 그토록 정밀하게 보존한다는 것은 무엇을 뜻하는가? 말할 나위도 없이 그런 반복은 **리메이크**의 원칙적인 페티시적 성격을 가리킨다. 다름 아닌 이 페티시즘이 **리메이크**를 시네필의 실천에 접근시킨다. **잉여**(초과)의 순간이라고 부를 만한 몇몇 순간이 갖는 의미에 대한 강조는 전형적으로 시네필적이다. 이 순간에 시네필의 기억이 뿌리박혀 있다. 좋아하는 영화에 관해 이야기할 때 시네필은 언제나 그런 순간을 떠올린다. 문외한과 마니아를 갈라놓는 바로 이 순간의 의미야말로 특별한 향락의 원천인 것이다. 기억 속에 보존된 이 순간은 동시에 발견의 순간이기도 하다. '별 의미 없는' 빌보케와 같은, 배우의 사소한 '매너리즘'[17]은 서사에 복무하지 않으며 코드 외부에 자리하고 서술의 경제학 법칙과 대립한다.

이와 같은 '코드화되지 않은' 요소가 특별히 주목을 끄는 이유는 그것이 극도로 코드화된 서사와 배우 연기의 조건적 기예를 배경으로 나타나기 때문이다. 이런 코드화된 배경이 '매너리즘'을 도드라지게 하고 그에 특별한 의미를 부여한다.

예측불가능하며 결국 동기화되지 않은 배우의 제스처는 자기 역할의 윤곽을 벗어나 깊숙이 개인적인 어떤 것을 드러낸다. 폴 윌멘은 험프리 보가트, 말론 브란도, 장 가방의 연기에서 찾아볼 수 있는 그와 같은 제스처의 의미를 다음과 같이 규정했다.

---

17) '틀에 박힌 태도나 방식'을 뜻한다. 여기서는 배우의 의도하지 않은 사소한 개인적 특징을 가리킨다.

잉여(초과)의 경험은 특별한 육체적 제의, 즉 제스처를 필요로 한다. … 아마도 이것 역시 증언(*bearing witness*)과 관련이 있을 것이다. 반드시 겪은 일을 공표해야 하는데 '평범한' 관객의 주의를 끌지는 못하지만 '선택된' 관객들에게는 감지될 수 있는 어떤 것들에 관심을 집중시키려는 바람을 갖고 그렇게 한다.[18]

그와 같은 코드화되지 않은 제스처가 시네필적 페티시즘의 주요 순간이 된다. 그들이 코드 바깥에 자리하는 순수 잉여의 순간이라는 점 때문에 그것은 **번역**될 수 없으며 다만 **복제**, 즉 **반복**될 수 있을 뿐이다.

중요한 것은 시네필과 **리메이크**에 그토록 본질적인 잉여가 무엇인지를 이해하는 것이다. 〔잉여를 증식(*surcroît*)이라 부르기도 했던〕장뤽 마리옹은 현상학적으로 잉여란 직관과 개념 사이의 불일치라고 정의했다. 반박하기 어려운 마리옹의 견해에 따르면 우리는 시각적인 것으로 포화된 세상에 살고 있다. 그것은 사방에서 우리를 엄습하고 우리를 집어 삼킨다. 우리의 의식은 시각적인 것을 대상으로, 그러니까 제한되고 정적인 요소로 바꾸려 애쓰면서 이런 상황에 대응한다. 마리옹이 말하기를, "대상은 시각적인 것의 무차별적인 파고에 굴복하지 않는 법을 잘 습득한다. 그렇게 그것은 모든 시각적인 것(*chaque visible*)을 부정하는 정태성을 흉내 낸다. … 본다는 것은 시각적인 것의 파고에 저항함을 의미한다. 본다는 것은 보이기를 바라는, 보이지 않는 것의 중단 없는 유출에서 벗어남을 의미한다".[19]

하지만 이것이 뜻하는 것은 직관이 언제나 지각을 대상으로 만들

---

18) P. Willemen, *Looks and frictions*, Bloomington/Indianapolis/London, 1994, p. 239.

19) J. L. Marion, *De surcroît*, Paris, 2001, p. 68.

려 애쓴다는 것, 즉 그것들을 자르고 제한하며 그 안에서 드러나려 애쓰는 보이지 않는 것을 억누르고 있다는 것, 한 마디로 **잉여**를 파괴한다는 것이다. 영화의 코드화되지 않은 바로 이런 요소가 마리옹이 '우상'이라는 말로, 또 내가 '페티시'라는 말로 부르는 **잉여**의 담지자가 되는 이유가 거기에 있다. 이 요소야말로 절대 대상이 되기 힘든, 즉 개념화되기 어려운 것이다. 그래서 그것은 복제될 수 없고 단지 반복될 수 있을 뿐이다.

이런 관점에서 볼 때 리메이크는 두 가지 차원에서 기능한다. 첫 번째는 서사와 의미의 차원이다. 그것은 리메이크의 창조 과정에서 비교적 간단하게 '번역될 수' 있다. 두 번째 차원은 번역될 수 없으며 따라서 잉여의 순간들의 노예적 복제를 전제한다. 이 복제는 무엇보다 서사로부터 상대적으로 독립된 요소, 마치 원작-영화의 내부에서 자립적인 것처럼 보이는 요소와 관계한다. 그러므로 원칙상 스타일의 유기적 통일성을 지닐 수 있는 리메이크 텍스트 속으로, 원본으로부터 기계적으로 옮겨졌을 뿐인 낯선 요소가 비집고 들어가게 되는 것이다.

리메이크에 관한, 더 정확하게는 원본의 복사 행위에 관한 바쟁의 이 에세이와 흥미로운 대응관계를 화폐학에서 찾아볼 수 있다. 조르주 바타이유가 쓴 1929년의 글 '학술적인 말'(*Le cheval académique*)이 이에 대한 논의의 첫 시작이다. 바타이유의 관심을 끈 것은 그리스 주화의 당대적 복제였던 4세기의 갈리아 주화였다. 바타이유의 표현에 따르면, 말의 묘사를 복제하는 과정에서 갈리아인은 이 동물을 특징짓는 '완벽하고' '학술적인' 형태의 유기성의 감각을 잃어버렸다. 말을 "아크로폴리스의 건축과 그리스 철학에 버금가는 이념의 완벽한 표현 중 하나로"[20] 바꾸어 놓았던 바로 그 형태의 완벽함 말이다. 말의 형태를 단지 노예적 정확성을 갖고 복제하는 과정에서 갈리아인은 형태와 이념의 상관성의 원칙과 관련된 그것의 단일성을 보존하지 못했다. 그리스 주화에 새겨진 말의 이상적 형태는 복제가의 노력에도 불구하고 갈리아인에게서, 바타이유에게는 고릴라와 하마로 보일 뿐인 괴물의 형태로 바뀌었다. 저자는 이를 갈리아인의 의식이 "피와 공포, 거친 비명 등과 관련된 발작과 기형성을 통해, 요컨대 아무런 의미나 적용가능성도 갖지 못하는 것을 통해 어쩔 수 없이 그리스인의 이상적 개념을 마비시켜 버리는"[21] 그런 요소로 가득 차 있었기 때문이라 설명한다. 달리 말해 한 문화에서 또 다른 문화로의 코드화된 의미의 언어적 전이가 잉여의 순간으로 변하면서 해체되는 것이다.

바쟁의 논문이 출판되기 2~3년 전에 앙드레 말로는 자신의 저명한 저작인 《예술의 심리학》(1949~1950)을 출간했는데 거기서 동일한 자료에 기대어 이른바 '복고주의적 예술'—사실상 이는 조형예술 영역에서 리메이크의 대응물이라 할 만하다—에 관해 논한다. 말로는 고대 그리스 주화의 이교적 복사물, 그중에서도 마케도니아 필립포스 2세의 주화를 연구했다(〈그림 12〉, 〈그림 13〉). 말로에 따르면 그와 같은 복사물은 결국 새로운 표현적 스타일을 낳게 되거나 혹은 이른바 '복고주의적 예술'을 탄생시킨 형태의 순수한 해체를 야기하게 되었다.

사실 복고주의 예술이란 애초의 의미를 탈각한 채 전승된 형태가 새롭게 창조된 형태보다 더욱더 눈에 띄는 그런 예술에 해당한다. [22]

20) G. Bataille, *œuvres complètes*, Vol. 1, Paris, 1970, pp. 160~161.

21) *Ibid.*, p. 161.

22) A. Malraux, *The voices of silence*, Princeton, 1978, p. 132.

〈그림 12〉 〈그림 13〉 〈그림 14〉

〈그림 15〉 〈그림 16〉

〈그림 17〉 〈그림 18〉

〈그림 19〉 〈그림 20〉 〈그림 21〉

복고주의적 복사본을 특징짓는 의미의 탈각이란 결국 전체 이미지의 총체에서 분리된 원본 요소의 직접적 전이의 결과이다. 이를테면 마케도니아 주화에서 헤르메스의 튀어나온 입술은 복사본에서는 단지 각각의 금속 방울의 기하학적 디자인으로 바뀔 뿐이다(〈그림 14〉, 〈그림 15〉, 〈그림 16〉, 〈그림 17〉, 〈그림 18〉). 말은 이상한 변형을 겪는다(〈그림 19〉, 〈그림 20〉, 〈그림 21〉). 그와 같은 전이의 결과 이미지의 보편적 의미는 개별 디테일의 의미와 더불어 상실되어 버린다. 켈트 주화의 금속 방울은 이상하게도 리메이크에서 페티시적으로 복제되는 배우의 연기와 닮았다. 표층 차원에서 그것들은 원본과의 유사성을 유지하지만 동시에 영화의 전체 스타일의 윤곽에서 벗어나 보편적 의미를 파괴하는 것이다.

이 요소들은 리메이크에서 어떻게 기능하는가? 바쟁은 조셉 로지가 만든 프리츠 랭의 영화 〈M〉의 리메이크 사례를 들어 이 기능을 설명한다. 영화는 베를린에서 LA로 무대를 옮겼지만 원작의 전체 구조를 유지하고 그것의 기본 에피소드들을 복제한다. 하지만 현대성의 명령에 복종하면서 로지는 영화의 전체 스타일을 보다 현대적으로, 정확하게는 네오리얼리즘적 스타일로 바꾸기로 결정했다. 그런데 원작의 몇몇 페티시화된 이미지들을 문자 그대로 복제하다 보니 그리 바람직하지 않은 원작의 스타일적 특성이 영화에 끌어들여졌다.

> 리메이크의 필요는 그가 표현주의로 부조리하게 회귀하도록 만들었다. 그것은 네오리얼리즘과는 전혀 어울리지 않는, 장식과 촬영의 거짓-독일 스타일이었던 것이다. [23)]

바쟁이 여기서 자신의 이전 주장인 리메이크의 원칙적인 몰시간

---

23) A. Bazin, *op. cit.*, p. 58.

성과 순수한 지리적 성격을 뒤집음은 명백하다. 바쟁의 고찰은 리메이크가 시네필 문화에 의존한다는 사실을 재차 확인해 준다. 새 버전의 영화에 기계적으로 이전된 특별한 페티시적 순간들의 선택은 영화에 대한 시네필적 접근, 곧 마니아적 관점의 결과이다. 이 관점은 본질상 명작영화들이 엘리트들을 만족시키는 바로 그런 종류의 특징(절충주의와 몰시간성)을 리메이크 영화에 부여한다. 다만 리메이크의 경우에는 이런 절충주의가 텍스트의 총체성이 해체되는 첫 번째 징표가 되는 것이다.

이런 페티시적 복제의 특권적 순간들이 이 경우 심오한 변화를 겪게 된다는 점을 지적하는 것이 중요하다. 예전에는 훈련받은 전문가의 눈에만 감지되었던 것들이 이제는 광범위한 대중에게 포착되기 시작한다. 원작 영화에서는 잉여의 순간들이 전체 작품의 상대적으로 단조로운 스타일을 배경으로 겨우 눈에 띈다. 그런 순간들의 직관이 주는 만족감은 상당히 높은 수준의 전문가적 식견에 의해 보장된다. 리메이크에서는 배경이 변화를 겪고 이제는 영화의 전체 스타일과 옛 스타일의 파편들(이것들은 잉여의 순간과 뗄 수 없이 연결되는데) 간의 불일치가 드러난다.

리메이크의 관객은, 가령 〈망향〉에 나오는 빌보케 장면을 보면서 하워드 혹스 감독의 〈스카페이스〉(1932)에서 조지 래프트의 동전 던지기 놀이 장면을 떠올릴 필요가 없다. 미국 느와르 영화 코드와 그것의 세련된 프랑스식 대응물이라는 이중 코드화를 독해하는 데서 오는 쾌감은 더 이상 의미가 없다. 리메이크 영화를 둘러싼 스캔들의 본질은 그것이 예전에는 오직 마니아에게만 보이던 비밀스러운 순간들을 평범한 얼간이의 눈에도 보이도록 만든다는 데 있다. 리메이크는 엘리트적 인지의 모든 체계를 뒤흔드는바, 그것이 안 보이던 것을 보이게 만들기 때문이다.

마찬가지의 과정을 형상과 배경 간의 관계 변화를 통해서도 그려 볼 수 있다. 배경의 요소가 형상이 되는데 이때의 형상이란 명료한 의미를 상실한 지극히 양가적인 것, 조르주 디디위베르만의 표현을 사용하자면 '히스테리적 의미'[24]를 지니는 어떤 것이 된다. 그와 같은 변형은 언제나 병리적이다.

시네필은 과거, 곧 집단적 기억에 근거를 둔다. 그것의 중심 제의는 서로 회상을 공유하는 데 있다. 리메이크는 회상을 반복(키르케고르의 정의를 기억한다면)으로 바꿈으로써 기억을 공격한다. 회상의 결정적 순간이 공격적으로 복제되고 모두에게 접근 가능해진다. [25]

이상한 방식으로 리메이크는 정신분석과 유사하게 작용한다. 정신분석은 임상 전이(transfer)를 실행할 때 유년기의 숨겨진 기억을 활성화한다. 바쟁은 거의 무의식중에 막연하게 리메이크와 정신분석의 관계를 감지했던 것 같다. 그는 예기치 않게 로지의 영화에 관한 분석을, 미국 영화를 오염시킨 정신분석을 향한 긴 혹평으로 끝맺는다.

정신분석의 침입은 디테일의 미국화로 시작된 영화의 해체를 완결한다. [26]

---

24) G. Didi-Huberman, *Fra angelico: Dissemblance et figuration*, Paris, 1995, p. 63.

25) 집단적 기억은 어떤 의미에서 사물의 역사적 맥락을 대체한다. 모리스 알바쉬 (M. Halbwachs)가 지적했듯이 그것의 기본 역할은 사회의 단일성을 유지하고 전문가와 비전문가를 분리하는 것이다. 알바쉬는 또한 우리의 회상의 생기와 충만함이 많은 점에서 다른 목격자들(그들의 회상이 '우리 자신의 회상을 재건하고 동시에 그 속으로 병합되는')과의 교환에 의해 가능해진다는 것을 보여 주었다(M. Halbwachs, *La mémoire collective*, Paris, 1997, p. 55).

26) A. Bazin, *Remade in USA*, p. 58.

줄거리에 정신분석이 등장하는 것은 미국화의 징표가 되었다. 왜냐하면 "정신분석학적 설명은 헤이즈 존스턴의 코덱스만큼이나 할리우드에서 필수적인 것이 되었기 때문이다". 27)

어째서 리메이크만큼이나 정신분석이 할리우드의 변질을 증명하는 징표가 되었을까? 바쟁은 두 가지 원인을 제시한다. 첫 번째는 "죄와 연관된 인간적 비밀의 부정"이다. 이는 바쟁의 정의에 따르면 "심리적 비밀에 대한 공포증"에 해당한다. 이 공포증은 모든 범죄를 유년기에 체험한 트라우마로 환원시킨다. 두 번째 원인은 "모든 범죄적인 것, 더 넓게는 반사회적 본능을 병리적인 것으로 보려는" 경향이다.

> 범죄자가 매력적이고 외견상 정상적으로 보이면 보일수록 모종의 숨겨진 악(*felure cacheé*)의 존재가 더욱더 강력하게 주장된다. 28)

"숨겨진 악(결함)"에 관한 이 생각은 "비밀에 대한 공포증"의 이념과 모순된다. 왜냐하면 그로 인해 줄거리에 비밀이 도입되기 때문이다. 어떤 점에서 이 "악"은 배우의 행위에서 나타나는 이상한 매너리즘과 닮았다. 그것은 규범의 일탈, 즉 위반의 순간과 관계가 있다. 가스통 모도의 빌보케는 코드화되지 않은 기이한 행동의 부류에 속한다. 가령, 평범한 멜로디에 이상 반응하는 프리츠 랑의 영화 속의 살인자의 행동이 그러하다. 하지만 미국 영화에서 야만적인 정신분석은 이 사소한 기이함, 표층에 놓인 이 비밀을 믿을 수 없을 만큼 과장된 형태로 버젓이 드러낸다. 리메이크가 시네필적 만족을 위한 숨겨진 순간을 보편적 시선을 향해 펼쳐놓듯이 그렇게 애를 써가며 비밀을 과장하는 것이다.

---

27) *Ibid.*
28) A. Bazin, *op. cit.*, p. 58.

〈그림 22〉

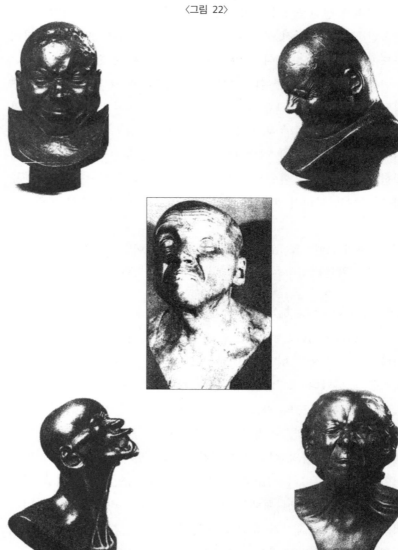

모두 프란츠 하버 메세르슈미트의 작품이다. 위 왼쪽부터 〈즐겁게 미소 짓는 노인〉, 〈악한〉, 아래 왼쪽부터 〈부리가 달린 머리〉, 〈강요된〉, 가운데 작품은 〈높은 단계의 정신박약〉이다.

1932년에 에른스트 크리스는 18세기 오스트리아의 미친 조각가 프란츠 하버 메세르슈미트(1736~1783)에 대한 뛰어난 연구를 출간했다. 메세르슈미트는 찡그린 자기 얼굴을 조각한 이상한 시리즈를 만들었다. 이 작품들과 원본 사이의 자연주의적 유사성은 몇 가지 지점에서 형태의 강한 왜곡에 의해 파괴된다(가령, 마케도니아 주화에서 헤르메스 복사의 경우에서와 같은 입술 윤곽의 변형, 〈그림 22〉). 특히, 크리스는 그가 "에고의 충돌 없는 영역"이라 이름 붙인 바 있는 왜곡된 지점과 상대적으로 왜곡되지 않은 지점의 공존에 매혹되었다. 왜곡된 지점은 그에 의해 "사적 의미"(*private meaning*)의 지대로 정의된다.

> 사적 혹은 '비밀스러운' 의미가 예술가의 작품 전부 혹은 많은 요소에, 특히 그가 어떤 식으로든 열정을 표현한 예의 저 형식적 요소에 부여되었다고 가정해야 하지 않겠는가?29)

비밀스러운 의미는 가장 커다란 변형을 겪는 요소에 부착된다. 리메이크의 경우에 상황은 역설적이게도 역전된다. 그와 같은 의미가 변형을 겪지 않고 보존되는 요소에 부여된다. 복제의 이 보존되는 요소가 사적 의미의 전달자가 되고 어떤 점에서는 일종의 면역 지대에 위치하게 된다. 고대 주화의 야만적인 복제의 경우에도 마찬가지이다. '악'(결함)은 바로 이런 파괴되지 않는 요소와 직접 관련되는 것이다.

비밀스러운 의미는 **유사성**의 순간, 순수 복제의 순간이라 부를 수 있는 순간과 관련된다. 파스칼이 지적하기를, "사물의 원본이

---

29) E. Kris, *Psychoanalytic explorations in art*, New York, 1964, p. 148. 크리스가 지적하기를 '정신병자'와 달리 '정상적인' 예술가는 작품의 특정 부분이 아니라 작품의 전체 구조에 숨겨진 의미를 부여하는 경향이 있다.

전혀 경탄을 불러일으키지 않는데 그 사물과 닮은 회화가 경탄을 불러일으킨다는 것은 대체 어떤 허영이란 말인가".30)

달리 말해 회화에서 경탄을 불러일으키는 것은 원본과의 유사성이 아니라 차라리 **유사성 그 자체**이다. 장뤽 마리옹은 파스칼의 이 구절에 부친 주석에서, 여기서 유사성은 복사본을 원본보다 더욱 중요한 것으로 만들며 유사성이 그 자체로 원본을 보잘것없게 만드는 광휘를 발산한다고 지적했다.

> 유사성은 원본을 보이지 않게 밀어 버릴 정도로 거대해진다. 그렇게 해서 경탄은 유사성(*semblance*)에 집중되는바, 이는 그것이 더 이상 어떤 것도 닮지 않고 모든 영광을 자신에게 집중시키기 때문이다. 오직 그것만이 순수 외현(*la pure semblance*)의 영역으로 들어간다. 단지 유사성 하나만이 자신을 드러내고 빛을 낸다. 현상학적으로 그것은 원본이 되는 것이다.31)

마리옹의 분석은 회화에 관한 것이지만 별 어려움 없이 초기 영화에도 적용할 수 있다. 초기 영화에서 움직이는 사진과 현실세계 요소 간의 유사성은 그 자체로 원본을 사소하게 만들 수 있었다. 그러나 나는 마리옹이 탐구했던 가시성과 유사성의 현상학이 리메이크의 문제에도 적용될 수 있다고 생각한다. 이는 잉여(초과)의 문제, 순수 복제의 페티시즘, 즉 유사성이 물신화되는 바로 그 순간에 관한 이야기와 다르지 않다. 바로 이 순간이야말로 결국에는 초기 영화의 직접적 계승자인 것이다.

마리옹에게서 '우상'과 '현상'으로 나타나는 유사성이 사실은 비유

---

30) B. Pascal, *Penseés*; B. Pascal, *œuvres complètes*, Paris, 1963, p. 504.
31) J. L. Marion, *De Surcroît*, Paris, 2001, p. 70.

사성인 것처럼(왜냐하면 거기에는 원본과의 관계에서 복사본의 잉여, 즉 어떤 "초과상태"가 나타나기에), 리메이크에서 유사성의 순간은 숨겨진 차이, 악, 균열, 곧 **틈**(*fêlure*)의 전달자가 된다.

사실 **숨겨진 악**이라는 이 개념 자체가 미국이 아니라 프랑스에서 발명된 것으로, 발명자는 바로 에밀 졸라이다. 이 개념은 《루공-마카르 총서》 가운데 장 르누아르의 동명영화의 원작이기도 한 《인간 짐승》의 착상에 지대한 의미를 지닌다. 졸라는 모종의 피할 수 없이 운명적으로 타고난 악, 균열, 파열, 즉 '**유전적 틈**'(*le fêlure héréditaire*)에 관한 이념을 정식화했다. 질 들뢰즈는 이 악과 유전의 관계를 정의한 바 있다.

> 유전, 이것은 파열에 스며드는 무언가가 아니라 파열 그 자체이다. 보이지 않는 파열, 구멍이다. … 본능은 이 파열을 통해 그가 영위하는 삶의 방식의 주어진 역사적, 사회적 환경에서 그에 적합한 대상을 찾는다. … 만남은 파열의 반향을 불러일으킨다. … 바로 이 대상 덕택에 본능은 이 파열과의 심오한 결합을 실현하는 것이다. 32)

숨겨진 악과 마찬가지로 비밀스러운 의미의 개념은 대상과의 유사성 및 합치의 이념을 전제한다. 놀랍게도 '파열'의 개념은 들뢰즈가 정식화했듯이 리메이크의 이념과 공명하는바, 그것은 애초부터 '유전되는 악', 즉 시네필적인 계승성의 기호인 것이다.

이 '파열'(균열)은 특별한 시네필적인 순간에, 물신화된 '비밀스러운' 제스처와 '대상'에 결정화(結晶化)된다. 바로 이런 '대상'과의 만남이 **시네필적인 파열**의 공명을 불러일으킨다. 리메이크는 결국 시네필의 정신분석학적 알레고리로서 기능한다. 그것을 몰아내야만 할 이유는 이것으로 이미 충분하다. 바쟁이 리메이크의 '끔찍한 부

---

32) G. Deleuze, *Logique du sens*, Paris, 1969, pp. 424~426.

조리함'에 대해 말했을 때 그가 그 자신의 비밀스러운 악을 드러냈을 가능성도 배제할 수 없다.

나는 결론적으로 그 어떤 이론적 보편화의 의도를 갖지 않는 몇몇 일반적 정식화를 시도하겠다.

첫 번째, 시각적 전사(transposition, 나는 '번역'이라는 용어를 피하려 한다)는 문화적 기억의 서로 길항하는 노선의 복잡한 구조 속에서 기능한다. 리메이크는 시각적 전사의 '저급한' 장르로서 시네필적 실천을 배경으로 해독된다. 그것의 의미는 '원본' 텍스트의 직접적 전이를 통해서가 아니라, 모종의 악과 파열로서 시네필이 주관하는 비밀을 드러낼 것을 전제하는 독특한 읽기의 실천을 통해 생산된다.

두 번째, 전사는 단종적이지 않다. 그것은 모든 텍스트와 마찬가지로 다종적 파편의 모자이크로서 나타난다. 이 파편 중 몇몇은 더 많은 현전을, 다른 몇몇은 더 적은 현전을 특징으로 한다. 그중 몇몇은 좀더 코드화되었고 다른 것은 그렇지 않다. 또한 서사공간에 분산된 채 이해를 거부하는 극소량의 페티시의 역할을 수행하는 것도 있다.

모든 시각적 '번역', 그것은 매너리즘, 유물, 흔적으로 흩뿌려진 공간이다. 이 요소들은 다른 시간, 다른 문화 환경으로의 총체적 전이에 처해진 서사 속에 흩어졌다. 코드화되지 못한 파편은 모순의 진원지인바, '번역' 속에서 복제, 반복, 유사성의 지대가 된다. 이 미메시스적 유사성의 파편은 잉여(초과)의 지점 속에서 해체되면서 커다란 정도로 서사의 코드화된 층위를 거부한다. 바로 이 '지점', 이 '순간'이 잉여(초과)의 체제, 무의미의 '증식' 체제에서 발생하는, 의미의 가장 생산적인 진원지에 해당한다. 확신하건대, 그것은 비평과 영화연구가 가장 큰 관심을 기울여야만 하는 바로 그 지대이다.

— 1997

제4장

미학으로서의 시네필

세르주 다네의
《연습은 유익했습니다, 므슈》에 관한 독서노트

2000년 가을 프랑스의 영화이론가 레이몽 벨루가 전화를 걸어와 다네가 창간한 잡지 〈트래픽〉의 추모 특집호에 실릴 세르주 다네에 관한 논문을 써달라고 청탁했다. 나는 수년간 다네를 알았고 그를 좋아했으며 그의 글에 매혹되었다. 나는 당연히 승낙했다. 나에게 이는 그저 추모 특집호에 글 하나를 보태는 것 이상을 의미했다. 다네와 그의 글쓰기는 영화에 관한 내 성찰의 중요한 원천이었다. 그것은 영화를 관객으로부터 이화시키고 다만 몇 시간 동안만이라도 주변 세계의 무료함과 무관심에서 벗어날 수 있게 해 주는 향락의 원천으로 바꿔 놓는 일에 관한 사유이다. 다네는 영화에 대한 시네필적 애착의 태도가 상실되는 현상에 특히 민감했다. 그의 견해에 따르면 이 상실은 영화비평이라는 직업 자체를 의미 없는 것으로 만든다. 이는 그에게 지루하고 무심한 볼거리에 대한 관심이란 원칙적으로 불가능한 것이기 때문이다. 그에게 영화의 위기는 무엇보다도 비평의 위기로서 체험되었다.

　나에게 주변적 현상으로 다가왔던 시네필(나 자신이 시네필이었던 적이 없다)은 언젠가부터, 영화가 모종의 실존적 경험으로 체험되는 영화 인지의 특수한 체제로서 관심을 끌기 시작했다. 이 영화 체험의 체제는 이미지의 번역에 관한 글 그리고 부분적으로는 '결정적 순간'에 관한 논문에서 내 관심을 끌었다. 내가 보기에 다네는 시네필적 포지션의 가장 이상적 구현에 해당한다.

　내가 특별히 흥미를 가졌던 것은 세르주 다네가 사용하는 '바이오시네필'이라는 개념이었다. 그것은 영화가 전기(傳記)의 일부분, 즉 '비오스'(삶)와 관련된 생물학적 현상의 일종으로 나타나는 곳이다. 나는 논문 "결정적 순간"에서 영화에서의 삶과 죽음의 체험 및 이 체험이 영화형식과 맺는 관계를 둘러싼 몇 가지 사유를 발전시키려 시도했다. 아마도 '바이오시네필'이라는 개념은 미셸 푸코가 제안한 바 있는 '생명정치'(*biopolitics*) 개념과 관련될 터인데 이는 살인의 권리가 생존을 보장하는 정치의 상황을 가리킨다. 푸코는 정치와 생물학의 관계를 탐구하면서 생명정치가 대략 17세기부터 기계로서의 신체, 그러니까 '효과적이고 경제적인 통제 시스템'[1]으로 신체를 통합하는 것을 허용하는 신체 훈육 쪽으로 방향을 틀게 되었다고 지적했다. 다네는 모종의 자동화되고 훈육화된 인지의 유형을 창조하는 그와 같은 영화에 관한 여러 편의 글을 썼다. 이 유형은 그에게 '여행자'의 형상으로 나타난다. 영화와 영화비평의 위기는 그에게 생명정치의 부산물이었던바, 그는 자신의 '바이오시네필'로 그에 대적했던 것이다. 이 논문에서 나는 다네의 몇몇 직관을 발전시키고 거기에 보다 체계적인 성격을 부여하려 시도했다. 이를 위해 나에게 개인적으로 특별히 흥미로웠던 그의 사유의 몇몇 측면을 강조했다.

세르주 다네에게 시네필이란 그의 삶의 중요한 단계만도 아니고 심지어 영화에 대한 태도만도 아니다. 그것은 충만한 영화적 경험을 위한 유일한 가능성이다.

전통적인 비평가나 일반 관객의 관점과 구별되는 시네필적 관점이란 무엇인가? 비평가는 영화와의 관계에서 거리를 둔다. 그의 관점은 대상으로부터 분리되어 그에 대립하는 주체, 즉 구조주의 시절에 잡지 〈카이에 뒤 시네마〉에서 줄기차게 써낸 바 있는 바로 그런 주체의 관점이다. '일반 관객'의 반응은 반대로 영화에 의해 완전히 프로그램되었기에 비판적 거리 두기를 전제하지 않는다. 시네필은 마치 어떤 거주 공간 안으로 들어가듯이 볼거리에 포함되어 그것의 부분이 된다. 즉, 볼거리 속으로 그것의 일부분이 될 정도로 스며드는 것이다. 시네필, 그것은 최상의 나르시스적 경험이다.

어두운 극장, 그곳은 우리가 순수함 안에서 고독해지기를 꿈꾸는 장소이다. … 우리는 타자와 나를 동일하게 개방하기 위해 이곳에 온다.

---

1) M. Foucault, *Le volonté de savoir*, Paris, 1976, p. 183. 러시아 번역본: М. Фуко, *Воля к знанию*; М. Фуко, *Воля к истине: по ту сторону знания, власти и сексуальности*. Работы разных лет. М. /Касталь, 1996(Прим. ред).

거기서는 어떤 혼합이 발생한다. 타자가 되는 '나'(un mixte, un soi qui s'altère). 2)

다네에게 영화는 공간이 아닌 장소이다. 비록 그가 영화와 관계하는 자신의 입장을 "그것과 마주하는, 그리고 그것 안에 있는"(en face de lui et l'intérieur de lui, p. 32) 것이라고 쓰기는 했지만 여기서 '마주하는' 이라는 말이 뜻하는 것은 "생생한 시선의 형태로"(sous forme de regard vif) 자신을 '그것 안으로' 투사한다는 것이다. 다네는 이미지 속으로 들어간 세를록-키토네르를 떠올린다. 그에게 영화는 '거주할 수 있는'(p. 110) 곳이다. 그것은 세계를 향해 열린 어떤 '특별한 창문'(la fenêtre priviligie) (p. 101)이 아니라 생태학적 사유를 적용할 수 있는 '지구 위의 장소'(p. 101)인 것이다.

만일 영화가 장소에 대한 연구라면, 그것은 더 이상 선명하게 영토화된 관점을 전제하지 않는다. 구조주의 시기 영화이론에 그토록 본질적이던 관점의 문제는 다네에게 공공연한 거짓으로 여겨진다. 그는 자신이 '전면적 몰입'(bain généralisé)이라 부르는 것을 관점(point-de-vue)에 대립시킨다. 영화의 공간 속에 관객을 위치시키는 것은 '투명한 관객'(spectateur transparent)이라는 환상에 불과하다. 그는 "감지되지 않는다는 것 = 비가시적 신체를 획득하는 것"이라 썼다.

시네필적 경험은 당연히 기술 방법으로서 현상학에 이끌린다. 영화의 경험은 주변세계(Umwelt) 개념 혹은 민코프스키의 용어에 따르자면 분위기 주변 환경(ambiance) 개념을 통해 정의되기 시작한다. 민코프스키는 외적 세계의 변치 않는 객관성의 표현인 현실성은 "이세계의 기반을 형성하는 변함없고 공고한 대상"3)에 기반을 둔다고

---

2) S. Daney, *L'exercice a ete profitable, Monsieur*, Paris, 1993. 이후로 이 책으로부터의 인용은 본문에 괄호 처리한다.

적었다. 이런 **현실성**과 달리, '환경'(*Umwelt, ambiance*)은 우리를 둘러싼 채 우리 내부로 침투하며 아주 가깝게 "접촉한다". 여기에는 객관적인 것과 주관적인 것의 그 어떤 구별도 없으며 외적인 것과 내적인 것의 구분도 없다. 가깝게 "접촉하는" 덕분에 그것은 거리를 둔인지를 알지 못한다. "접촉"이라는 용어 자체가 이를 나름대로 증명한다. 그것은 살아 있는 경험 및 역동성의 영역과 관계한다. 그것은 우리를 둘러싸고 "자신 속으로 파고들며"(*ambiance*), 끌어안고, 경우에 따라 안식처를 주기도 하고 외상을 주기도 한다. "그것은 앞과 뒤 그리고 옆에 무엇이 있는지 모른다."

칸트 이래로 공간은 일련의 고정된 속성들 — 가령 확장성과 단종성 같은 — 을 지니는 인식적 직관의 범주에 속한다. 그것은 세 가지 기본적 **차원**들을 통해 묘사된다. (반면) 장소는 인간의 사적 경험과 관련된다. 차원들은 여기서 방향성을 취하는데 그것들은 신체를 따라 정립된다. 후설이 지적했듯이 현상학적 세계는 '여기'(*hic*)와 '저기'(*illic*)의 대립 위에 구축된다. 내 몸은 '여기'에 있고 그 주위로 장소가 구축되는데 후설이 썼듯이 그것은 내 세계의 중심적인 몸(*Zentral-körper*)이 된다. 모든 사람이 자신의 고유한 '여기'에, 마치 모나드처럼 다른 것과 건널 수 없이 단절되어 존재하는 것이 사실이지만 그럼에도 개인은 자신의 몸을 '저기'에, 그러니까 타자가 위치하는 저곳에 가져다 놓을 수 있고 그를 통해 공감각적으로 타자가 될 수 있다. 후설이 쓰기를,

> 하지만 '저기'에 위치하는 나와 다른 몸이, 연상 덕분에 '여기'에 자리하는 내 몸과 쌍을 이루고 인지에 주어진 것으로서 비현전[4]의 핵, 즉

---

3) E. Minkowski, *Traite de psychopathologie*, Paris, 1999, p. 119.

4) [옮긴이 주] 후설에게서 비현전(*appresentation*)이란 나와 타자의 비교를 가능하게 만드는 모종의 유비관계를 뜻하는 것으로 "동시적 현존으로 진입함"의 의미

나와 동시적으로 현전하는 모종의 에고(ego)를 인지하기 위한 핵이 되기 때문에 후자는 연상의 의미형성 과정과 완전한 대응을 이루면서 반드시 비현전해야만, 즉 현재 순간에 '거기'라는 양태로 동시에 현전하는 (마치 내가 거기에 있는 것처럼) 에고가 되어야만 한다.5)

후설은 다음과 같은 다네의 진술을 이해하기 위한 열쇠를 제공한다.

우리는 나와 타자를 같은 정도로 개방하기 위해 여기(극장 — 옮긴이)에 온다. 거기에서 모종의 혼합이 발생하는바, 즉 타자가 되는 '내'가 생겨나는 것이다.

영화의 경험은 결국 최종적으로 나의 '여기'로부터 영화의 '저기'로 이동하는 경험이 된다. 타자의 자리를 자기 것으로, 자기 자리를 타자의 것으로 체험하는 이 경험은 공감각적 감정의 발달을 전제한다. 시각적 경험을 수동성의 경험으로 이해하는 것, 즉 관객에게 자신의 형상을 기입하는 장소의 체험이 바로 이로부터 나온다. 심리학적 모델이 아니라 현상학적 모델에 따라 구축된 특별한 동일화의 유형, 곧 감정이입(einfühling)의 전형적 묘사도 바로 이와 같다.

… 영화 〈인도의 무덤〉(1959)에 나오는 문둥병 환자가 나에게로 걸어오고 나는 여배우의 움직임을 나 자신의 것처럼 받아들인다. 벽에 등을 기대고 서서 혼수상태로 굳어가는 것이 아니라 그들보다 더 빨리 앞으로, 그들 옆으로, 그들 쪽으로, 다른 출구를 향해 나아가려 애쓰는 것이다(se précipiter plus vite qu'eux, latéralement a eux, vers eux, vers une autre issue) (p. 33).

를 갖는다.

5) Э. Гуссель, *Логические исследования*: *Картезианские размышления и другие сочинения*, М. /Минск, 2000, C. 472.

물리 세계의 공간과 달리 **장소**는 유동적이기 때문에 세르주 다네는 부동의 이미지를 의심하며 그것을 죽음을 향한 갈망과 동일시한다. 영화의 세계로 진입한다는 것, 후설에 따르면 "마치 내가 거기 있는 것 같은" 세계, 즉 타자의 세계로 진입한다는 것은 **장소**의 역동성과 융합한다는 것을 뜻한다. 다네가 쓰기를, "'최종적' 이미지(*l'image terminal*)란 읽혀질 것을 요구하는 기의이다. 그것은 석화된 움직임, 포즈, '타자'(숏 바깥의 다른 이미지) 없는 이미지, 아마도 — 그런 의미에서 — 경건한 이미지(*une image pieuse*)"(p. 39)이다. 반면 운동이 발생하는 곳, 가령 여행의 경우 "내 몸과의 연상적 연결"(un accouplement associatif avec mon corps)이 가능해진다. 따라서 여행이란, 본질상 인간의 기능을 수행한다. 세르주 다네는 영화에서의 인간에 관해 이렇게 쓴다. "인간의 인격은 반향(*per-sonare*), 다른 것보다 강력한 마스크의 내적 공간이다"(p. 172). 그는 영화의 인간동형주의에 관해 쓰는데 거기서 모든 운동의 형태는 인간을 닮았다. "우리는 이미지로부터 인간의 대응물을 만든다"(p. 40). 바로 이로부터 피에르 르장드르가 "타자가 되려는 열정"(*la passion d'être un autre*)이라는 말로 정의한 춤의 메타포가 나온다.

영화는 무엇보다 먼저 운동이 실현되는 장소이며 영화의 이해가 이 역동적 장소의 공감각적 체험에 기반을 두기 때문에, 그것은 회화와 문학보다는 스포츠나 여행에 훨씬 더 가깝다. 언젠가 모스크바에서 다네와 만났을 때 우리는 한참 동안 도심을 산책했는데 그때 그는 역동적인 거주 환경으로서의 도시 공간에 대한 줄기찬 성찰로 나를 경탄케 했다. 한편 그는 모스크바의 '광활함'에 대한 관찰로부터 '사람으로 꽉 들어찬' 존 포드 웨스턴 영화의 사막(틀림없이 모스크바 거리와 연상작용을 일으켰을)에 대한 명상에 이르기까지 자유롭게 옮겨 다녔다. 영화의 '장소'와 그가 산책하는 '장소' 사이에는 원칙적으로 차이가 없다. 다네가 특히 사랑하는 몇몇 영화는 그와 같은 영화 인지의 경험에 유기적으로 부합하는 것들이다. 예 컨대, 로베르토 로셀리니의 영화 〈스트롬볼리〉(1950)나 〈외로운 여 인〉(1953)에서 여주인공 잉그리드 버그만은 낯선 공간의 경험을 '자 신 속에 기입한다'.

내가 보기에 이런 입장에서 도출되는 두 가지 측면이 특히 다네 의 우려를 낳는다. 첫째로, 그런 유형의 관객의 의식을 조정할 수 있는 사실상 무제한의 가능성이다. 둘째는 그런 입장이 전제하는 비판적 글쓰기의 문제이다. 이 두 가지는 서로 연결되었다.

장소로서의 영화의 조형적 복제라는 이와 같은 현상학적 체제는 이상적 예민함과 신축성을 전제하고 비판적 거리 두기를 원칙상 거 부하기 때문에 관객은 손쉽게 조작의 대상이 될 수 있다. 게다가 비판적 입장의 부재와 영화 세계 속으로의 용해는 당연히 비평의 작업과 잘 어울릴 수가 없다. 다네가 보기에 두 경우 모두를 위한 해독제는 시네필적 입장의 극복이 아닌 장려에 있다.

조작, 이것은 나의 에고를 타자에게 복속시키는 것이다. 그것은 '마치 내가 그곳에 있는 것처럼' 타자를 체험하는 것이 아니라 "마치 내 자리에 타자가 있는 것" 같은 느낌이다. 요컨대 그것은 본질상 타 자의 '거기'를 통해 나의 '여기'를 박탈하는 것이다. 예를 들어, 이런 타자의 공격을 표현하는 것이 바로 광고의 유행인데 광고의 목적은 타인의 취향을 내 것으로 만들도록 강요하는 것이다. 다네는 이렇게 타자적인 것이 횡행하는 상황을 상업영화를 포함한 모든 종류의 자본 에 의해 표준화되고 프로그램된 만족(plaisir programmes, standartise) 이라는 용어로 자주 기술했다. 하지만 다네는 무엇보다 선명하게 이 현상을 관광의 예를 들어 기술했다. 관광, 이것은 관객의 신체가 더 이상 내 세계의 중심적인 몸(Zentralkörper)이 되지 못하는 장소로의 이동이다. 이 장소는 마치 나에게서 박탈되고 돌이킬 수 없이 낯설어진, 자신에게 복속시키려 애쓰는 장소처럼 보인다. 조르조 아감벤은 이를 관광에서 사적 경험이 사라지는 현상으로서 기술한 바 있다.

> 우리를 압도하는 세상의 위대한 기적의 얼굴 앞에 서게 되면 대부분의 동시대인은 그것을 자신만의 경험으로 체험하기를 거절한다. 대신 그것을 사진기에 양도하기를 더 좋아하는 것이다. 6)

아감벤은 관광을 현대과학과 비교하는데, 즉 거기서는 경험이 인간으로부터 분리되어 과학적 기구의 무인칭적 영역으로 옮겨가 장치(*apparatus*)에 맡겨지는 것이다. 영화는 인간에게서 사적 경험을 앗아가고 그것을 기술과 타인에게 양도한다는 점에서 관광과 유비적이다.
다네에게 관광 장소의 이런 이화(異化)는 **신화**의 도움으로 발생한다. 신화는 비인격화된 동어반복적 의식이다.

> 신화의 요청은 명징하다. 첫 단계는 자연을 치장하는 것이다. 인간 그 자체는 이미 영화의 중심에 있지 않으며 만일 거기로 침투할 경우 단지 자연과 '대립'하거나 '통합'될 뿐이다. **규모**라는 근본 문제(p. 94).

신화는 누구에게도 속하지 않는다. 그것은 반복 속에서 상실되는 원천을 갖지 않는다. 신화는 인간이 아니라 **영웅**과 관계하기 때문에 인간동형적이지 않다. 영웅은 인간이 아니라 장소, 즉 관객과 배우를 점유하려 애쓰는 장소이다. 바로 이로부터 "장소(역할)가 그곳에 자리하는 육체(배우, 인물)에 선행한다"(p. 114)는 주장이 나온

---

6) G. Agamben, *Enfance et histoire, Destruction de l'expérience et l'origine de l'histoire*, Paris, 1989, p. 21.

다. 이때 인물은 배우를 마치 타자처럼 소유한다. '조로에서 람보에 이르는' 미국적인 영웅-신화소는 특히 공격적인데 이 '난공불락의 형상'은 "되돌아오고 자기복제되고 시리즈물로 변한다"(p. 131). 다네에게 **신화**와 **영웅**은 언제나 공격적인 영웅의 구현이다.

> 우리는 쉬지 않고 말한다. 우리의 영웅이여! 하지만 우리는 당대의 신화가 더 이상 존재하지 않는다는 점을 알아채지 못한다. … 대타자, 이것이 '현대'(전후) 영화의 신화이다. 대타자는 우리가 스스로에게 이야기하는 역사 속에 그것의 자리가 부재한다는 점을 통해 결정된다(L'autre en tant que sa place est assigne même par absence dans les histoires que nouns racontons a nous-mêmes)"(p. 113).

결국 최종적으로 관점은 광범위하게 이해되는 신화적 구조 속에 포함되는데 왜냐하면 그것은 부재의 장소, 우리에게 점유될 타자의 장소를 뜻하기 때문이다. 7)

신화는 할리우드의 모델을 통해 영화 속에 침투하고 주요하게는 연출가의 형상 및 시나리오와 관련된다. 연출가는 정의상 단수성에 대립하는데 그것은 신화적 반복의 제사장이다. 8)

---

7) 다네가 자주 인용하는 피에르 르장드르는 문화에서 부재의 장소는 가공의 인물 (*effigies*) 을 뜻한다고 보았다. "애초에 *effigies*는 텅 빈 장소, 신이나 선조의 자리를 의미하기 위해 만들어졌다. 그렇게 해서 그것은 무엇보다도 비가시적인 것, 참조를 향한 지시이다. 말하자면 그것은 의미화된 형상을 부각시키는 인장 (印藏, *incrustant la future signifiante*) 이다. 최상의 경우에 그것은 인형-마리오네트의 자리를 차지한다." P. Legendre, *La passion d'être un autre*: *Étude pour la danse*, Paris, 1978, p. 233. 신화의 영웅, 시나리오의 인물은 바로 그런 *effigies*의 역할을 수행한다. 르장드르의 견해에 따르면 그들은 법적이고 종교적인 담론에 기입된다.

8) 영화의 이상적인 신화장은 프로그램 기획자, 즉 '신화 영화의 영웅'이다. 연출가는 영화제작 영역에서 그것의 한 등급 낮은 버전이다.

그는 영화를 만드는 것이 아니라 사전에 모든 변형과 연장을 만들고 무언가 비슷한 걸 보기 위해 되돌아오려는 욕망을 만들어 낸다. … 창조, 그것은 복제인 것이다(p. 128).

시나리오와 신화 사이에는 물론 차이가 있다. 신화는 뒤로(*reculé*) 움직이고 시나리오는 앞으로(*avance*) 움직이다. 다네는 심지어 신화와 시나리오를 다른 세계로 취급한다. 하지만 시나리오에서 중요한 것은 그것이 반복에 기초하고 '프로그램된 만족'에 온전히 속해 있다는 점이다. "이것이 시나리오이다. 알려진 권역 위에서의 의식적인 유희(*jouer consciemment sur des ressorts connus*)"(p. 130).

신화, 연출가, 시나리오, 그리고 영웅의 영화는 배우와 감독을 부각시키는 시네필의 영역과 원칙적으로 대립한다. 또한 시나리오와 신화에 대립하는 것은 그 중심에 영웅이 아니라 **인간**이 자리하는 **역사**이다.

세 가지 종류의 세계가 있다. 시나리오의 세계, 역사의 세계, 그리고 영화의 세계이다. 나의 시네필은 로켓의 두 번째 단계를 향유하는 데 있다. 두 가지 상황이 내 마음에 든다. 카메라가 시야의 중심에 있고 인물들이 우연인 것처럼 그 앞을 지나가기를 기다린다. 가령, (로셀리니의) 〈성 프란체스코의 꽃〉(1950), (미로구치 켄지의) 〈산소다유〉(1954). 혹은 우리 앞에서 주석 병사들의 세계로 변하는 빈 장소와 동화가 공간을 잠식하고 법칙을 세우고 모두가 차례로 왔다가 사라진다. 가령, (펠리니의) 〈어릿광대들〉(1970)이나 (자크 타티의) 〈플레이 타임〉(1967) 같은(p. 127).

반복의 법칙은 거기서 불확정성, 우연성, 그리고 재즈적 즉흥성에 자리를 내준다. 그는 "역사 스스로 춤의 방식을 발명한다. 우연하고 예측 불가능한 춤을 …"(p. 131) 이라고 쓴다.

역사의 즉흥성은 벤야민이 '신화의 빈곤'(*die Not des Mythos*) 이라 부른 것을 극복할 수 있도록 해 준다. 벤야민은 인간이 신화의 억압적 영향력을 억제하기 위해 동화를 발명했다고 주장함으로써 문자 그대로 다네의 사유를 예견했다.

> 동화는 신화적 악몽을 흩어 놓기 위해서 인간이 취한 최초의 조치들이 무엇이었는지를 보여 준다. 얼뜨기 인간 형상 덕분에 그것은 '바보인 척함으로써'(*dumm stellt*) 어떻게 인류가 신화를 물리쳤는지를 전해 준다. 그것은 막내의 형상을 통해 어떻게 신화적 근원시간(*mythischen Urzeit*) 에서 벗어나게 되고 그에 따라 인간의 기회들이 증가했는지를 보여 준다. 위험한 모험을 떠나는 인물 덕분에 그것은 어떻게 우리를 위협하는 사물들이 자신의 비밀(*durchschaubar sind*) 을 누설하게 되는지를 가르쳐 준다. [9)]

하지만 동화의 근본적 기능은 자연에 마법을 거는 것, 즉 신화적 접근불가능성으로부터 해방시켜 그것을 자유의 영역으로 바꿔 놓는 일이다. 이 주술은 물론 아이의 형상, 본질상 '막내인' 유아기적 문학 장르와 관련된다. 영화 〈어릿광대들〉이나 〈플레이 타임〉은 당연히 동화와 직접 관련된다. 아이는 신화 외부에 자리하는데 이는 그가 반복의 사슬에 아직 묶여 있지 않기 때문에, 즉 여전히 새로운 것에 **경탄할** 수 있기 때문이다. 아이와 유년기는 다네의 사유에서 결정적 역할을 한다. 우리는 이 문제로 되돌아올 것이다.

다네가 시네필적인 인상의 해방적 즉흥곡을 춤과 연결시킨 것은 지극히 전형적이다. 시나리오는 앞을 향해 간다(*avance*). 전진 운동

---

9) W. Benjamin, *Der Erzähler, Betrachtungen zum Werk Nikolai Lesskows*; W. Benjamin, *Allegorien Kultureler Erfahrung*, Leipzig, 1984, S. 399.

은 우리의 몸을 앞 쪽으로 투사하는 시각과 관련되는데, 이는 스트라우스가 '인지적 태도'(*gnostic attitude*)라 부른 것에 해당한다. '인지적 태도'는 우리의 자아(*ego*)를 코 밑, 눈썹의 아랫부분 너머, 즉 '눈 너머'로 위치시킨다. 춤에서 에고는 몸통 아래쪽으로 내려가고 시각은 청각에 자리를 내주며 목표를 향한 전진운동은 몸을 둘러싼 공간에의 적응으로 바뀐다. 스트라우스는 이 변화를 이렇게 묘사한다.

> '내'가 눈의 영역에서 몸통의 영역으로 내려가게 될 때 인지적 태도의 악센트는 약화되고 직접적 경험의 순간(pathic moment in experience)[10]
> 이 전면에 나선다. 이렇듯 우리가 인지하고 관찰하고 바라고 행동할 때, 우리는 외적 세계의 일정한 대상들을 향하는 것이 아니라 가장 직접적인 방식으로 우리 자신의 존재성, 곧 우리가 살아 있다고 느낀다는 사실을 체험하게 된다.[11]

다르게 말해 **공간**의 경험이 본질상 공감각적 **장소**에 대한 경험으로 바뀌는 것이다. 그러나 이 경험은 시나리오의 거대한 '제스처'가 아니라 배우의 미시-제스처에 기반을 둔다. 세르주 다네가 '춤의 방식'(*façons de danser*)의 발명에 대해 이야기할 때 염두에 둔 것도 바로 이런 예외적으로 즉흥적 가벼움이었다. 바로 그것이 프레드 아스테어[12]의 동작에 계시와 에피파니의 성격을 부여하는 것이다.

---

10) 스트라우스는 인지적 순간과 직접적 순간(*pathic moment*)을 대립시키면서 이렇게 설명한다. "인지적 순간은 그의 객관적 측면 속에서 **주어진 것**을 발전시키는 반면에 감정적 순간은 우리에게 주어진 대로의 그것의 존재로서(how of its being as given) 그렇게 한다." Straus E. W. *Phenomenological psychology*, New York/London, 1980. p. 26. 직접적 순간, 그것은 사물들을 그것의 객관적 측면이 아니라 감정적 소여 속에서 체험하는 순간이다.

11) E. W. Straus, *Phenomelogical psychology*, p. 26.

12) **[옮긴이 주]** 프레드 아스테어(Fred Astaire)는 페데리코 펠리니의 영화 〈진저와

게라르두스 반델 레에우가 자신의 신학적 미학의 기반에 춤을 상정한 것은 우연이 아니다. 그가 쓰기를,

> 춤은 인간에게 외적인 움직임의 개시이다. 하지만 인간에게 처음으로 진정한 움직임을 알려주는 것이다. 춤에서는 스스로 움직이고 그럼으로써 전 세계를 움직이는 신의 인식(shines the recognition of God)이 빛난다. 13)

춤은 자기 자신의 몸을 체험하게 할 뿐 아니라 그것을 나 자신에게 외적 경험으로 체험하게끔 한다. 왜냐하면 춤을 추는 사람은 자신의 움직임을 결코 **완벽하게** 통제할 수 없기 때문이다. 그러므로 카메라의 움직임이나 배우의 제스처와 관객의 시네필적 융합은 언제나 에피파니, 곧 초월적인 것의 개시의 순간이 된다. 춤에서 무언가는 언제나 모종의 외적 의지에 속한다. 에피파니의 순간이란 운동의 체계나 그것의 반복에서 전제되는 모든 것이 초월되는 그런 순간이다. 다네에게 중요한 의미를 갖는 영화의 목록, 그가 '개인적으로 나를 흥분시키는 것'(emotion personnelle)이라 부른 것의 목록에 신화가 제스처와 조우하는 영화 〈진저와 프레드〉가 등장하는 것은 우연이 아니다.
　세르주 다네는 시네필과 종교적 경험의 관련성을 여러 번 언급했다. 그는 '나를 감동시키는 영화'가 '저 세계에 대한 이념의 세속화'(p. 61)와 연관된다고 적었다. 혹은,

> 믿든 안 믿든 '내세'라는 기능, '더 멀리 가는' 길, (니체가 믿지 않았

프레드〉(Ginger and Fred, 1986)의 주인공 중 한 명으로 할리우드의 전설적인 뮤지컬 배우이다.

13) G. Van der Leeuw, *Sacred and profane beauty: The holy in art*, Nashville, 1963. p. 74.

던) '저 세계'로 가는 길의 기능이 존재한다. 어떤 경우든 이는 직각, 즉 수직의 축이며 '꿰뚫는 것과 꿰뚫린 것'의 관계이다(처녀막으로서의 스크린)〔une axe perpendiculaire, vertical, pénétrant-pénétre (écran-hymen, etc)〕(p. 65).

직업 비평가나 구조주의 분석가의 그것과 달리, 모든 시네필적 경험은 영화에서 그와 같은 에피파니의 순간, 거의 종교적 엑스터시의 경험에 기초한다는 점은 잘 알려졌다. 이와 같은 '과도한 의미' (exés de signification)의 순간, 코드가 무너지는 순간이야말로 바르트를 그토록 사로잡았던 어떤 것이다. 시네필적 계시의 이 순간들은 수세기에 걸친 가톨릭의 직접적 유산이다. 시네필, 그것은 종교의 세속화된 형식인바, 그것이 그토록 철저하게 신화와의 대립관계 속에서 자신을 이해하는 이유가 거기에 있다.

영화 〈스트롬볼리〉는 에피파니로서의 시네필의 이념을 가장 완벽하게 표현하는 영화이다.[14] 로셀리니는 의심할 바 없이 다네의 영화 세계의 중심적 인물이다. "로셀리니는 내가 말하려는 모든 것의 중심에 있다"(p. 234). 당연히 다네는 로셀리니와 고다르를 "두 개의 사물이 뒤섞일 수도 있고 정보가 믿음(심지어 텅 빈)이 될 수도 있는 그런 공간, 곧 종교적 공간"(pp. 48~49)에 위치시킨다. 계시는 본질상 언어적 내용을 가지지 않는 심오한 체험의 순간이다. 정식화가 불가능한 이상한 소통이 발생한다. 바로 그런 의미에서, 계시의 순간에 확신(conviction)은 그 자체로 소통이 된다. 잉그리드 버그만이 화산섬의 비탈에서 체험한 계시는 전달될 수 없다. 그래서 계시는 불가능한 소통으로 묘사될 수밖에 없는 것이다.

---

14) 이 특징을 폴 윌만도 지적한 바 있다. P. Willmen, *Looks and frictions*, London/ Bloomington, 1994, p. 238.

가령, 다네는 ('완전히 비종교적인', p. 49) 안토니오니가 아니라 로셀리니를 최초의 비(非)소통성의 예술가로 명명한다. 안토니오니는 인물의 소통불가능성을 고독한 그들에게는 **말할 것이 없다**는 사실과 관련시킨다. (반면) 로셀리니의 인물들에게는 이야기할 것이 있지만 다만 그걸 표현할 수 없을 뿐이다.

> 확신의 내용을 향한 관심의 부재는 그들로 하여금 타협을 향해 나아가지 않도록 하며 이는 그에게 처음으로 진정한 플롯을 부여한다. 난관을 동반하는 소통이 바로 그것이다(가장 가까운 사람들, 가령 이탈리아에서의 베르그만의 경우처럼 미래의 배우자들 사이에서도 마찬가지이다) (p. 48).

확신과 이데올로기의 존재는 소통을 용이하게 하고 그것을 위한 간단한 질료, 즉 내용을 제공한다. 하지만 그렇게 '성립된 소통'[다네는 이를 예언적(prophétique) 소통이라 간주한다]은 내적으로 가짜에 불과하다. 왜냐하면 그것은 소통의 유일한 진짜 목적인 계시와 에피파니의 어려움을 피해가기 때문이다.

이제껏 말한 모든 것은 시네필의 대상인 '제스처'의 문제에 온전히 해당한다. 제스처, 그것은 내용 없는 소통인바, 그 점에서 성공적으로 '이루어진 소통'의 영역을 전제하는 시나리오에 대립된다.

다네에게 정식화될 수 없는 의미의 과도함에 기초한 순수한 제스처의 그와 같은 영역에 해당하는 것이 바로 테니스이다. 테니스는 두 선수 간의 관계, 즉 소통이다. 제스처는 난관을 동반하는 소통의 영역에서 펼쳐지며 마치 자기 자신을 향하는 듯하다. 때로 다네는 경기를 문자 그대로 로셀리니적인 '어려운 소통'으로서 묘사한다.

테니스 코트에서 선수들은 서로 이야기를 나누지 않는다. 거의 서로를 쳐다보지도 않는다. 평소 상대방을 정면으로 보지 않는 습관이 있는 에버로이드는 벤자민에게 승리를 거둔 후 상대편의 형편없는 실력에 의아한 불안을 느끼면서 정말 상대편이 그녀와 테니스 경기를 한 게 맞는지 확인하기 위해 결국 그녀를 쳐다보았다고 밝혔다. "반쯤밖에 차지 않은 관람석은 당신을 당황하게 하지 않습니까?" 그녀에게 묻자,

"아니요, 나는 관람객이 별로 없다는 것을 알았지만 이내 잊어버렸습니다."15)

선수들 간의 소통은 그들이 서로를 쳐다보지 않고 공의 움직임에 구현된 상대편의 제스처에만 반응할 때 비로소 완전하게 달성된다. 여기서 소통은 전통적이고 습관적인 채널을 따라 이루어진다.

확신, 즉 모종의 내용 전달은 발터 벤야민이 사적 경험의 영역과 대립시킨 정보의 영역에 속했다. 그가 지적하듯이 이 경우 정보의 영역은 "경험이 소통되기 어려워질수록 더 커진다". 16)

경험의 비소통성은 (테니스의 경우처럼) 제스처의 시네필적 체험에 특별한 의미를 부여하는데 다네는 이를 '바이오시네필'(biocinephile) (p. 104) 17) 이라 부른다. 다름 아닌 제스처의 체험을 통해 가치를 획득할 수 있다. 다네는 여러 차례 가장 넓은 의미에서의 '제스처의 도덕'(mara du geste)에 관해 적었다. 영화는 이미 '재현의 위기'를 겪었

---

15) S. Daney, *L'Amateur de tennis*, Paris, 1994, p. 166. 테니스 경기에 대한 다네의 취재는 나에게 가와바타 야스나리의 명작 《바둑의 달인》(*Мастер Го*)을 떠올리게 한다. 거기서 일본의 스포츠인 바둑은 비소통성을 원칙으로 바꾸고 상대편의 침투를 차단하는 '벽'의 구축으로 이끈다.

16) W. Benjamin, *Der erzähler*; W. Benjamin, *Allegorien kultureller erfarung*, Leipzig, 1984, S. 384.

17) 내가 보기에 바이오시네필은 생물학적인(*biological*) 것(육체적인 것)과 전기적인(*bibliographic*) 것을 함께 담았다.

고 이미지는 '아무것도 재현하지 않는다'(p. 81). 예를 들어, 고다르 같은 예술가에게는 영화감독의 기예(몽타주, 컷, 상연, 은닉, 접근 등 등)의 '기초적인 제스처들(moraliser les gestes élémentaires) 아래에 (뒤늦게) 도덕을 삽입하는 것'(p. 82) 이외에 다른 방법이 남지 않았 다. '영화감독의 기초적인 제스처들'은 그 본질상 테니스 선수의 제스 처와 거의 다르지 않다. 확신이 아니라 바로 그것들이 가치를 표현한 다. 폴 리쾨르가 썼듯이 "나는 감응(affection)의 떨림을 통해 가치를 획득한다".18) 여기서 그가 말하는 것은 제스처를 포함한 모든 의지의 발현에 본질적인 '유기적 가치들'이다.

그러나 경험의 이와 같은 비소통성은 경험의 전(前) 신화적 영역 에 존재하며 끊임없이 소통의 어려움을 경험하는 아이의 형상19)을 전면화한다. 1991년에 다네는 비소통성으로서의 유년기에 관한 특 별한 저술을 남긴 철학자 조르조 아감벤과 만났고 이렇게 적었다.

> 나는 아감벤을 알게 되었고 우리는 영화에 대해 얼마간 얘기를 나누 었다. … 어쨌든 우리의 유년기를 형성했던 바로 그 영화들에 관해 서 말이다. 만일 영화가 유년기라면 … 우리의 시네필은 우리를 두 명의 오래된 이기적인 아이들로 만들어 준다 … (p. 329).

세르주 다네는 수년 동안 그의 사유가 청년-시네필이었을 시절의 영화들로 변함없이 되돌아갔다고 언급한다. 시네필적 경험은 유년 기와 이별할 수 없는데 그것은 인지의 유아적 단계로의 변함없는 퇴 행이기 때문이다. 이 점은 다네가 심지어 영화관을 어두운 자궁으로

---

18) P. Ricouer, *Freedom and nature: The voluntary and the involuntary*, Evanston, 1966, p. 122.

19) 비소통성과 죽음의 경험의 맥락을 포함한 유년기에 대한 로셀리니의 관심 — 가 령, 〈독일 원년〉에서 — 이 우연이 아님을 언급할 필요가 있다.

묘사할 때도 드러난다. 유년기, 그것은 무인칭적인 신화적 기원에 대립하는 개인적 기원이다. 이런 유년의 시네필적 경험에 속하는 영화들, 이미 바뀔 수 없는 그것들을 다네는 '견고한 핵'(le noyau dur)이라고 부른다.

> **견고한 핵.** 기꺼이 내 말을 들어주는 사람들과 몇 시간 동안 이야기하면서 나는 견고한 핵, 영화들의 핵의 주변으로, 쉐퍼의 말을 빌리면 '나의 유년기를 보았던'(ont regarde mon enfance) 혹은 차라리 순수한 시네필의 내 소년시절을 보았던 영화들로 되돌아감을 의식했다. 이 영화들의 목록, 그것을 '가지고 다니고' 그 기반에 이론을 세우고 그것을 강요하는 이 목록의 역사(p. 83).

견고한 핵, 그것은 타자의 공격, 개인적 기원을 바꿔치기 하려는 신화적 기원의 시도를 방어하기 위한 중요한 수단이다.

이 '견고한 핵'으로의 끝없는 회귀, 이것은 신화적 반복에 대항하기 위한 반복의 형식이다. 신화는 언제나 기원(origine)에 관해 이야기하지만 정작 그것을 갖고 있지 않다. 시네필적 경험은 언제나 자신의 발생 형식을 벗어난다. 이 점에서 성찰적 시네필은 정신분석과 유사하다. 시네필적 '제스처'의 의미는 정신분석학적 상징의 의미가 그렇듯이 분석에 굴복하지 않는다. 그런 상징은 객관적 의미를 갖지 않으며 이런 저항 때문에 그 의미는 주체에게 도달불가능하다. 따라서 니콜라 아브람이 썼듯이 "분석의 특권적 상황에서 상징의 의미는 자신의 기원에 대한 암시로서 발화한다". [20]

순수한 주관적 체험의 차원에서 의미의 추구는 감정이입(Einfühlung) 및 공감의 영역과 관계한다. 다네가 지적하기를, "여타 관계 형식들에

---

20) N. Abraham, & M. Torok, *L'écorce et le noyau*, Paris, 1987, p. 32.

대한 공감의 '우위'는 그것이 '지금 여기'(hic et nunc)의 모종의 전개 상황하에서(dans le dépli d'un certain 'hic et nunc) 그리고 특정한 순간에서만 존재한다는 데 있다"(p. 335). 그것은 온전히 비소통성의 영역과 연관된다. 다네가 자신의 경험에 관해 이야기하려 애쓰는 곳, 그가 '비평가'가 되는 곳에서는 공감이 아니라 '기원에 대한 암시'가 전면화된다.

상술한 내용을 통해서 우리는 영화에 관해 쓰는 사람으로서 다네가 직면했던 난관을 이해할 수 있다. 시나리오와 영웅, 신화, 요컨대 '확신'과 '내용', 그리고 대타자('타인의' 언어를 포함한)의 영역에 속하는 모든 것은 그에게 적대적 환경에 속하며 그의 시네필적 입지의 기반은 에피파니의 비소통성과 관련되기 때문에, 비평적 소통 자체가 의문에 부쳐진다. 다네에 의해 소통불가능성의 문제는 자주 비평의 위기라는 문제와 함께 놓인다.

비평가로서 자신의 입지를 의미화하는 데 그에게 중요했던 것은 내가 보기에 장뤽 낭시의 책인 《무위의 공동체》와의 만남이다. 다네는 자신의 직관에 대한 보증을 낭시에게서 찾아냈다. 잘 알려졌듯이 낭시는 공동체(communauté)가 신화적 기원에 의거하고 공동체의 일원을 모종의 단종적(신화적) 단일체로 동화시킨다는 일반적 개념에 동의하지 않았다. 다르게 말해 낭시는 신화 속에서 공동체를 산출하는 소통의 방법을 인정하지 않았다. 이 점에서 소통 수단으로서의 신화를 향한 다네의 비판은 낭시의 그것에 의심할 바 없이 공명한다.

낭시의 주장에 따르면, 주체의 유한성(finitude) 자체가 그를 공동적 존재로 만들고 그를 소통으로 들여온다. 공동체는 오직 유한한 개인만을 포함시키는바, 그들의 존재 방식을 낭시는 하이데거를 따라 존재(Dasein) 더불어-태어나는 것(Mitsein), 즉 '공-존재'(Бытие-с)로 정의한다. 소통은 낭시에게서 단독성과 유한성(singularité et finitude) 바깥을 향하는 것으로 이해된다. 다르게 말해, 단독성과 유한성은 소통을 구성하고 그에 따라 공동체를 구축한다. 공동체의 형성에서 개인의 필멸성이 지니는 중요성이 이로부터 나온다.

세르주 다네는 개인의 특성을 고찰하면서 들뢰즈의 프리즘을 통해 독해된 낭시의 온전한 영향하에서 기술한다.

> 개인은 모종의 다면체와 같은 것인데 그것은 자신의 다양한 면(фасет-ов)을 통해 다양한 외적 자극을 향할 뿐 아니라 다양한 연결 — 더욱 **표면적인 연결**을 맺을 수 있다(capable de plus de branchement mais plus superficiels). 우리의 세계는 보다 표면적인데 왜냐하면 **동시에 걸친 경계로 나타나는 더 많은 표면**이 존재하기 때문이다(Notre monde est plus superficiel parce qu'il y a plus de surfaces qui sont autant d'interfaces) (p. 172).

개인은 외부로 자신을 노출하는 체제 속에 살고 있는바, 공-출현(со-явленность)은 그것의 면기하학 구조 자체에 기입되는 것이다. 다네는 일기에 《무위의 공동체》의 핵심 구절들을 적어 놓았다.

> … 유한성의 공동체, 왜냐하면 유한성은 공동체의 속성이기 때문이며, 오직 그것만이 공동체의 요소로 나타나기 때문이다. … 개별적인 존재자는 그 자체로 유한성 자체로서 나타난다. … 공-출현(*comparution*)은 모종의 '사이' 자체의 출현에 있다. 너와 나(우리 사이), 그 속에서 병치가 아니라 드러남을 의미하는 형식이 그것이다(n'à pas valeur de juxtaposition, mais d'exposition). 공-출현에서 드러나게 되는 것은 가능한 모든 조합을 통해 읽혀질 수 있는 것들이다. 바로 **너(그리고)/나(와는 전혀 다른) (있음)**이다(Dans la Comparution se trouvé exposé ceci qu'il faut savoir lire selon toutes les combinaisons possibles: {toi [e (s) t] (tout autre que)

moi｝) (p. 54).

소통이 공동체 참여자들의 단독성의 노출에 기초한다는 사실은 중대한 결과를 낳는다. 여기서 말하는 것은 무인칭적이고 일반적인 것, 곧 신화적인 것의 전달이 아니다. 하지만 그와 같은 소통은 모종의 외적 대상, 가령 영화에 대한 논의를 가정하지 않는다. 영화는 그것이 **나의** 사적 경험을 구성하는 한에서 중요할 뿐이다. 그리고 이 점에서 **견고한 핵**이 특별히 중요하다. 다네는 "나는 영화 속에서 나를 '만드는' 것을 좋아한다. 왜냐하면 나 자신이 영화를 만들지 않기 때문이다"(p. 85)라고 적는다. 영화들은 나의 단독성에 속하며 그것을 구성한다. 결국 **견고한 핵**이란 내가 어렸을 때 본 영화들의 단순한 조합이 아니라, 이 영화들에 의해 '다면체의 닮은 꼴' 혹은 들뢰즈가 말하는 '크리스털'로 변모한 나 자신이다.

'어떤 영화들은 나에 관해 안다'는 말은 '나는 그 영화들에 관해 두세 가지를 안다'는 말의 상관개념이다. 왜냐하면 내가 그것들을 보았고 또 여러 번 보았기 때문이다. 이 영화 중 하나를 골라 그와 나의 역사를 이야기하기 위해서 용기가 필요했다(p. 83).

장소로서의 영화에의 적응, 그 장소와의 감응적 융합은 문자 그대로 영화의 복사판으로 바꿔 놓는다. 시네필이 본 영화들은 그의 인격의 단독성, 그의 '견고한 핵'을 구성하고 이를 통해 그를 소통으로 나아가게 만든다.

그러나 완벽한 소통의 유일한 조건은 영화와의 불충분한 단편적 동일시이다. 왜냐하면 시네필이 영화에 완전히 장악될 경우 그 또한 그의 단독성을 위협할 것이기 때문이다.

나의 시네필은 다음과 같은 식으로 작동한다. 외적 형상과 함께 길의 단편이 흘러가는데 그것은 어떤 단일하고 귀여운 이미지의 포로가 될 수 없을 만큼 충분히 짧은 단편이다(pour être captif d'aucune image adorable définitive). 여기서 '정상적' 동일시는 애초부터 불충분하다. 제스처 작업에서 언제나 무언가 의미화되지 않은 것을 찍곤 했던 브레송 같은 감독의 중요성이 여기에 있다. 감응이 미완결로 남겨 놓는 부분, 이는 타자적인 것에 관한 정보이다(la partie laissée inachevée par l'empathie, c'est l'information quant a l'autre)(p. 336).

구경거리와의 단편적 관계가 이상적으로 구현된 형태는 바로 텔레비전이다. 텔레비전에 관한 다네의 책《채널 방랑자의 임금》(Le Salaire du zappeur)에서 재핑(zapping), 즉 하나의 채널에서 다른 채널로 마구 건너뛰는 행위는 일반적 맥락을 무시하는, 순간들의 낚아챔으로 이해된다.

1년 전만 해도 채널들 사이를 건너뛰는 일은 심각한 호흡 곤란의 상황에 공기를 쏘이는 것, **무언가 다른 어떤 것**, 잃어버린 현실성과 아직 가능한 만남의 유령을 얻기 위해 동일한 것을 계속 곱셈해 나가는 일을 의미했다. 21)

다네가 로셀리니의 에피파니와 관련해 말한 '난해해진 소통'은 낭시가 말하는 '공-출현'을 위한 조건임이 판명된다. 소통은 공동의 현상(la parution commune)이자 함께-출현하고자 하는 바람(comparaître)이 된다. 그리고 이 점에서 그것은 개인성을 지우고 단독자들의 소통을 그들의 일반성을 통해 지워버리려 하는 대중사회와 대립한다. 그래서 낭시는 공동체를 '일반성의 사회'(Société de communion)에 대한 '저

21) S. Daney, Le Salaire du zappeur, Paris, 1993, p. 12.

항'(résistance) 이라 부르는 것이다. 그리고 낭시에게서 부분적으로 바르트에게서 차용한 공동체와 사회의 대립(communauté/société) 은 다네의 사유에 지극히 중요하다.

상술한 모든 것은 비평가의 역할에 대한 다네의 이해에 원칙적 의미를 갖는다. 비평의 황금시대는 그의 견해에 따르면 시네필의 황금시대, 즉 작가주의 영화들과 사람들이 깊은 사적 관계를 맺었던 시기와 일치한다.

> 비평은 높은 정도의 개인적 위험을 동반하는 여행자에 관한 소식을 전한다. … 이 모든 것이 자동 프로그램에 따른 개인(l'autoprogrammation touristique de l'individual) 으로 교체되는 순간 비평은 전혀 불필요해진다. 가령 (장 자크 아노의) 〈곰〉(1988) 과 같은 영화는 영화비평을 불러오지 않는다. … (p. 287)

비평이라는 것이 공동체의 창출을 위한 근본적인 노력의 결과이자 자신의 단수적 경험을 나눌 필요성의 결과이기 때문에 그를 위한 최상의 형식은 논문이 아니라 편지가 된다. 비평이 만들어 낸 이상적인 공동체의 최상의 모델은 17~18세기의 문학 공화국(La République des lettres) 이다.

> 내 생각에 비평가는 무엇보다도 작가에게 공개적인 편지를 보내는 사람이며 이후 이 편지는 영화의 잠재적 관객에 의해 읽힌다(p. 288).

낭시는 《실신의 담론》(Le Discours de la syncope) 에서 칸트가 철학적 개념화를 위해 우아한 문학적 스타일을 거부해야만 했다고 주장했다. 낭시는 "우아함을 향한 지향은 곧 책을 쓰고자 하는 지향이다. '문학'이라고 불리는 것은 잃어버린 작품(l'object du desir de l'opus *perdu*)에서 비롯된 욕망의 대상이다"[22]라고 적는다. 하지만 철학은 문학이 되고 싶어 하지 않는다. 문학에의 근접은 철학을 '유행하는 철학'으로 만들어 버린다. "… 유행하는 스타일, 그것은 스타일 그 자체, 달변 혹은 치장이다."[23] 낭시가 보기에 스타일의 아름다움은 이성의 영역 밖에 있는바, 그로부터 이성을 끄집어낸다.

> 요컨대 언제나 바로 이성의 자율성 — 이는 비평의 원칙이자 조건인데 — 이 철학이 유명세를 거부하도록 요구한다. 유명세 아래에 놓인 이 성은 민감한 감성에 결박된 채 맹목적으로 도그마주의에 굴복하게 된 다(ou la raison, prise par la sensibilité, se soumet aveuglement au dogmatisme). [24]

다네 역시 자신의 비평을 '문학'으로 바꾸고 싶어 하지 않았지만 그렇다고 그의 기획이 지식과 이성의 영역에 놓인 것도 아니다. 그 는 의심할 바 없이 그의 글을 특징짓는 스타일의 '우아함'을 피할 필 요가 없었다. 하지만 철학자 낭시(와 칸트)가 그랬던 것처럼 그에게 는 '유행하는 스타일'을 피하려는 강한 욕구가 존재했다. 그런 욕구 는 관광 행위와 비슷한 것으로서 감정을(물론 이성이 아니라) '감각 의 예민함'으로 바꿔치기 한다. '유행하는 스타일'의 가장 완벽한 표 현은 텔레비전인데 다네에 따르면 그것을 비판하는 것은 불가능하 다. 그것을 비판할 수 없는 이유는 텔레비전이 나름대로 이 '유행하 는 스타일'을 표현하기 때문이다.

텔레비전의 역설. 그것은 언제나 보일 준비가 되었지만 주의 깊게 바

---

22) J. L. Nancy, *Le Discours de la syncope*: *Logodaedalus*, Paris, 1976, p. 54.
23) *Ibid.*, p. 58.
24) *Ibid.*, p. 59.

라보거나 비평을 하지는 않을 것을 전제로 그러하다. 다만 이 이미지들(sensu stricto)의 대부분은 잠재적으로 개인적이고 사적인 (다른 사람들에게 주어진) 이미지들이다. 그것들은 (다른 사람들을 위해) 공개적으로 유통된다. 바로 여기에 비평의 불가능성이 놓였는데, 즉 그것은 '모든 사람의 취향을 맞춰주어야 한다'에서 시작해, '이는 애호가들을 위한 것'이라는 공표, 최종적으로는 '사람들은 자신들에게 걸맞은 텔레비전을 가진다'는 선언에까지 이르는, 이른바 지배적 담론이란 것과 충돌하게 되는 것이다. 25)

세르주 다네에게 텔레비전의 역설은 무엇보다도 그것이 야기하는 '사유화'가 취향을 차별화하고 표준에서 벗어나는 대신 사적이고 개인적인 것을 위한 그 어떤 자리도 남기지 않을 만큼 다만 표준을 증식시킬 뿐이라는 데 있다. 오늘날 텔레비전은 비평을 불가능하도록 만드는 개인화된 '표준적 감정'(émotion standard)을 있는 힘껏 제안한다.

이에 대한 대답으로 다네는 예기치 않은 전략을 동원하는데 그것은 텔레비전의 '사유화'와 정확하게 거울상을 이루는 자기 자신의 고유한 사유화 전략이다. 그는 잡지 논문(즉, 정보와 표준화의 고전적 공간이라 할)을 극히 내밀한 편지로 바꾸고 독자에게 '유행하는 스타일'의 영역을 버리고 그의 개인적 경험, 감정들과 접촉할 것을 제안한다. 26)

세르주 다네의 논문들은 영화에 대한 의견일치를 지향하는 대중 관객과 원칙적으로 구별되는, 즉 자신의 사적 경험 속에서 영화와 자신을 동일시할 수 있는 능력을 지니는 잠재적인 영화 관객을 향한다. 관객의 공동체, 영화와 비평에 의해 만들어지는 이 공동체는 원칙상 반사회적이지만 소통(지향)적이다.

---

25) S. Daney, Le Salaire du zappeur, p. 71.
26) 여기서 나에게 떠오르는 것은 로자노프의 잡지형 작품들과의 미묘한 유사성이다.

… 나는 20세기 영화의 아름다움이 거대한 비사회적 기계가 되었다는 점에 있다고 믿는다. 이 기계는 역설적이게도 수백만의 사람에게 다른 사람과 함께, 즉 세속 사회(en société au monde) 속에서 사는 법을 가르쳐 주었다(p. 288).

다네가 잡지 〈트래픽〉의 창간을 기획하던 시절, 그는 나에게 모종의 이상적인 서간체 공동체 속으로 비평가가 결집하는 유토피아에 관해 이야기하면서 이렇게 말했다. "나는 이 잡지의 논문들이 18세기의 편지처럼 쓰이기를 원합니다." 이 발언은 나를 놀라게 했지만 고백하건대, 나는 당시 그 말에 담긴 철학적 의미를 이해하지 못했다.
　그의 글 중에는 비평 작업 및 공동성에 관한 성찰을 담은 트뤼포의 편지에 바쳐진 단편이 있다.

　　트뤼포는 자신의 편지들의 복사본을 보존했고 그것들이 출판될 것임을 재빨리 감지하기 시작했다. 하지만 동시에 그는 이 서간체 작업을 영혼을 열어 보이고 감정을 발산하기 위해, 더 심하게는 그것을 그려내기 위해 사용하지는 않았다. … 트뤼포는 그의 편지들이 연합을 강조하는 것(그런 것은 이미 존재한다)이 아니라 현재 상태에서 사물들에 대한 결론을 내리는 것(concluent des choses dan le présent)이라고 생각했다. 그는 다른 사람에게 가까이 가는 것이 아니라 헨리 제임스의 방식에 접근하기 위해 그것들을 썼다. 그의 생각은 소심함을 극복하려는 것이 아니라 그보다 더 높은 어떤 것이 되려는 것이었다(qu'elles ne se substituent pas a la timidité mais qu'elles lui sont supérieures)(p. 72).

　트뤼포의 편지들은 공동체를 조직하지 않는다. 편지들은 고독한 상태에서 사용되며 관계들을 구축하지 않는 대상, 곧 책과 관계한다. 그것들은 생산적인 비소통성으로서의 소심함을 극복하는 대신

소통이라는 문제 자체를 비껴나 버린다. 트뤼포 영화의 단점으로 다네는 예의 그 책의 모델을 향한 지향을 보았다. 다네에게 일기는 아마도 편지의 또 다른, 단지 자기 자신을 향하는 형식이었을 것이다.

어떻게 해서 논문-편지는 그 작가의 단독성을 드러내는 동시에, 그 전언이 향하는 또 다른 단독적 수신자들과의 공동적 출현을 표현하는가? 여기서 중심에 놓이는 것은 다네가 감정(emotion)이라 부르는 것이다. 그리고 감정에 대한 이 관심 역시, 서간체에 대한 관심과 마찬가지로 18세기의 관례로 소급된다.

> 이렇듯, (감정이라는) 이 단어가 최종적으로 내가 영화에서 기대하는 어떤 것을 결산한다. 그리고 이와 더불어 다른 사람들이 또 다른 영화와 맺는 여타의 관계를 상상할 수 있도록(심지어 경의와 함께 그 속에 스며들 수 있도록) 만들어 준다. … 감정, 그것은 아마도 매번 하나의 음역에서 또 다른 음역으로의 이동이다. … 보통의 관객에게 감정은 아마도 부차적인 것일 수 있다. (그들에게) 그것은 무언가를 동반하는 것, 모종의 '보태기'. 하지만 그 자체를 지향하지는 않은 어떤 것이다. 틀림없이, 그것은 그 속에서 (다양한 의견일치가) 머무를 수 있는 일종의 '중간적 상태'라 할 그런 감정들을 추구한다[Ce sont plutôt les sentiments qui sont recherchés qui sont des 'états moyens' dans lesquels on peut se maintenir (consensus divers)]…(p. 96).

감정, 그것은 영화에 대한 반응이다. 그것은 **견고한 핵**의 영화들을 다른 것들로부터 떼어낸다. 다네는 영화들을 범주로 묶어 목록을 작성한 적이 있다. 이 범주 중에는 이런 것도 있다. "논쟁의 여지가 없는 혹은 그렇게 되리라 의심되는 것. 하지만 '그것의 연극'은 거의 없는"이라든가, "살아 있는, 그러나 그것에 빨려 들어갔던 것에 대한 희미한 기억" 또는 "사적인 감정, 그러나 반드시 나눌 수 있는 것은 아닌"(p. 88)과 같은 것들.

가치평가의 가장 중요한 기준은 영화와의 사적인 **연극**이다. 그리고 감정은 이 연극의 핵심적 기호이다. 이 감정들이 '반드시 나눌 수 있는 것은 아니라는' 데에 문제의 본질이 있다. 그것들은 꼭 나누어야 할 필요가 없다. 비평의 과제는 감정적 합의를 구축하는 것이 아니라 시네필적 감정을 통해 자신의 단독성을 표현하는 것이다. 결국 이와 같은 표현적 비평은 다네에게 문학 공화국, 비사회적인 개인들의 유토피아를 구축하는 방법으로 이해된다. 나는 이 공동체의 '비실제적이고' 유토피아적 성격을 특별히 강조하고 싶은데 우리가 사는 이 세계에서 편지를 통한 소통이 지니는 '비실제적'이고 유토피아적인 성격이 그에 대응될 수 있을 것이다.

키르케고르의 (자전소설인)《유혹자의 일기》에는 편지의 저자가 소통의 순간에 현전하지 않는다는 사실에서 기원한 편지의 힘을 성찰하는 대목이 있다.

> 죽은 편지는 흔히 살아 있는 말보다 더 강한 영향력을 행사한다. 편지, 그것은 신비한 소통이다. 거기서 주인은 당신이며 어떤 측으로부터도 압력을 느끼지 않는다. … 바로 여기에 편지의 이점이 있다. 왜냐하면 그 덕분에 당신은 보이지 않는 채로 남으면서도 비밀의 고귀한 순간들에 참석할 수 있으며 동시에 작가가 실제로 존재한다는 생각이 현실성을 향한 자연스럽고 손쉬운 이동을 만들어 내기 때문이다. 27)

키르케고르의 저 구절들은 보이지 않는, 육체 없는 관객에 대한

---

27) S. Kierkegaard, *Either/Or*, Vol. 1, Princeton, 1959, p. 410.

다네의 환상과 공명하는 것처럼 보인다. 그것들은 또한 세르주 다네의 편지들이 그의 사후에 가지게 된 저 마법적 효과를 아주 잘 설명해 준다. 그의 죽음의 순간이 우리로부터 멀어지면 멀어질수록, 그의 편지들은 더욱더 절실하게 우리를 유토피아적 공동체(그가 스스로 그것의 표현자라고 간주했던)로 부르며 우리에게 유산으로 남겨진 '신성한 비밀'의 순간에 그의 영혼이 현전함을 더욱더 뚜렷하게 느끼도록 만든다.

— 2001

제5장

결정적 순간

이 글은 2001년 가을 뉴욕에서 열린 영화 잡지 〈카이에 뒤 시네마〉 50주년 기념 학술대회를 위해 쓴 것이다. 주제상 이 글은 앞선 글인 "번역과 복제"와 "미학으로서의 시네필"에 합류한다. 여기서 주된 관심은 바쟁의 에세이에 놓이는데 논의의 주안점은 흔히 그러하듯 '미라화된 시간'의 테마에 찍히는 것이 아니라, 시간성 속에서의 파열이면서 동시에 복수의 시간 형식들의 결합 순간이기도 한 어떤 것에 놓인다. 나는 그 형식 중 하나, 즉 영사기를 통한 필름의 기계적 진행을 '시간성의 첫 번째 형식'이라 부르고 전자와 충돌하는 또 다른 형식을 '두 번째 형식'이라 부른다. 최근 내가 몰두하는 주제인 카이로스1)의 순간에 서로 교차하는 평행적 시간 계열이라는 원칙을 형식화하는 데 바쟁의 사유는 지극히 유용하다. 현상학적 관점은 내가 이전보다 훨씬 더 명확하게 '두 번째 형식'을 삶의 흐름 및 지속, 그러니까 베르그송적인 '삶의 격발'과 동일시할 수 있도록 만들어 주었다. 영화에서의 시간성의 형식에 대한 그와 같은 이해는 이후에 — 논문 "불일치의 영화"에서 — 나름의 현상학적 생기론으로부터 영화 속 삶의 경험의 표현, 즉 역사로 나아갈 수 있도록 해 주었다.1)

---

1) [옮긴이 주] 그리스어로 시간을 뜻하는 단어는 두 가지로 크로노스(*chronos*)와 카이로스(*kairos*)이다. 크로노스가 단순히 흘러가는 자연의 연속적 시간을 뜻하는 반면, 카이로스는 의식적이고 주관적인 시간, 기회와 결단의 시간을 의미한다. 카이로스는 원래 그리스 신화에 나오는 제우스의 아들로 '기회의 신'이라 불린다. 리시포스(Lysippos)가 만든 카이로스의 조각상은 앞머리는 무성하고 뒷머리는 대머리이며 날개를 단 채 뒤꿈치를 들고 양손에 저울과 칼을 들었다. 〈이솝 우화〉에 따르면 이는 사람들이 그를 발견했을 때 쉽게 붙잡을 수 있도록 하고(앞머리) 한 번 지나가고 나면 다시 붙잡지 못하도록(뒷머리) 하며 최대한 빨리 사라지기 위한(날개) 것이다. 또한 저울과 칼은 각각 옳고 그름의 측량과 냉철한 결단을 가리킨다. 모든 것을 먹어치우는 시간인 크로노스와 달리 카이로스의 시간은 물리적 시간이 아닌 느낌의 시간이다. 그것은 꽉 찬 의미의 시간, 구체적인

19세기와 20세기의 경계에서 발생한 생철학은 미학의 본질적인 문제들, 무엇보다 형식과 내용의 상호관계라는 오래된 문제를 새롭게 정식화할 수 있게 해 주었다. 역동적이고 활력 있는 '생동하는'(*vital*) 삶의 개시는 이 삶을 예술 속에 담아내는 문제를 제기했다. 예술은 흔히 이 맥락에서 삶으로부터 이화된 '죽은 것'으로 가치평가되었고 문화는 가장 넓은 의미에서 생기의 제거, 그것의 이화(異化)로 간주되었다. 리케르트는 1903년 이 딜레마에 대한 전형적 이해를 표명한 바 있다.

> … 예술에 관해서는 그것이 가장 생생한 삶을 흡수한다고 말할 수 없다. 우리가 단지 살아 있는 것으로 체험하는 모든 것은 그 자체로는 논리적 가치뿐 아니라 미학적 가치를 결여한다. 미학적 인간은 생생하게 살아 있는 것은 아닌 예술작품의 의미를 이해하기 위해 삶 자체로부터 고개를 돌려야만 한다. 삶과 예술작품의 건널 수 없는 대치는 어떤 것보다 선명하게 다음과 같은 사실에서 드러난다. 예술에 지시된 것들과 살아 있는 현실 사이의 경계 짓기가 불가능할 경우 미학적으로 예민한 감각을 지닌 인간은 그것을 참을 수 없는 어떤 것으로 경험하게 될 것이다. 2)

예술과 삶의 대립은 주로 완결성을 지니지 않는 역동적 과정으로서의 삶을 자신 속에 담아낼 능력이 없는 미학적 형식의 문제로 설명되곤 한다. 삶에 형식을 부여하는 일은 삶을 파괴할 뿐이다. 가

사건의 시간, 구원의 기쁨을 누리는 시간이자 각성과 결단의 시간이다. 이 특별한 시간성의 개념은 들뢰즈뿐 아니라 벤야민의 '정지된 시간'(*jetztzeit*)으로부터 데리다의 '어긋난 시간'(*time out of joint*), 그리고 아감벤의 '남겨진 시간'(*remained time*)에 이르기까지 다양한 철학적 성찰의 대상이 되었다.

2) Г. Риккерт, *Философия жизни*, М., 1998, C. 413.

령, 형식의 틀을 넘어서는 형식, 본질상 엑스타시에 해당하는 특별한 예술적 형식을 찾아내려는 무수한 시도는 이로부터 나온 것이다. 이 점에서 니체의 디오니소스는 거대한 의미를 지닌다.

짐멜은 《삶에 관한 조망》(1918)이라는 저명한 책에서 "삶은 형식 속에 스며드는데 이 형식을 나는 그 자신의 고유한 경계를 넘어서는 것으로 이해한다"고 쓰면서 이를 다음과 같이 설명한다. "명확한 형식을 갖는 어떤 것이 경험되는 곳에서 삶은 막다른 골목에 이른다. 그것의 흐름은 이 어떤 것 속에서 결정화(結晶化)되며 그에 의해 형식화된 형식으로 국한된다."[3] 한편 형식 없는 삶이란 불가능한데 왜냐하면 형식이 삶에 의미를 부여하기 때문이다. 이론가들에 따르면 형식의 완결성 없는 의미는 불가능하다.

1911년 게오르기 루카치는 자신의 첫 저서인 《영혼과 형식》을 출간했는데 거기서 예술이 삶의 경험적 질료에 형식을 입힘으로써 그것을 조직화한다고 주장했다. 그는 모든 작품은 마치 자신의 운명을 추구하듯이 스스로의 형식을 추구하는바, 그 형식은 예술의 형식화되지 못한 질료에 새겨진다고 주장한다. 루카치의 견해에 따르면 이는 삶이 자신의 본질을 드러낼 수 있는 유일한 방법이다.

루카치는 자신 위에 드리운 죽음의 위협으로부터 '예외적 삶의 에너지'를 구해낼 수 있었던 시인으로 노발리스를 꼽는다. 죽음은 예술 텍스트 속에 새겨진 형식화된 운명이다.

그(노발리스)의 일생의 과제는 오직 다음과 같은 것이다. 시 속에, 그의 삶으로 바뀌어야만 하는 바로 그 시 속에 자신의 죽음을 온전히 운을 맞춰 써내는 것이다. 그것들 사이에 자신의 삶을 모종의 불변의 소여로서 조화롭게 자리 잡게 하는 것이다.[4]

---

3) Г. Зиммель, *Избранное*, В. 2т., Т. 2, М., 1996, С. 15.

시의 살아 있음은 시인의 전 존재에 스며든, 형식을 구성하는 죽음의 직접적 결과임이 판명된다. 이는 칸트에 의해 폭로된 환상을 지적한 에른스트 카시러의 생각이기도 한데, 그에 따르면 "*actus purus*, 그러니까 순수한 생동적 운동의 에너지는 이 운동이 그 자신에게 온전히 제시되는 곳, 즉 형식들의 세계에서의 저항을 만나지 않는 곳에서 가장 완전한 형태로 표현된다. 여기서는 그 운동 자체의 존재를 보장하는 기제이자 조건이 바로 그 저항이라는 사실이 망각되곤 한다. 형식들, 그러니까 삶이 자신을 드러내고 그를 통해 '객관적' 형식을 획득하는 형식들이란 똑같은 정도로 삶의 저항이면서 동시에 그것의 지주(支柱)를 뜻한다". 5)

비록 종국에는 예술이 삶에게 삶을 되돌려주고 이렇게 되살아난 삶은 경험적 삶보다 훨씬 더 '본질적'이기는 하지만, 예술은 삶의 물질적 측면과 너무나 직접적으로 관계하는 나머지 창작물 속의 후자는 이해 가능한 의미로 이루어진 파악 가능한 것이 되지 못한다. 예술 다음으로 비평가가 등장하는데 그의 목표는 예술이 창조한 형식들에서 의미를 뽑아내는 것이다. 루카치의 표현에 따르면 비평가란 '형식들 속에서 운명적인 것을 드러내는 사람'6)이다. 삶뿐만 아니라 예술로부터도 거리를 둠으로써 그는 자신의 과제를 수행한다. 하지만 이 과제의 난해함은 비평가가 현실로부터 너무나 멀리 떨어졌으며 지나치게 추상적으로 접근한다는 점에 있다. 그는 삶으로부터 너무 쉽게 본질을 분리하는바, 그로 인해 세계의 단일성을 파괴

4) G. Lukacs, *L'Âme et les formes*, Paris, 1974, p. 89.

5) E. Cassiere, The philosophy of symbolic forms, Vol. 3, *The phenomenology of knowledge*, New Haven/London, 1957, p. 40. 러시아어본: Э. Кассирер, *Философия символических форм*, B. 3т., М. /СПб., 2000.

6) G. Lukac, *op. cit.*, p. 20.

할 수 있다.

이런 상황에서 비평가의 최상의 과제는 삶의 예술적 형식을 다시금 경험적 삶의 품 안으로 되돌리는 연역적 작업이다. 하지만 이런 되돌림은 이 환원과 분리되지 않는 삶의 본질을 동시에 드러내는 것이어야만 한다. 비평가의 과제에 대한 이런 시각은 20세기 초중반의 가장 영향력 있는 독일의 에세이스트, 즉 벤야민, 크라카우어, 블로흐, 발라즈의 영향 아래에 있다. 예컨대 벤야민은 초기 에세이인 〈독일 낭만주의에서 비평의 개념〉(1920)에서 '예술작품에서의 자기반성'에 관해 논하는데 이것은 루카치의 '환원'을 떠올리게 한다. 이 자기반성을 통해 형식의 이념과 긴밀하게 연관된 최상의 이해가 획득된다. 자기반성은 경험적 질료의 다양성을 모종의 파악가능한 단일성으로 옮겨 놓는다.[7]

그와 같은 방법의 최상의 사례 중 하나가 바로 크라카우어의 《대중 장식》(*The mass ornament*)이다. 책 전체의 제목이 된 이 선집의 중심 에세이에는 어떻게 살아 있는 인간이, 삶이 그를 통해 자신을 드러내는 모종의 형식으로 변모되는지가 기술되었다. 문제는 대중 장식〔군대나 체육 열병식의 장식이나 코르드 발레(군무)의 장식〕에서 사람들이 기하학적 합리성의 모든 자질을 갖춘 것처럼 보이는 모종의 형식 속에 포함된다는 사실이다. 하지만 이 합리성의 의미는 그 속에 직접 참여하는 자, 자신의 몸으로 **대중 장식**을 구성하는 사람들의 관점에서는 이해되지 않는다. 이런 맥락에서 형식들의 합리성은 오직 철학적으로 사유하는 비평가의 관점으로만 이해 가능한 것이 될 수 있다. 하지만 역설적이게도 장식의 형태들 속에서 드러나는 본질은 여하한 본질의 부재를 표현한다.

---

7) W. Benjamin, *The concept of criticism in German Romantism*; W. Benjamin, *Selected writings*, Vol. 1, Cambridge (Mass.), 1996, pp. 126~135, 149~155.

추상성과 마찬가지로 대중 장식은 양가적이다(Zweideutig). 한편으로 그것의 합리성은 인간의 시듦을 허용하지 않는 방식으로 자연을 축소시키는데 반대로 그 축소가 끝까지 이루어진 곳에서만 인간의 가장 본질적인 단초가 드러나게 된다. 장식의 담지자가 총체적 인격(nicht als Gesamtpersönlichkeit figuriert)으로서, 즉 그 안에서 영혼은 특별히 두드러지게 드러나는 반면에 자연은 어둠 속에 가려지는, 자연과 '영혼'의 조화로운 연합의 형태로서 나타나지 않는다는 바로 그 사실 때문에, 그는 이성의 의해 결정되는 인간(den die Vernunft bestimmt)에게 투명해질(transparent) 수 있다. 대중 장식에 포함된 인간의 형상은 유기적 횡포와 개인성의 한계로부터 익명성의 영역으로 탈출(exodus)을 시작했다. 그는 진리의 빛 위에 설 때(in der Warheit steht) 그리고 인간의 근본에서부터 빛을 뿌리는 지식(aus dem menschlichen Grund)이 눈에 보이는 자연적 형식의 외형을 용해시켜 버릴 때 이 익명성에 몸을 맡긴다. 대중 장식에서 자연은 자신의 본질을 상실하는 바, 바로 이 점이 자연의 요소들 중 오직 이성의 조명에 저항하지 않는 것들(Erlhellung durch die Vernunft)만이 살아남을 수 있는 조건을 가리킨다. 8)

다르게 말해, 현대적 삶의 의미는 오직 자연적 형식이 인공적 형식으로 대체될 때만 드러난다. 이런 인공적 형식 — 즉, 장식 — 은 합리적이지만 그 합리성은 장식의 숨겨진 무의식적 합리성을 파악 가능한 것으로 바꿔 놓을 수 있는 비평의 참여를 통해서만 파악될 수 있다. 예술작품의 합리적 형식이 자연의 거짓유기성과 신화로 다시 되돌아가려 해서 비평적 개입이 불가피해지는 것이다. 9)

---

8) S. Kracauer, *Das Ornament der Masse*, Frankfurt am main, 1963, S. 59~60.
9) 코흐(G. Koch)는 다음과 같이 지적한다. "(장식의) 목표지향적 합리성은 조직화된 구조의 자기영속화일 뿐이다. 거기서 거짓-유기적 상황의 반복이 발생하고 그에 따라 신화가 생겨난다"(G. Koch, *Siegried kracauer : An introduction*,

이렇게 이해된 비평의 과제는 영화를 지극히 흥미로운 대상으로 만드는데 왜냐하면 예술적 형식으로 조직화된 삶이 경험적 삶의 외양으로 되돌아갈 수 있는 것은 다름 아닌 영화 속에서이기 때문이다. 이른바 '리얼리즘' 영화에서 실현되는 것이 바로 그와 같은 '되돌아감'이라는 느낌을 떨치기 어렵다.

영화의 형식은 현실을 현실성의 환영으로 바꾸는 동시에 이 환상에 의해 초월된다. 영화에서 삶을 치장하는 예술적 형식은 끊임없이 현실로 되돌아가는데 이로써 영화형식은 자기부정적 형식이 된다. 사실상 이는 형식이기를 그만둘 것을 지향하는 형식, 즉 형식화되지 않은 현실 자체가 되려는 형식이라고 할 수 있다. 영화적 현상은 이런 맥락에서 계속되는 형식의 자기부정, 그 부정의 과정에서 본질을 노출하는 모종의 현상으로 이해될 수 있다. 영화는 자신 안에 형식화되지 않은 삶을 향한 이런 귀환을 담았다는 점에서 현대 비평의 가장 이상적 대상이라 할 만하다.

이 점을 가장 잘 보여 주는 초기 비평의 사례 중 하나는 에른스트 블로흐의 글《영화에서 음악의 층위》(1919년의 초판)[10]이다. 이 글에 따르면 영화에서 음악은 이미지의 세계 너머에 존재하는 자신의 고유한 동적 형식을 창조한다.

여기서 세계는 다시 찍히는데, 다만 이번에는 음악 속에서 그러하

Princeton, 2000, p. 34).

10) 독일 비평에 장식의 테마를 들여온 이는 다름 아닌 블로흐이다. 그의 《유토피아의 영혼》의 두 번째 파트는 '장식의 제작'이라 불린다. 그는 현대 회화의 정적인 형식 뒤에는 모종의 움직임, 모종의 흐름이 숨어 있다고 썼다. 이 흐름은 객관적 세계의 형식을 주관적인 것과 연결시키는 살아 있는 의식의 발현이다. 흐름으로 이해되는 형식은 자기부정의 과정에서 숨겨진 삶을 드러내는 자기부정적 형식이다.

다. 하지만 이는 세계의 음성적 형식을 단순 복제하는 것과는 다르게 이루어진다. 그 대신에 이것저것 뒤섞이며 삶의 모든 측면을 전달하는 화려한 이미지들이 자신의 직접적 대상으로부터 떨어져 나오고 고유한 밀도와 고유한 자질 그리고 그에 따른 고유한 현실성을 지니는 태피스트리(다양한 색실로 그림을 짜 넣은 직물)로 함께 얽혀 들어간다. 음악, 즉 어두운 파열 덕분에 존재자는 자기 자신에게 고유한 존재를 포착하고 재현하며 외부로 자신을 드러내게 된다. … 소리의 도움으로 체험된 순간의 어둠을 밝히면서 말이다. 여기서 영화는 강화된 밀도의 신비주의에 도달하고 절대적 '주관성'의 자격으로 말이나 이미지 속에서 파악되는 모든 구별의 범주에서 벗어나 그 자신이 된다. 11)

1919년 블로흐가 논문을 썼을 무렵, 젊은 하이데거는 강좌 '철학의 이념과 세계관의 문제'(Weltanschauungs problem)에서 직접적 직관을 통해 우리에게 주어지는 삶의 경험과 삶 자체를 표현해 줄 수 있는 모종의 전(前)이론적 층위를 찾아내려 시도했다. 그의 문제의식은 이 층위를 삶에서 멀어져 버린 대상 및 사물의 단순한 사실성으로 환원하지 않는 것이었다. 삶은 그것들 속에서 물화되고 자신의 역동성을 상실했다. 그의 해결책은 관점을 대상으로부터 지향성의 구조 자체로, 즉 '누군가를 향함'의 구조, 세계를 향한 역동적 열림의 구조로 옮겨 놓는 것이었다. 사물은 그렇게 해서 '어디로부터 누군가를 향하는 지향적 순간'12)으로 바뀐다.

이런 식으로 하이데거는 주체와 객체, 형식과 질료의 정적 대립을 제거하려 했다. 다르게 말해, 블로흐의 경우처럼 여기서도 핵심

---

11) E. Bloch, *Literary essays*, Stanford, 1988, p. 160.

12) T. Keisel, *The genesis of heidegger's being and time*, Berkeley/L. A., 1993, pp. 52~54.

은 삶의 드러내는 자기부정적 형식이다. 이때 음악은 바로 그와 같은 미래를 향한 지향성의 예로 이해되는바, 그것의 형식은 다름 아닌 시간이다.

1920년대 초반에 현상학과 신칸트주의의 문제의식을 발전시키던 청년 바흐친이 미적 대상의 구조에 대한 이와 매우 유사한 이해를 보여 준 바 있다. 바흐친에 따르면, 모든 작품에는 두 가지 형식이 공존한다. 첫 번째는 작가의 주관적 의식의 적극적 형식인데 바흐친에 의해 '건축학적' 형식이라 명명되는 그것은 삶의 체험, 그것의 비완결성 및 역동성과 직접 관련된다. 한편 두 번째는 작가로부터 이화된 질료의 완결된 형식이다.

> 바로 여기에 미학적 대상의 심오한 특수성이 놓였다. 그것은 나의 적극적-유기적 의미화 활동인 동시에 나에게 대립하는 사건과 그 참여자의 형식이기도 하다(그의 몸과 영혼의 개성 및 형식). [13]

본질상 여기서 이야기되는 것은 형상화된 현실성(actuality)이면서 동시에 형상화하는 활동에 해당하는, 아리스토텔레스가 **에네르게이아**(energeia) [14]라고 부른 것의 근본적인 이중성이다. 여기서 자신의 본질상 완결될 수 없는, 그리고 삶의 적극성과 관련된 **활동**은 그것이 형식의 형상화된 현실성을 만들어냄에도 불구하고 그것과 대립 관계에 돌입하게 된다.

---

13) М. Бахтин, *Вопросы литературы и эстетики*, М., 1975, С. 69.

14) [옮긴이 주] 아리스토텔레스는 모든 존재자의 목적론적 생성과 변화를 설명하기 위해 일종의 대(對) 개념인 가능태(dynamics; potentiality)와 현실태(energeia; actuality)를 도입했다. 가령 나무의 씨앗이나 조각의 재료는 전자에, 그것이 현실화된 나무나 조각 작품은 후자에 해당하며 질료와 형상의 관계도 이와 마찬가지이다.

비슷한 시기에 이번에는 인상학을 대상으로 벨라 발라즈가 논문과 책에서 유사한 생각을 발전시켰다. 그에게 영화란 복수의 동적 형식, 일련의 움직이는 층위로 이루어진 인상학적 텍스트를 의미한다.[15] 영화에서의 음악적 형식은 영사기에서 세계의 사진적 복제가 펼쳐지는 기계적인 단조로움을 부정한다. 감정적으로 충만한 '강렬한' 동적 형식은 영사기의 기계적 운동이 지니지 못하는 삶의 에너지로 가득 차 있다. 바로 이런 강렬함이 영화를 기계적 복제가 앗아가 버린 삶으로 되돌린다. 〈창조적 진화〉(1908)에서 베르그송은 최초로 영화적 운동을 삶에서 이화된 추상적인 것으로 정의했다.

> 영화필름의 비가시적 움직임에 각각의 부분은 말하자면 자신의 연속된 장면을 엮어 놓는다. 요컨대 그 과정은 모든 형태에 고유한 운동으로부터 비개인적이고 추상적이며 단순한 운동, 말하자면 운동 일반을 추출하고 그것을 사진기 속에 넣어 이 익명의 운동을 개인적인 자세로 구성하여 특수한 각 운동의 개별성을 재구성하는 것으로 이루어진다. 바로 이것이 영화의 기법이다.[16]

요컨대, 크라카우어의 분석에서 대중 장식이 그렇듯이 영화는 익명성, 곧 '운동 일반'의 형식 속에서 삶을 이화(異化)한다. 강렬함의 역동적 형식(블로흐가 음악에 적용한)이 '운동 일반'을 삶으로 다시 되돌릴 수 있는 이유가 여기에 있다.

블로흐의 초기 에세이에서 특히 주목할 만한 것은 그가 영화적

---

15) M. Ямпольский, *Видимый мир, Очерки ранней кинофеноменолоии*, М., 1993, CC. 189~193을 보라.

16) A. Бергсон, *Творческая эволюция: Материя и память*, Минск, 1999, CC. 338~339. 한국어 번역본: H. Bergson, *Creative evolution*. 황수영 (옮김). 《창조적 진화》, 아카넷, 2005, 452쪽.

시간성의 세 가지 유형을 정식화해야 할 필요성을 말한다는 점이다. 그 세 가지는 **복제**의 기계적 시간성, **음악**의 왜곡되고 강렬해진 시간성 그리고 마지막으로 그 속에서 영화적 형식의 시간적 차원이 완전히 파괴되는 **체험된 순간**의 어두운 시간성이 그것이다.

바이마르 시기의 비평에서 경험적 현실과 그것의 영화적 재현(그 속에서 현실이 모종의 예술적 **형식**의 프레임 속으로 되돌릴 수 없이 기입되는) 관계의 전복이 어떻게 다루어졌는지를 분석하는 일은 나의 논지에서 벗어난다. 이 기획은 그 자체로 매력적인 연구주제가 될 것이다. 하지만 내 생각에 독일의 에세이스트에 의해 개시된 그와 같은 '뒤집음'과 '되돌림'의 이념은 이후 프랑스에서 초창기 〈카이에 뒤 시네마〉의 활동, 특히 앙드레 바쟁의 활동에서 그 명맥을 이어갔다. 내가 보기에 바쟁의 유산은 극단적으로 재의미화될 필요가 있다.

프랑스 영화비평의 지적이고 문화적인 맥락은 당연히 바이마르의 그것과 공통점이 거의 없다. 하지만 영화에 대한 외견상 그토록 상이한 접근법 가운데서 발견되는 심오한 유사성은 한층 더 주목할 만한 것이다.

두 경우 모두에서 비평의 과제는 영화예술이 접근가능하게 만드는 현실성을 이해하는 일, 즉 현실의 이해를 용이하게 하는 형식들의 근원을 이해하는 일이었다. 독일에서처럼 프랑스에서도 이 형식들은 삶의 품으로 되돌아가야만 했다. 바이마르 시기와의 본질적인 차이점은 1920년대 독일에서는 알려지지 않았던 시네필이라는 특별한 현상이 발생했다는 점에서 기인한다. 시네필은 예술과 삶을 체계적으로 결합하고 영화예술을 시네필적 존재의 필수적인 부분으로 바꿔 놓는다는 점에서 특별히 중요했다. 전후 프랑스 영화비평의 특별한 발전에는 시네필의 역할이 지대한바, 독일에서 형성된 원칙과 그것의 예기치 않은 근접도 아마 그 영향일 것이다.

프랑스에서 형식의 개념은 (의심할 바 없이 신칸트주의의 영향하에 놓였던) 독일에서만큼 널리 사용되지 않았다. 주요 대상은 형식이 아니라 시간이었던바, 시간은 영화적 형식의 기반으로 간주되었다. 영화적 시간성에 대한 최초의 이론가 중 하나는 논문 "영화의 시간들"〔〈폰텐〉(Fonen), 1945년 4월〕에서 새로운 미학의 몇몇 본질적 원칙을 정식화한 로제 린하르트였다. 린하르트의 견해에 따르면, 그 자체로 움직이는 이미지들이 관객을 사로잡을 때 시간은 흘러간다. "꿈의 조형적 예술은 지속의 사실주의적 예술, 시간의 예술이 되었다."17) '시간의 예술'로 바뀌면서 영화는 자동적으로 서사의 예술이 되었다. 린하르트는 서사의 두 가지 기본 유형을 구분하는데 일화와 소설이 그것이다. 첫 번째 것은 절대적 과거의 닫힌 시간성과 관계하며, 두 번째 것은 **완결되지 않은**(imperfecto) 열린 시간성과 관련된다. 린하르트는 영화가 일반적으로 삶의 경험의 직접성을 연상시키는 시간성의 열린 형식에 이끌린다고 보았다. 내가 보기에 린하르트가 이 열린 형식을 '소설'이라 부른 것은 완전히 정당하다고 볼 수 없다. 하지만 이 형식의 열림은 양가적이다.

> … 영화가 펼쳐지는 그 시간은 너무나 거칠고 원시적인 것처럼 보인다. 1초에 24장의 숏이 중단 없이 연쇄적으로 펼쳐지는 가운데 흐르는 단조롭고 비가역적인 시간!18)

이 기계적 복제, 베르그송이 말하는 '운동 일반'의 단조로움은 영화가 조직화되지 않은 삶의 질료에 투사하는 **첫 번째 형식**을 창조한다. 한편 이 기계적 동일성은 베르그송적인 **지속**의 삶의 경험에 더

---

17) R. Leenhardt, *Chroniques de cinéma*, Paris, 1986, p. 146.
18) *Ibid.*, p. 146.

정확하게 대응되는 '두 번째 단계'의 형식으로 바뀐다. 린하르트의 견해에 따르면, 영화는 비교적 최근에야 자신의 **객관성**의 형식적 한계를 극복하고 삶의 **지속**을 모방하는 법을 배웠다.

> 가역적인(되돌릴 수 있는) 것이 되고 나서야 — 이는 영화의 가장 독 창적인 특징인데 — 영화적 활동은 그 역시 탄력적인 것이 되었다. 그것은 자기 마음대로 시간과 일치할 수 있게 되었다(연극이나 무대 공연에서의 시간은 삶 속에서 그 행위의 지속 시간에 일치한다). 그 것은 문학적 서사와 마찬가지로 압축되고 빨라질 수 있게 되었다. [19]

반면 단 한가지만은 원칙상 영화의 지배하에 놓이지 않았다. 영 화는 '불가항력적으로 연속적이다'. 그것은 휴지, 움직임의 중단 순 간을 알지 못한다. 오늘날 이와 같은 단언은 물론 지나치게 정언적 인 것으로 보일 수 있다. 유감스럽게도 린하르트는 커다란 함의를 지니는 이 단언의 의미를 풀어낼 수 없었다. 수년이 지난 후에 '그 를 뒤이어' 앙드레 바쟁이 이 작업을 수행했다. 그는 애초부터 영화 미학의 토대에 시간을 가져다 놓았던 것이다.

영화적 시간 형식의 문제를 다룬 가장 훌륭한 텍스트 중 하나는 1953년 잡지 〈에스프리〉에 실린 글 "윌로 씨와 시간"[20] 이다. 바쟁 은 윌로 씨를 삶의 천편일률적인 일상뿐 아니라 '첫 번째 영화적 형 식'에도 특징적인, **정상적이고** 기계적인 시간성의 파괴자로 그린다. 오직 휴가의 시간에만 윌로 씨를 상상할 수 있는 것은 바로 이 때문 이다. 바쟁은 이렇게 적는다.

---

19) *Ibid.*, p. 147.
20) [옮긴이 주] 자크 타티의 영화 〈윌로 씨의 휴가〉(1953)의 등장인물을 말한다.

월로 씨는 1년 중의 10개월은 그저 사라졌다가 7월 1일이 되어서야,
즉 시계추가 움직임을 멈추고 해안가와 시골의 몇몇 장소에서 특별한
시간(un temps provisoire; 정확하게는 '시간적인 시간' — 얌폴스키)
이, 마치 조수의 순환처럼 맴돌며 자신의 경계 내에서 소용돌이치는
지속의 시간(une durée mollent toubillonante, refermée elle-mê
me, comme un cycle des marrées — 정확하게는 '자기 자신 속에
폐쇄된 조수의 순환처럼 부드럽게 소용돌이치는 지속성' — 얌폴스키)
이 형성될 때에야 다시 '페이드인'으로 자연스럽게 나타나는 것으로
생각할 수 있다. 21)

이런 이상하게 무력한 시간성은 조리 있는 선형적 서사를 제공할
능력이 없다. 22) 바쟁은 이런 비범한 지속을 '부드럽게 소용돌이치
는 것'이라 불렀다. '정오 이후의 휴식'이라는 이 고인 시간이 시계
가 멈춰버렸을 때 출현한다는 점이 흥미롭다. 즉, 본질상 핵심은
'무용한 제스처'의 문학적이고 제의적인 반복으로 받아들여지는 시
간의 중단인 것이다.

바쟁이 지적하기를, "다른 모든 사람이 레스토랑의 삐걱거리는 문
소리와 박자를 맞추는 리듬에 상응하는 형식적 질서(un ordre vide)를
복원하려 애쓰는 동안 오직 월로 씨만이 ⋯ 시간의 흐름에 몸을 맡긴

---

21) А. Базен, *Что такое кино?*, М., 1972, CC. 77~78. [옮긴이 주] 한국어 번
역본: 박상규 (옮김). 《영화란 무엇인가?》, 시각과 언어, 1998, 62쪽. 번역의
일부를 수정했다.
22) 서사는 전개, 즉 앞으로 나아가는 움직임을 전제한다. 베르그송은 이런 경우
'예측을 허용하는' 형식, 즉 '과거가 현재에 영향을 미치면서 이전 것에서 약분
될 수 없는 새로운 형식을 만들어 내는' 그런 의식을 이야기한다(А. Бергсон,
Указ., соч, С. 41). 여기서 본질상 주제는 '살아 있는' 혹은 '최초의' 충동(*elan
vital, elan originel*)에 의해 규정된 형식에 관한 것이다. 미래를 지향하는 형식
과 달리 기계적 형식은 '예측을 허용하지 않으며 이전 요소의 새로운 조합을 제
공할 뿐이다'(Там же, С. 44).

다".23) 윌로 씨는 대체 누구인가? 그는 첫 번째 시간성의 형식, 즉 '운동 일반'에 해당하는 영화적 기계성과 단조로움의 구현체이다. 여기서 그는 베르그송적인 **지속**의 담지체가 아니다. 그는 '예견을 허용하는 형식'의 범주와 전혀 관계가 없다. 그는 차라리 영혼이 부여된 역동적인 형식, 그러나 의식을 갖지 못한 장식과 유사하다. 그는 클라이스트의 초-인형(*super-marionette*)24)에 가깝다.

> 개인적으로 그는 심지어 가장 웃기는 농담(il peut être personnellement absent des gags les plus comiques)에도 가담하지 못한다. 왜냐하면 윌로 씨는 인물이 지나가고 난 후에도 오랫동안 계속되는 무질서의 물리적 구현에 불과하기 때문이다. … 윌로 씨의 본질은 아마도 그가 충만함으로 존재하기를 주저한다는 데 있을 것이다(le propre de M. Hulot semble être de n'oser pas exister tout á fait). 자신의 방황을 통해 그는 존재를 향한, 수줍게 망설이는 시도를 구현하는 듯하다.25)

이런 비존재는 그를 시간의 **체험된 경험**, 즉 존재의 표현인 **지속**으로부터 결정적으로 분리시킨다. 이는 윌로 씨를 현실태가 아닌 모종의 최초의 잠재태의 영역으로 이끈다.

바쟁의 표현에 따르면 윌로 씨가 '이상학적으로 구현'하는 시간은 삶의 시간이 아니라 영화에 존재론적으로 본질적인, 기계적 시간성의 형식을 파괴하는 형식이다. 이 형식의 운동은 윌로 씨가 보여 주

---

23) А. Базен, *Что такое кино?*, С. 78.

24) **[옮긴이 주]** 하인리히 폰 클라이스트(H. V. Kleist, 1777~1811)는 19세기 독일의 극작가로 1810년 발표한 "인형극에 관하여"(*Uber das Marionettentheater*)라는 글에서 마치 마리오네트처럼 "기계적으로 팔 다리를 짜 맞춘 사람이 오히려 인간적 육체를 지닌 자보다 더 우아함을 지닐 수 있다"는 주장을 편 것으로 유명하다.

25) А. Базен, *Что такое кино?*, СС. 76~77.

듯이 꼭두각시 인형의 제스처를 닮았다. 그것은 또 다른 형식, 그러니까 카메라의 쉬지 않는 제스처-운동의 죽은 단조로움을 파괴한다. 이 두 가지 형식의 충돌, 그 드라마틱한 만남의 순간은 바쟁이 자신의 최상의 논문 하나에서 집중적으로 다루었을 정도로 지극히 중요하다. 그 글은 피에르 브롱베르제의 영화 〈투우〉에 관한 리뷰인 "정오 이후의 죽음과 일상"(〈카이에 뒤 시네마〉, 1951년 12월)이다.

바쟁은 이 논문에서 영화적 시간성의 두 원칙을 선언한다. 하나는 '체험된 시간, 즉 그 자신의 본질상 비가역적이며 질적인(*qualitative par essence*) 베르그송식의 **지속**'[26]에서 나온다. 이 시간성에 속하는 모든 순간은 고유하며 서로 동일하지 않다. 두 번째 시간성은 바쟁에 의해 '사물들의 객관적 시간'이라 정의된다. 이 두 가지 시간 질서의 차이를 말할 때 바쟁은 베르그송을 직접 잇는다. 베르그송은 《창조적 진화》에서 '동일한 종류에 속하지만 서로 대립되는'[27] 두 유형의 질서를 구별했다. "첫 번째 질서는 **살아 있는 의지적인**(*voulu*) 것에 속하는데 **자동적이고 생기 없는** 것에 속하는 두 번째 질서와 대립한다."[28] 하지만 지속에 속하는 순간 중 하나가 특별한 의미를 지니는데, 죽음의 순간이 바로 그것이다.

> 하지만 존재하는 모두에게 죽음은 유일무이한 고유한(*par excellence*) 순간이다. 그것과의 관계를 통해 회고적으로 삶의 질적 시간이 결정된다. 그것은 의식적인 지속과 사물들의 객관적 시간 사이의 경계를 의미한다.[29]

---

26) Там же, С. 63.
27) А. Бергсон, Указ., соч, С. 245.
28) Там же, СС. 247~248.
29) А. Базен, Указ., соч, С. 63.

224

이 언급은 지극히 본질적이다. 문제는 죽음이 지속의 끝, 그러니까 시간의 주관적 체험의 끝을 의미한다는 점이다. 그것은 지속을 객관적이고 연대기적이며 단조로운 시간으로 바꿔 놓는 경계에 해당한다. 주관적 고유성과 비인칭적인 '텅 빈' 시간성 사이의 경계에 자리하는 죽음의 상황은 특수한 영화적 맥락 안에서 그것을 영화적 시간성의 두 가지 근본적 형식을 잇는 모종의 고리로 변모시킨다. 바쟁이 죽음을 '영화적 특수성'[30]의 열쇠로 선언하는 이유가 거기에 있다.

투우가 영화에 특별히 흥미로운 이유는 그것이 진짜 위험의 고유한 순간, 최종적으로는 진정한 죽음을 지속의 시간과 무인칭적인 객관적 시간 사이의 긴장이 만들어 낸 예술적 형식 속으로 도입하기 때문이다. 그것은 반복 불가능한 고유한 순간을 반복할 수 있게 한다.

> … 스크린 위에 그것은 더 큰 인상을 만들어 낸다. 왜냐하면 그것의 최초의 영향은 반복의 효과를 통해 배가되기 때문에(elle multiplie la qualité du moment originel par le contraste de sa répétition), 그에 특별한 장대함을 전한다. 영화는 마놀레테[31]의 죽음의 물리적 흔적을 영원히 새기게 되는 것이다(a donné a la mort de Manolette une éternité matérielle). [32]

죽음의 순간이 갖는 의미는 가스통 바슐라르가 《순간의 직관》에서 분석한 '시적 순간'에 대응된다.

---

30) A. Базен, Указ., соч, C.83.

31) [옮긴이 주] 마놀레테(Manolette, 본명: Manuel Laureano Rodríguez Sánchez, 1917~1947)는 절제된 움직임과 침착한 태도로 명성을 날린 스페인의 유명한 투우사이다. 투우장에서 소의 뿔에 받혀 사망했다.

32) Там же, C.65.

환희와 엑스터시를 얻기 위해서는 안티테제들이 양가성으로 합치될 필요가 있다(se contractent). 그럴 때만 시적 순간이 발생한다. 어떤 경우에나 시간 순간은 적극적이고 역동적인 양가성의 의식이다. 시적 순간은 존재로 하여금 자신의 의미를 증가시키거나 그것을 상실하도록 강제한다(oblige l'être à valoriser ou à dévaloriser). 시적 순간에 존재는 비상하거나 추락한다. 그것은 양가성과 동시성을 순차성으로 옮겨버릴 세계의 시간을 인정하지 않는다. 33)

이 순간은 상호배제적인 두 형식, 서로 대립하는 두 시간성을 함께 결합하고 그것들을 부정하면서 양가성의 체제를 만들어 낸다. 레이몽 벨루의 표현을 빌리자면, 바로 그런 순간들에 "영화는 그 자신의 기반과의 투쟁의 환상을 창조한다."34) 이렇게 생겨나는 양가성은 삶 그 자체의 긴장과 유사한 예외적인 긴장을 창조하는 몫을 담당한다. 바르트의 용어를 사용하자면, 바로 그런 순간이 코드가 붕괴되는 순간, 곧 **푼크툼**(punctum)이다. 혹은, 그것은 블라디미르 얀켈레비치가 말하는 '불꽃의 영원히 작은 공간'(dans l'espace infinitésimal d'une étincelle)에서 타오르는, "I don't know what"(je-ne-sais-quoi) 35)의 순간에 해당한다.

투우에 관한 브롱베르제의 영화는 《투우로 간주될 수 있는 문학에 관하여》라는 제목으로 출간된 미셸 레리스의 코멘터리를 동반한다. 이 텍스트는 아마도 바쟁의 영화분석에 영향을 미쳤을 것이다. 레리스는 문학의 과제 중 하나는 "문학작품 속에서 하다못해 황소뿔의 그림자라도 찌르는 것"36)이라고 주장한다. 그의 에세이에서

33) G. Bachelard, *L'intuition de l'instant*, Paris, 1979, pp. 104~105.

34) R. Bellour, *L'entre-Images*, Paris, 1990, p. 110.

35) V. Jankélévich, *Le Je-ne-sais-quoi et le Prersque-rien*, Vol. 1: *La maniére et l'occasion*, Paris, 1980, p. 113.

가장 흥미로운 주장은 투우의 가장 치명적인 순간이 투우사의 동작 중 제일 완벽한 무용술의 순간이라는 것이다. [37] 그가 제시한 투우와 문학 간의 유비적 비교와 더불어, 레리스는 문학적 기표의 최상의 진정성은 최대한 코드화된 고전적 스타일, 그러니까 본질상 죽음 직전의 투우사의 세련된 무용술에 대응되는 어떤 것의 틀 내에서 얻어진다고 단언한다. 레리스는 여기서 사실상 진리의 개시를 위한 장식의 역할을 말한다. 초기 글인 "거울로서의 투우"에서 레리스는 투우사와 소의 움직임을 각자가 서로를 파괴하는 두 개의 기하학으로 묘사했다.

> 간단히 말해 기하학이 존재한다면 일탈, 즉 기하학의 끊임없는 왜곡도 존재하게 되는 식이다. 투우사가 자신의 코드화된 외양과 기예를 통해 제시하는 조화와 비교했을 때, 왜곡(즉, 악)에 해당하는 것은 황소이다. … 기대의 논리(동물에 의한 인간의 살해)와 비교했을 때 그의 굴절, 그의 일탈은 왜곡과 우연성을 대변한다. [38]

크라카우어가 그의 책 《대중 장식》을 "청년과 황소. 움직임의 연구"라는 짧은 글로 시작함에 주목하자. 이 텍스트에서는 (시점과 관련한) 장식의 이중적 왜곡이 이상한 방식으로 변형되는데, 즉 장식 자체가 왜곡의 발생기가 된다. 크라카우어에게 투우사는 흔히 꼭두각시 인형(거의 월로 씨와 같은)으로, 즉 살아 있는 역동적 장식으로 묘사되곤 한다.

---

36) M. Leiris, *L'âge d'homme précédé de De la littérature considérée comme une tauromache*, Paris, 1979, p. 14.

37) *Ibid.*, p. 12.

38) M. Leiris, *The Bullfight as Mirror*, No. 63, Winter, October, 1993, p. 28.

꼭두각시 인형(*marionette*)은 천의 광채를 빛내면서 단검으로 작은 원을 점점 더 많이 그린다. 황소는 장식의 힘의 외양 앞에서 전율에 사로잡힌다. … 아직까지 이 모든 것은 유희일 뿐이다. 단검은 물려질 수 있고 붉은색은 반드시 피를 만나지 않아도 된다(die Röte müßte sich im Blut nicht begegnen). 단 한 번의 가격(Stich), 가격의 순간적 불꽃(stechenden Leuchten)이 장벽을 관통한다. 단검이 꼭두각시 인형으로부터 날아오른다. 그것을 휘두르는 것은 청년이 아니다(nicht der Knabe hat ihn gestoßen). 놀란 본능은 멈칫하고 노려본다. 39)

투우사에 대한 크라카우어의 묘사는 타티의 꼭두각시 인형이 예기치 않게 브롱베르제의 영화에 등장하기라도 한 양, 놀랄 만큼 월로 씨에 대한 바쟁의 묘사를 연상시킨다. 투우사의 인위적이고 장식적인 움직임은 여기서 순수한 활력의 구현인 황소와 만난다. 장식성은 황소에게서 살아 있는 힘을 빼앗는다. 장식은 그 본질상 치명적인 무의식적 경계와 더불어 풀려버리고 그것은 '장식의 힘' 아래서 전율에 사로잡힌 황소를 혼란시킨다. 아직 죽음의 순간은 움직이는 기하학의 꼬인 선을 중단시키지 않고 진리의 불꽃은 발화되지 못한다. 이와 같은 장식 혹은 레리스를 따라 문자(기표)의 인공성은 진리를 노출하기 위한 필수적 조건이다.

바쟁과 크라카우어의 묘사에서 가장 눈에 띄는 것은 부재, 공백, 사진적 재현 ― 즉, 같은 논문에서 바쟁이 하는 말에 따르면 '심리적 현실성을 결여한 것들'40) ― 이 현전과 진본으로 바뀌는 예기치 않은 과정이다. 진짜 피를 흘리는 무의식적인 꼭두각시 인형은 '온전한 존재성을 얻기를 주저하는' 월로 씨가 그런 것처럼, 경기장에 거

---

39) S. Kracauer, *Das Ornament der Masse*, Frankfurt am Main, 1963, S. 10.
40) А. Базен, Указ., соч, С. 62.

228

의 현전하지 않는다. 질 들뢰즈는 《차이와 반복》에서 죽음을 "내가 그에 대해 아무런 관계를 가질 수 없는 현전 없는 시간"[41]이라 묘사했다. 전체적으로 이 정의는 영화 일반의 세계에 적용가능하다. 더욱 놀라운 것은 다름 아닌 죽음의 순간이 영화의 환영적 세계에 그것이 존재론적으로 결여하는 바로 그 **현전**을 부여한다는 점이다.

물론 시간 속의 어떤 실제적 지점, 현재의 지점으로 이해되며 따라서 현전의 순간으로 이해되는 어떤 지점을 부여할 가능성은 그 자체로 환상에 불과하다. 현재란 없는바, 그것은 언제나 이미 지나가버린 과거이거나 아니면 아직 미래에 속한 것일 뿐이다. 현재의 지속되는 순간의 가능성을 가정하는 것은 마치 '수신호'처럼 짧은 순간일지라도 어떤 형식의 안정성을 유지시켜야만 할 필요성의 증거가 될 뿐이다. [42]

데리다의 지적에 따르면 "현전 자체(la présence elle-même)의 최상의 형식은 그것이 끝없이 반복되고 동일한 것의 반복처럼 그 귀환이 현재라는 것 자체 속에 반드시 기입될 것을 전제한다. … 어떤 방향으로든 현재의 현전(la présence du présent)은 되돌아옴, 즉 반복운동의 주름으로부터 사유되지 그 반대가 아니다". [43]

---

41) G. Deleuze, *Différence et répétition*, Paris, 1968, p. 149. 러시아 번역본: Ж. Делёз, *Различие и повторение*, СПб., 1998.

42) 들뢰즈는 그가 '악센트'라고 부르는 영화에서 현재의 순간과 사건의 **형식** 간의 관계를 확립한다. 들뢰즈의 견해에 따르면 모든 사건은 모종의 시간적 형태를 가지기 때문에 악센트는 '실효성을 상실한 현재의 순간들'(*les pointes de présent désactualisées*)을 자신 속에 포함하기 마련이다. '미래의 현재', '현재의 현재', '과거의 현재'가 그것이다. G. Deleuze, *L'image-temps*, Paris, 1983, p. 132. 이 순간들의 현재는 모종의 형식 내부의 동시성을 통해 만들어진다. 영화에서 사건의 형식 전체는 과거에 속한다.

43) J. Derrida, *La voix et le phénomène*, Paris, 1972, pp. 75~76. 러시아 번역본: Ж. Деррида, *Голос и феномен*, СПб., 1999.

이 생각은 특히 영화적 맥락에서 본질적이다. **현전의 부재라는 존재론적 저주를 부여받은 영화에서 기계적 반복의 텅 빈 형식은 그 저주의 극복, 곧 현전 자체를 위한 선행 조건이 된다.** 텅 빈 영화적 형식은 '수신호'의 순간을 통해 초월되고 현전으로서의 삶을 드러낸다.

비록 이런 식으로 범주화되지는 못했지만 영화형식의 가역성의 문제는 일정한 단계에서 영화비평가들의 중심적 관심 대상이었다. 그 문제는 초기 〈카이에 뒤 시네마〉의 최상의 비평가들의 텍스트에서 나타났다. 비록 그들 각각이 고유한 입장에 섰지만 두 가지 형식의 문제와 그것들의 뒤바꿈의 문제는 '비평적 학파'의 모종의 단일성을 말할 수 있을 만큼 끈질기게 여러 저자에게서 모종의 공통분모로서 제기되었다. 언제나 핵심은 어떤 특별한 초월적 순간, 형식을 부정하는 모종의 에피파니에 걸렸다.

부롱베르제의 영화에 대한 바쟁의 리뷰가 실린 〈카이에 뒤 시네마〉의 같은 호에 알렉산드르 아스트뤼크[44]는 로셀리니의 영화 〈스트롬볼리〉(1950)와 히치콕의 영화 〈염소자리〉(1949)에 관한 리뷰를 실었다. 아스트뤼크의 견해에 따르면, 그가 '문자'로 분류하는 영화 속의 모든 것, 즉 사진, 콘티, 여하한 연출적 요소는 '거짓의 조직화'(a l'organisation du mensonge)의 영역에 속한다. 이런 정식화는 틀림없이 거짓된 가짜를 비판한 사르트르의 영향을 받은 것이다. 아스트뤼크는 이 형식적 요소들을 기호 및 의미 차원과 관련짓는다.[45] 반면 그에 따르면, 영화의 과제는 기호에서는 표현될 수 없

---

44) [옮긴이 주] 알렉산드르 아스트뤼크(Alexandre Astruc, 1923~)는 프랑스의 영화비평가이자 감독으로 1948년 '카메라 만년필'(Caméra-stylo) 론을 발표하고 카메라는 만년필과 마찬가지로 영상이라는 문자를 사용하여 문장을 엮어가는 도구이므로 카메라와 렌즈의 기능으로 모든 현실과 사상을 표현할 수 있다고 주장했다〔예: 로베르 브레송(Robert Bresson)의 '영화 = 문장'(cinéma = écriture) 설과 비교할 수 있다〕.

는 은총(grâce)의 상태를 표현하는 것이다. "(은총의 상태의) 자기표현을 위한 기호는 없는데 왜냐하면 그것은 매개성을 모르기 때문이다(elle est sans intermédiaire)."[46] 은총의 테마는 아스트뤼크와 바쟁에게 똑같이 중요하다.[47] 하지만 은총은 형식 속에 기입될 수 없기 때문에 아스트뤼크는 두 영화를 은총의 선언의 이름을 건 형식의 자기해체의 사례로 본다. 형식과 은총 사이의 제거될 수 없는 모순은 아스트뤼크로 하여금 영화를 '양가성 및 애매성의 주요한 예술'(l'art fondamental de l'ambiguité et de l'equivoque)로 정의할 수밖에 없도록 한다.

같은 호에 실린 브레송의 영화 〈어느 시골 사제의 일기〉(1951)에 관한 리뷰에서 로 뒤카는 영화에서 제시되는 은총(그는 아스트뤼크나 바쟁과 마찬가지로 이 용어 grâce를 사용한다)이란 모종의 충돌 결과, 즉 '시간의 개념이 느껴지게 만들 수 있는' 카메라 기술의 질과 '감독의 테크닉이 허용하는 모든 가능성'의 사용 거절에 충돌한 결과라고 주장한다.[48] 영화의 형식은 카메라의 작업이 만들어 낸 지

---

45) '문자'에 관해 이야기하며 아스트뤼크는 마치 구조주의, 부분적으로는 바르트의 기획을 선취하는 듯하다. 그러나 차이점은 이 전(前)구조주의가 거짓의 폭로와 탈신비화라는 사르트르적 파토스로 채색되었다는 점이다. 반면 고전적인 구조주의는 텍스트 실천에서 '진리/거짓'의 이분법과 완전히 절연한다.

46) A. Astruc, Au-dessus du volcan, *Cahiers du Cinéma*, No. 1, Avril, 1951, p. 30. 은총의 매개성이라는 독트린은 아돌프 하르나크 같은 권위자에 따르면, "영원한 매개자이자 성부의 거울인 그리스도의 의미에 마땅한 것을 바칠 수 있는 상태가 아니다"(A. Harnck, *History of dogma*, Vol. 5, New York, 1961, p. 87). 아우구스티누스의 은총의 개념에서는 사랑이 매개자로서의 구원자의 기능을 제거하고 율법의 형식을 파괴하는 신과의 직접적 접촉의 수단으로 등장한다.

47) 바쟁의 글인 "〈어느 시골 사제의 일기〉와 로베르 브레송의 문제론"을 보라. *Киноводческие записки*, No. 17, 1993, C. 86. 이에 관한 더 상세한 내용은 이어지는 글 "불일치의 영화"를 보라.

속에 기반을 둔다. 하지만 이 형식은 서사의 리듬에 의해 끊임없이 파괴된다. 두 형식(즉, 지속과 서사 형식)의 충돌은 에피파니의 순간을 예비하는바, 그것은 두 형식의 상호파괴에 다름 아니다. [49]

형식의 전복과 폐지의 순간, 즉 카이로스의 순간(에피파니와 은총의 순간이란 곧 죽음의 순간이기도 한 **카이로스**의 순간이다)을 둘러싸고 비평을 구축하면서 〈카이에 뒤 시네마〉 그룹은 자기 나름대로 바이마르 시기 선배들의 비평적 패러다임을 재구축했다. 이런 비평적 접근은 많은 부분 〈카이에〉의 전례 없는 성공에 힘입은 것이다. 그것은 비평가들로 하여금 전적으로 필름에 국한된 논의를 훌쩍 넘어서서 영화와 삶(종교적-철학적 의미에서 포착된) 간의 직접적 관계를 구축할 수 있도록 해 주었다. 본질상 이 방식은 프랑스의 영화비평이 존재에 대한 유사철학적 분석의 수준까지 고양될 수 있도록 도왔다.

마지막으로 이 방식은 잡지와 시네필 운동 사이의 긴밀한 관계를 건설하고 유지할 수 있게 했다. 폴 윌먼은 시네필 제의의 근간에는

---

48) L. Duca, Un acte de foi, *Cahiers du Cinéma*, No. 1, Avril, 1951, p. 46.

49) 로 뒤카는 은총에 대한 아우구스티누스의 이해를 문자 그대로 영화로 옮겨 놓는다. 아우구스티누스 이전까지의 전통은 신과의 관계가 율법과 은총의 도움으로 실현된다고 말했다. 아우구스티누스는 그것들을 상호관계에서 형식과 에피파니의 순간의 관계와 유사한 모종의 쌍으로 결합함으로써 율법과 은총을 연결시켰다. 그가 쓰기를, 율법은 죄를 확립하기 위해 필수적인데 이는 율법이 없는 곳에서는 위반도 없고 고로 죄도 없기 때문이다. 죄를 '만들어 내는' "율법은 만일 그를 돕기 위해 은총이 동원되지 않는다면 유용하지 않을 뿐만 아니라 해롭기까지 할 것이다. 율법의 유용성을 증명해 주는 것은 다음의 사실인바, 그것이 위반 행위를 통해 죄를 드러낸 모든 사람으로 하여금 죄를 향한 그들의 이끌림을 극복하기 위해서 구원과 도움을 바라며 은총에 기대도록 만들기 때문이다"(Saint Augustin, On the Grace of Christ and on original sin, *Basic Writings of Saint Augustin*, Vol. 1, New York, 1948, p. 589). 은총은 율법의 부정인데 그것은 완전히 신의 의지에 달렸다. 하지만 그것은 율법, 즉 형식 파괴의 결과로서 인간의 지평에서 발생하는 것이다.

영화를 숭배의 대상으로 바꿔 놓을 수 있는 에피파니의 순간과의
동일시가 깔렸다고 지적했다. 그가 쓰기를,

> 만일 당신이 〈카이에〉에 실린 트뤼포나 고다르의 초기 자료들을 읽
> 게 된다면 … 당신은 그들이 상당한 정도로 가톨릭적인, 부분적으로
> 는 우파적인 **정치**를 합리화함을 보게 될 것이다. 그 정치는 당시 프
> 랑스에 특징적이었던 **작가들의 정치**라고 알려진 것이다. 그 시기 그
> 들이 썼던 것은 상당 부분 인상주의적인 반향, 엘리엇의 표현을 빌
> 리자면, 영화의 특권적 순간들(privileged moments of film)을 '환기
> 시키는 대응물'(evocative equivalent)이었다. 50)

윌멘에 견해에 따르면 이 계시의 순간들은 '보이는 것에 대한 잉
여/과잉'(in excess of what is being shown)을 특징으로 한다. 코드
화와 의미의 틀을 넘어서는 이 순간들은 삶 그 자체의 가상적 현전
의 환상을 통해 형식을 초월하는 순간들이다. 이 현전의 환영이 바
로 **페티시**인데, 왜냐하면 **페티시**란 존재하지 않거나 혹은 이미 사라
져 버린 어떤 것(가령 여성에게 팔루스와 같은)의 현전의 환상을 제공
하려는 시도에 다름 아니기 때문이다.

첫 시기의 〈카이에 뒤 시네마〉에서 에피파니적 순간들의 페티시
즘은 **사랑** 및 **시네필적 향유**의 테마와 연결되었다. 이 테마는 영화
사가들에 의해 면밀히 연구된 바 있다. 51) 자기파괴나 형식의 전도
(顚倒)의 에피파니적 순간이 향유의 행위와 맺는 관련성 역시 그
자체로 흥미로운 주제이다. 바로 여기에서 1920년대 바이마르 비평

---

50) P. Willmen, *Looks and frictions*, Bloomington/London, 1994, p. 235.

51) Cf. M. Vernet, The fetish in the theory and history of the cinema, Janet
Bergstorm (Ed.), *Endless night, cinema and psychoanalysis, parallel histories*,
Berkeley/L.A., 1999, pp. 88~95.

과 1950년대 파리 비평의 유사성이 막을 내린다. 크라카우어나 루카치의 장식은 그것의 파괴나 전도의 순간에 의식을 결여한 인공적 형식들 속에서의 삶의 이화를 드러낸다. 〈카이에 뒤 시네마〉의 비평에서는 이런 전도 속에서 드러나는 무의식적인 것이 에로틱한 색채를 띤다.

바쟁은 영화 속의 투우에 관한 자신의 글을 다음과 같이 끝맺는다. "영화에는 마놀레테의 죽음의 흔적이 영원히 새겨졌다. 스크린 위에서 투우사는 매일같이 정오 이후에 죽는다."52)

끝없이 반복되는 투우사의 죽음은 단지 영화의 상징이 아니라 시네필적 페티시즘의 특별한 순간이 된다. 그것은 모든 시네필적 행위가 그렇듯이 에피파니적 순간의 반복과 흘러가 버리는 시간의 보전에 기초한다. 투우사의 죽음은 시네필적 '향유'의 순간으로 바뀌면서 타나토스와 에로스의 근본적인 식별불가능성의 순간을 표지하는 것이다.

― 2001

---

52) A. Базен, Указ., соч, C.65.

제6장

불일치의 영화

소쿠로프 영화에서 카이로스와 역사

이 글은 아주 최근인 2002년 여름에 썼다. 여기서는 카이로스, 즉 두 개의 평행적 시간성이 만나는 순간에 대한 문제가 가장 완전하게 다루어졌다. 몇 차례에 걸쳐 소쿠로프의 영화가 분석의 토대가 되었다. 나는 이 감독의 새 영화 두 편 〈타우르스〉[1]와 〈러시아 방주〉에 초점을 맞추었는데, 후자의 경우에는 이 논문의 대부분을 이미 다 썼을 무렵 페테르부르크에서 볼 수 있었다. 〈러시아 방주〉에 대한 인상 때문에 이 텍스트를 근본적으로 다시 다듬어야만 했다. 소쿠로프의 두 영화는 감독의 창작에서 점점 더 근본적인 입지를 점해가는 역사의 문제에 바쳐졌다. 역사가 예술가의 주된 관심사라는 점은 그의 영화들의 형식, 부분적으로는 한 시간 반 동안 단일 숏으로 촬영된 〈러시아 방주〉의 독특한 형식과 직접적으로 관련된다. 나의 과제는 부분적으로 소쿠로프의 새 영화들의 형식이 그것들의 주제와 어떤 관련이 있는지를 이해하는 데 있다.

이 과제는 내 글에서 나 자신으로서도 예기치 못한 이상한 전환을 미리 결정해 주었는데 그것은 영화 속의 의미에 대한 성찰이 역사 및 역사 기록 문제와 맺는 관련성이다. 원칙적으로 나는 역사 철학을 영화미학을 이해하기 위한 열쇠로 간주한 적이 절대 없었는데 이는 심지어 거의 마니아처럼 스탈린 시대 소비에트의 역사를 연구한 바 있는 게르만의 영화에 대해서도 마찬가지였다. 나는 대개 역사주의를 영화적 존재론보다는 오히려 주제론적 층위와 연결시켰다. 영화미학과 역사의 관계를 이해함에서 모종의 전환은 내가 에이젠슈테인의 〈폭군 이반〉을 상대적으로 진지하게 연구했을 때 일어났다(그 작업은 에이젠슈테인에 대한 다른 작업과 더불어 이 책에는 실려 있지 않다). 하지만 다름 아닌 소쿠

---

1) [옮긴이 주] 소쿠로프의 영화 〈텔레츠〉(*Телец*)는 본래 〈황소자리〉로 옮기는 것이 적당하다. 황소자리는 이 작품의 주인공인 레닌의 별자리이기도 하고 신에게 바쳐진 희생 동물의 가리키기도 한다. 하지만 영미권을 거쳐 국내에 소개된 제목을 따라 여기서는 〈타우르스〉(*Taurus*)로 옮기기로 한다.

로프 영화에 관한 성찰이 나로 하여금 무언가 '역사적인 것'으로서의 영화 존재론에 완벽하게 다가갈 수 있게 해 주었다. 그것은 우연성과 변화 속에, 그리고 형식과의 관계에서 나타나는 질료의 잉여성 속에 뿌리내리는 무언가이다(나는 세르주 다네에 관해서나 이미지의 번역가능성에 대해 고찰할 때 여전히 시네필적 페티시의 영역을 다룰 뿐이었다). 오늘날 나에게는 다름 아닌 현상학적 토대에서 이해된 '역사적인 것', 말하자면 모든 이해의 형식에 선행하는 '역사적인 것'이야말로 구조주의 시대의 유산인 여러 문제, 가령 영화언어, 영화 로고스의 문제를 극복할 수 있는 열쇠라고 생각된다. 당연히 내가 이해하는 이 역사적인 것이란 반성적 성찰을 거절하고 원시적 경험론의 차원으로 이행하는 경향(구조에서 역사로 이행할 때 이런 일이 자주 발생한다)이 아니다. 그것은 의미론의 요소, 즉 영화 존재론의 토대에 해당한다. 내가 보기에 역사적인 것은 탈시간적일 수도 있고 심지어 구조적일 수도 있다. 오늘날의 나에게 카이로스의 개념이 결정적인 이유가 거기에 있다.

알렉산드르 소쿠로프의 영화가 영화계에 나타난 초창기에는 그를 종종, 아무런 근거도 없이 타르콥스키의 제자이자 추종자로 지목했다. 이는 타르콥스키가 소쿠로프를 후원한 데다가 심지어 러시아국립영화학교 졸업 후 영화 스튜디오로 데뷔할 때도 이 노장 감독이 도움을 주었기 때문이다. 하지만 오늘날에는 소쿠로프와 타르콥스키가 영화에 대해 거의 전적으로 상반되는 접근법을 표현함이 분명해졌다.

타르콥스키는 영화에 대한 자신의 접근법을 흡사 영화를 고정시키도록 해 주는 것 같은 조형적 시간의 범주 속에서 의미화하려 시도했다. 어떤 의미에서 그의 미학은 앙드레 바쟁과 그의 미라가 된 시간을 계승한 것이다. 어쨌거나 극단적으로 반(反) 몽타주적인 타르콥스키의 입장(예컨대, 수차례에 걸쳐 표명된 에이젠슈테인에 대한 비호감)은 이런 경향에서 기인한다. 시간은 타르콥스키에게서 모종의 인과적 선형체인 공간연속체로서 이해된다. 원인과 결과는 사슬처럼 엮어지고 그 자체로서의 시간은 평행선을 모른다.

원인과 결과는 직접적이고도 회귀적인 관계에 의해 상호조건화되었다. 무자비한 운명에 의해 하나가 다른 하나를 낳는데, 우리가 그 모든 관계들을 즉시, 그리고 끝까지 드러낼 수 있다면 그 운명은 치명적인 것으로 밝혀질 터이다. 원인과 결과의 관계, 즉 한 상태에서 다른 상태로의 이동이 바로 시간의 존재형식인 것이다. 2)

타르콥스키의 견해에 따르면 영화에서 시간은 사실의 형식 속에서 제시되고 어떤 사건이든 혹은 심지어 부동의 대상조차도 그것이 "현실의 질료 자체와 맺는 불가분의 관계 속에서"3) 사건이 될 수 있다. 시간의 이런 **사실성**(фактичность)을 고정하는 이상적인 방법은 관찰이다.

만약 영화 속에서 시간이 사실의 형식으로 나타난다면, 사실은 그것에 대한 단순하고 직접적인 관찰의 형식 속에서 주어진다. 영화를 가장 사소한 세포들까지 엮어 주는 영화의 주된 형식 형성의 출발점은 '관찰'이다. … 영화 형상은 본질적으로 시간 속에서 흘러가는 현상에 대한 관찰이다. … 이렇듯 영화 형상은 기본적으로 삶 자체의 형식, 또 그것의 시간적 법칙에 상응하여 형성된 시간 속의 삶의 사실들에 대한 관찰이다. … 이와 더불어 영화 속의 형상을 그것의 시간적 본성에 반하여 분리, 분절 시켜서는 안 되며 또 그것으로부터 흘러가는 시간을 쫓아내서도 안 된다. 4)

달리 말해서 타르콥스키의 명명에 따르면 사건, '사실'은 시간과 동일시되는 와해되지 않는 인과론적 사실로 환원된다. 시간을 영화

2) А. Тарковский, *Запечатленное время, Андрей Тарковский, Архивы, документы, воспоминания*; Сот. П. Д. Волкова, М., 2002, С. 157.

3) Там же, С. 162.

4) Там же, СС. 166~169.

속에 기록하는 것 혹은 같은 이야기지만 영화 속 형상을 창조하는 것은 대상을 관찰하되 그것을 이 사슬로부터 삭제하지 않는 것, 즉 대상을 그것이 "현실의 질료 자체와 맺는 불가분의 관계" 속에서 필름에 기록한다는 것을 뜻한다. 인과론적 맥락과의 관계는 타르콥스키에 의해 '시간'으로 이해되고 그것은 문자 그대로 대상 속에 각인되고 그 텍스쳐의 사실성 속에서 직접적으로 표현된다. 자신의 저서에서 타르콥스키는 시간이 이렇게 사물 속에 각인되는 것을 일본 단어 '사바'라고 부르는데 이것은 녹을 뜻한다.[5] 그런 대상 속에서 시간은 사물을 파괴하거나 최소한 그것을 겨냥하는 요소로서 사물의 표층에 문자 그대로 기입되었다. 시간의 추이를 관찰한다는 것은 사물의 팍투라, 곧 '사바'를 정교하게 기록하는 것뿐만 아니라 인과론적 관계 자체가 그렇듯이 연속성을 포함할 수 있는 특수한 비전의 형식을 조직함을 전제로 한다. 따라서 시각의 연속성과 시간의 **사실성**의 연속성 간의 최대한 완벽한 결합은 유동하는 모든 가능한 대상 속에서 표현되는바, 그 대상은 모종의 지속성 안에서 펼쳐지며 스스로의 형상이 변형되는 과정 자체 속에 시간을 각인시킨다. 이것은 무엇보다도 물이요, 그것의 격류이자 흐름으로서 〈이반의 어린 시절〉부터 〈희생〉에 이르기까지 타르콥스키의 모든 영화를 결합시켜주는 것이다. 카메라의 움직임은 '관찰'의 과정에서 시간의 흐름과 연결되어야 하고 그것과 조형적으로 상응해야 하며 따라서 물질적 연속성을 가져야 한다.

일례로 〈스토커〉에 나오는 저 유명한 물 위의 파노라마 장면을 예로 들자면, 거기서 카메라는 무게도 없이 수면 위로 미끄러지고 그 밑에는 우리 문명을 상징하는 '대상', 즉 무기, 돈, 주사기 따위

---

5) A. Тарковский, CC. 158~159.

가 흩어졌다. 이 경우 카메라의 움직임은 물의 흐름과 동시성을 갖는 듯하다. 이 동시화는 특수한 의미를 지니는데 바로 그 덕분에 지속성, 시간 유희의 기록에 이상적으로 상응하는 모종의 예술 형식으로서 영화를 말할 수 있기 때문이다. 카메라의 움직임은 관객으로 하여금 거의 물리적으로 시간의 격류 속으로 '들어가도록', 그래서 그 흐름을 체험하도록 해 준다. 바로 이 때문에 타르콥스키의 시학은 만일 그런 것에 관해 말할 수 있다면 온전히 유동성(흐름) 위에 구축된바, 그것은 시각의 '형식'이 스크린 앞(前)의 시간 '형식' 과 일치됨을 지향한다. 타르콥스키의 영화는 시간을 미라로 만드는데 시간에 의해 구성된 시각은 사건 자체 및 그 경험의 지속성에 상응하기 때문이다.

타르콥스키는 전(前)스크린적 지속성이 감독의 비전 및 관객의 지각의 지속성과 일치하는지 혹은 그렇지 않은지의 문제를 온전히 의식했다. 그는 다음과 같이 썼다.

> 하지만 여기서 전적으로 자연스러운 복잡성이 발생한다. 나는 관객이 자신의 지각에 대한 강압을 느끼지 않도록 시간이 필름의 프레임에서 당당하고 독립적으로 흘러가기를 원한다. … 하지만 그럼에도 불구하고 여기서 외견상의 모순이 발생한다. 왜냐하면 감독의 시간에 대한 감각은 어쨌거나 늘 관객에 대한 **폭력**의 형식으로 나타나는 바, 관객에게 자신의 내적 세계를 강요하는 것과 마찬가지인 것이다. … 그래서 나는 자신의 전문가로서의 과제를 다음과 같이 본다. 나른하고 잠을 자는 듯한 움직임에서 미친 듯 들끓고 저돌적인 움직임까지 나만의 개성적인 시간의 흐름을 창조하는 것 그리고 그 움직임에 대한 나만의 감각을 필름의 컷을 통해 전달하는 것.[6]

---

6) А. Тарковский, С. 233.

결국 본질적으로 문제의 핵심은 관객에게 모종의 '감독적인' 시간을 체험한다는 느낌을 주지 않으면서 전(前)스크린적 시간의 흐름에 유기적으로 기입될 수 있는 그런 지속성의 감각을 창조해내는 것이다. 만일 그게 아니라면 최소한 예술가의 의지에 감춰진 그것의 원천이 드러나지 않을 정도까지 최대한 모방할 수 있어야만 한다.

시간성의 이런 형식은 한 가지 본질적 결과를 낳는다. 타르콥스키에게선 거의 모든 사건이 과거의 사건이다. 그의 세계는 현재의 경험에 대한 접근이 차단된 노스탤지어의 절대적 세계이다. 이것은 시간이 우리에게 그 자신의 정의에 따라 완결된 어떤 미학적 형식의 모습으로 주어지는 것과 관련된다. 벤야민은 언젠가 소설은 원칙적으로 죽음과 관련되었으며 이는 소설의 **미학적** 형식이 열림을 알지 못한 채 언제나 완결되었고 고로 오직 과거와만 상관관계를 갖기 때문이라고 쓴 적이 있다. 벤야민의 견해에 따르면 소설 속 주인공의 삶의 의미는 오직 그의 죽음 속에서만 발견된다.

> … 소설의 독자는 실제로 '삶의 의미'를 읽어낼 수 있는 사람들을 찾으려 한다. 따라서 독자는 어떤 상황에서든 그가 그들의 죽음을 함께 체험하게 될 것이라는 점(daß er ihren Tod miterlebt)을 미리 안다. 부득이한 경우에는 그것의 수사적 죽음, 즉 소설의 종결이 나타날 수도 있지만 그보다 더 나은 것은 아무래도 소설 속 인물의 본래적 죽음을 체험하는 것이다. 7)

타르콥스키가 노스탤지어라는 개념 자체를 자기 영화 중 하나의 제목으로 사용한 것은 당연히 우연이 아니며 그가 폐허의 세계에

---

7) W. Benjamin, *Der Erzähler: Betrachtungen zum Werk Nikolai Lesskows*; W. Benjamin, *Allegorien kultureller Erfahrung*, Leipzig, 1984, S. 398.

유달리 관심을 갖는 것도 우연이 아니다. 시간의 닫힌 형식(비록 그 흐름 때문에 이따금씩 이 형식이 열려 있다는 환상이 창조되긴 하지만) 위에 구축된 이 미학에 상응하는 것으로 그의 전형적인 외적 관찰 자의 형상이 있다. 가령, 〈루블료프〉와 〈스토커〉 그리고 현재로 진 입하기 위한 극적이고 필사적인 시도를 하는 〈거울〉의 주인공이 그 러하다. 이런 주인공의 입장이 복잡한 것은 그의 눈앞에 나타나는 세계가 늘 이미 **형식을 얻은** 세계, 고로 과거의 세계이자 노스탤지 어의 대상이기 때문이다.

소쿠로프는 처음부터 타르콥스키가 포교했던 것과 반대되는 원칙 에 따라 자신의 영화를 조직한다. 만약 타르콥스키를 **일치**(카메라의 움직임이나 세계의 사진적 반영의 조형술이 실제의 어떤 시간적 리듬과 상응하는 것을 추구한다는 점에서)의 대가라고 부를 수 있다면 소쿠로 프는 차라리 **불일치**(비상응)의 대가라고 불러야 할 것이다. 그는 자 신의 첫 영화를 위해서 사유와 세계의 일치 문제, 실제 재현의 적 합성 문제를 집요하게 고민했던 작가 플라토노프의 서정 산문을 골 랐다.8) 다소 조악하게 말해 플라토노프에 따르면 사유는 세계와의 점차적 일치를 향해 움직인다(이 점에서 그의 생각은 거의 헤겔적이 다). 하지만 이런 최종적 일치는 만일 그것이 언제든 발생하기만 한다면 사유와 실제의 구분을 완전히 없애버릴 것이고 고로 세계의 소멸로 이어질 것이다. 세계의 물질성이 보존될 수 있는 것은 그것 이 모종의 불가해하고 어두운 관성으로서 사유에 저항하기 때문이 다. 만일 타르콥스키의 '사실성'이 인과론적 관계, 곧 **사유적** 관계 속에 물질이 기입됨을 뜻한다면 플라토노프에게 세계의 '사실성'이 란 현실이 사유에 저항함을 가리키는 것이다. 오늘날의 세계는 바

---

8) [옮긴이 주] 이 책 1권 1부의 마지막 글(7장)인 "소쿠로프가 읽은 플라토노프"를 참고하라.

로 세계와 사유의 불일치 때문에 실제성을 갖게 된다. 플라토노프
는 다음과 같이 썼다.

> … 사유는 아직은 세계 속에 확고하게 서지 않았는데 말하자면 자연
> 과 균형을 이루지 못했고 이 때문에 온갖 고뇌, 독(毒), 생명의 부
> 패가 생긴다. … 감각은 오래전에 태어났고 이미 세계의 영혼과 합
> 쳐졌다. 사유는 아직 합치되지도 일치하지도 못했고 세계에 대한 완
> 전한 인식 속에서 이 합치를 찾을 뿐이다. 사유와 세계의 이 불균형,
> 즉 진리의 부재가 인류의 역사, 그러니까 수 세기에 걸친 노동을 만
> 들었다. 9)

영화에서 이 문제는 완전히 특수한 의미를 지닌다. 이것은 무엇
보다도 영화 속에서 담화와 서사의 복잡한 관계10)와 연결되었다.
보통 유희적인 영화에서 카메라는 인물의 뒤를 쫓고 필요한 시간에
필요한 장소에 있으면서 최대한 효과적인 방식으로 서사에 봉사한
다. 서사영화는 기본적으로 카메라의 시각과 주인공의 몸의 일치
위에 구축된다. 이러한 일치는 물론 우연적인 것이 아니라 미리 계
획되는 것이고 따라서 카메라가 서사의 모든 움직임을 절대적으로
다 아는 이런 상황은 어느 정도는 신탁에 의한 운명의 예언을 떠올
리게 한다. 카메라는 영화 속 주인공을 따라다니는 거부할 수 없는
운명의 구현이다. '일치'의 시학에 특수한 의미를 부여한 타르콥스
키가 시간의 '극복할 수 없는 예정설'에 대해 썼다는 사실은 물론 특
징적이다. 운명, 숙명 따위의 윤곽이 드러나는, 카메라와 주인공의
바로 이런 일치가 영화적 실제성을 과거로 가져가는바, 즉 이런 실

---

9) А. Платонов, Соб., соч., В. 5т., Т. 1, М., 1998, СС. 203~204.
10) 이 책 2권 3부의 첫 번째 글(1장)인 "담론과 서사"를 참고하라.

제성 자체의 진실성에 대한 의심의 그림자를 걷어내 버린다.

오늘날에 이르기까지 제대로 읽히지 못하는 앙드레 바쟁은 언젠가 로베르 브레송의 스타일에 대한 글에서 실제를 시간성의 기록, 즉 미라가 된 시간성이 아니라 불일치의 구조와 연결시킨 바 있다.

> 영화는 심리분석에 낯선 것이지만 드라마적 범주에도 그 못지않게 낯설다. 사건들은 거기서 이성의 요구에 부합하는 정념의 메커니즘의 법칙을 거스르는 방식으로 구축된다. 그것들의 교체는 우연한 것 속에서 필연성을 드러내는 것이며 또 독립적인 행동과 일치를 엮어내는 것이다. 매 순간은 매 숏과 마찬가지로 자신의 운명에, 자신의 자유에 만족한다. 그것들은 자석 밑의 금속 가루 알갱이처럼 틀림없이 고유한 방향성을 갖지만 서로 독립된 채로 움직이려 한다. 그리고 만일 어쩔 수 없이 '비극'이라는 단어가 떠오른다면 그건 단지 모순의 정신 때문일 텐데, 왜냐하면 이것은 오직 자유로운 의지의 비극(tragédie de libre arbitre)이 될 수 있을 따름이기 때문이다. 베르나노스-브레송의 우주의 초월성은 고대의 숙명과도, 심지어 라신느의 정념과도 비교할 수 없다. 이것은 누구든 기꺼이 거부할 수 있는 드높은 은총(grâce)의 초월성이다. 11)

바쟁의 분석에서 몇몇 부분은 특별한 흥미를 불러일으킨다. 첫번째로, 운명이나 숙명의 모티프에 대한 직접적 천착인데 내가 이미 지적한 대로 이는 영화 속 사건의 발전을 미리 규정지어 주는 카메라와 작가의 전방위적 지식과 관련된다. 브레송에게서 초월적인 것은 바쟁의 견해에 따르면 운명(그리스 비극의 고대 운명)의 모습이 아니라 신이 보내주는, 그리하여 그 길을 절대로 알 수 없는 은총

---

11) А. Базен, 〈Дневник сельского священника〉 и стилистика Робера Брессона, *Киноведческие записки*, No. 17, 1993, C. 86.

의 모습으로 자신을 표현한다. 12) 바쟁에게서 은총은 초월(선험)적인 껍질에 싸인 **우연**이다.

하지만 사건들이 엄격하게 정해진 순서가 아니라 우연의 틀 내에서 서로서로의 뒤를 좇는다는 것은 무엇을 의미할까? 이 문제는 소쿠로프의 창작과 직접적 관계를 갖는데 그의 일련의 영화에서 사건의 결정론은 체계적 방식으로, 미리 말해질 수 없는 절대적 우연성의 결과로서 나타난다. 그의 많은 영화에서 사건은 사슬처럼 조직되고 그 내부에는 상대적으로 분명한 결정론이 도사린다. 플롯의 이런 구성 내에서 가장 이상하고 예측 불가능한 것은 이 사슬, 계열, 시리즈의 예기치 못한 만남이다. 그것들은 우연의 맹목적 의지를 제외하면 그 어떤 것에 의해서도 결합되지 않을 법한 것들이기 때문이다.

이런 구조를 지닌 첫 번째 작품은 버나드 쇼의 희곡 《비탄의 집》을 영화로 만든 〈고통스런 무관심〉(1983)이다. 여기서 기본적인 사건은 제1차 세계대전을 배경으로 펼쳐지는 부조리한 사건과 예측 불가능한 이상한 일치로 가득 차 있다. 전쟁은 음모가 펼쳐지는 집을 통과하긴 하지만 본질적으론 그 거주자들에게 영향을 끼치지 않는다. 사

---

12) 비극을 운명과 자유로운 의지 혹은 미리 말해질 수 없음의 상호작용으로 해석하려고 했던 셸링은 그리스 비극에서 격퇴할 수 없는 죄와 벌의 드라마를 실수로, 즉 우연히(아리스토텔레스도 지적한바) 저질러졌으되 운명에 의해 예정된, 즉 격퇴할 수 없는 과오로 보았다. 예컨대 오이디푸스처럼 주인공은 운명과 투쟁하지만 그것을 물리칠 수 없다. 결과적으로 그는 죄가 없지만 자유롭게 자신의 선택에 따른 죄를 떠맡는다. (여기에 자유의 위대한 사상과 고상한 승리가 들어 있다 — 불가피한 범죄에 대한 벌을 자발적으로 받음으로써 자신의 자유의 상실을 통해 바로 이 자유를 증명하고 자신의 자유로운 의지를 천명하면서 파멸하는 것. Ф. В. Шеллинг, *Философия искусства*, М., 1966, С. 403.) 소포클레스의 영웅은 이런 식으로 결국에는 우연의 요소를 운명의 예정 속에 개입시킨다. 셸링에게서 비극적인 것에 대한 이론의 철학적 이면에 대해서는 P. Szondi, *On textual understanding and other essays*, minneapolis, 1986, pp. 43~46를 참조하라.

건의 두 라인은 어떻게든 서로 상관관계를 맺지만 이 상관관계의 메커니즘은 분명하지 않다. 요점은 **우연**의 의지에 따라 만나고 흩어지는 두 개의 평행적 시리즈에 있다. 바로 그런 구조가 〈일식의 나날들〉(1988)에서도 반복되었다. 이 영화는 그 전체가 서로서로에 대해 닫히고 밀폐된 우주들의 상호침투 위에 구축된다. 중심인물인 소아과 의사와 영화의 배면에 흩어진 군인들에 의해 구현된 러시아 문화의 세계가 동양의 세계와 신비롭게 접촉하는데 후자의 세계는 러시아 방문객들로선 거의 이해할 수 없는 것이다.

하지만 두 평행적 세계의 존재는 일식의 테마에서 유달리 명료하게 제시되었다. 그것은 중심 사건이지만 그 의미는 인물에게 거의 의식되지 않는다. 일식은 행성과 별이 인간의 삶에 미치는 영향, 즉 지상의 두 개의 분리된 시리즈, 곧 우주적 시리즈와 역사적 시리즈의 이상한 일치를 표현한다. 전통적으로 일식은 빛에 대한 어둠의 승리를 나타내는 표식이자 종말 및 우주 사이클의 쇠퇴의 전조로서 등장한다. 불교와 이슬람교(이 영화에서 동방의 테마는 굉장히 중요하다)에서 일식은 죽음, 천체의 질병과 연결되며 종종 우주적 뱀이 태양을 집어삼키는 행위로서 간주된다.

영화에서 시간과 상호관계들의 와해는 충분히 이해할 수 있는 방식으로 일식의 상징과 연결되었다. 하지만 이 우주적 드라마는 완전히 독해가 불가능한 수수께끼 같은 전조들을 통해 주인공의 삶에 침투하면서 놀라운 방식으로 자신을 미리 드러낸다. 때때로 의사의 집에는 거의 아무런 동기화도 없이 예사롭지 않은 동물들이 나타난다. 우편으로 그에게 거대한 가재-랍스터 젤리가 배달된다. 그다음에는 어디서 나타났는지 누이가 그에게 시장에서 살아 있는 토끼를 갖다 주고 끝으로 방에서는 이웃집에서 기어 나온 듯한 거대한 뱀-이무기가 발견된다. 이 세 동물이 상징적으로 뱀, 가재, 토끼라는 성좌를 지시한다는 점이 본질적이다. 뱀은 특히나 사이클, 부활과 죽음, 일식의 관념과 직접적으로 연관된다. 태양계 사이클의 교체를 상징하는 두 나선으로 이루어진 상형문자로 표시되는 가재(십이궁 동물)는 역시나 죽은 자들의 그림자와 연결되었으며 달의 동물로 여겨진다. 토끼 역시 마찬가지인데, 그것은 거의 모든 신화에서 죽은 자들의 그림자요, 삶의 갱생의 영원한 사이클과 관련된다(도교에서 토끼는 영생의 음료를 준비하고 이집트인에게서는 죽음 및 부활의 신인 오시리스와 연결된다).

이런 식으로 천상의 기호들이 지상 세계로 하강하고(영화 속에서 그것들의 출현은 주로 이를 통해 동기화된다) 앞으로의 사건의 흐름을 예언하고 시간의 순환적 반복을 설명해 주지만 그렇다고 해도 신탁의 암호를 풀 도리가 없는 주인공에겐 수수께끼로 남는다. 〈일식의 날들〉에서 나타나는 것과 같은 파블라의 우주로의 이런 개방이야말로 소쿠로프적 세계가 존재한다는 점을 잘 보여 주는 것이다. 관객과 주인공에게는 이상하고 기괴하고 잉여적으로 여겨지는 것이 사건을 이해하기 위한 근본적인 열쇠가 될 수 있다. 즉, 일반적인 경우처럼 수평선을 따라서(행 안에서)가 아니라 수직선을 따라(행 사이에) 시리즈 사이에 배치되는 저 소쿠로프식 인과관계의 핵심이 될 수 있는 것이다.

부분적으로 이런 구조는 《보바리 부인》을 영화로 만든 〈구하라, 지켜라〉(1989)에서도 특징적으로 나타난다. 엠마는 여기서 완전히 어떤 맹목적인 운명의 품안에 들었고 그것의 작용은 그녀의 의식으로는 절대로 간파할 수 없는 것이다.

이 모든 영화는 사건의 시리즈들의 분리 위에 구축되었고 그들 각각은 어떤 식으로('우연히'일까?) 다른 시리즈의 사건과 관계를 갖지만 이 상관관계의 원칙을 우리는 알지 못한다. 13)

한편 소쿠로프의 영화 중 한편에서 본질적이고 상징적 역할을 하는 이 일식은 클레망 로세에 의해 사용된 바 있다. 그는 이것을 현실의 이상한 위상을 설명하기 위해 사용하는데 거기서 질서는 언제나 의미의 표명이 아니라 우연성의 결과로 발생한다.

아무것도 우연성과 규칙성 간의 관계를 이토록 간결하게 표현하지 못한다. 질서라는 것이 단지 무질서의 부분적 경우에 불과하다는 루크레티우스의 테제를 그토록 설득력 있게 확증해 주지 못한다. 우리는 행복한 우연성의 연속성이 규칙성을 낳는다는 것을 보게 되는데, 이 규칙성은 어떤 경우에도 특정한 사물의 질서에 대해서는 말해 주지 않으며 오히려 우연성에 종속된(voué au hasard) 사물의 정상적 발전과정 속의 우연(un accident)에 대해 말해 줄 수 있을 뿐이다. 하지만 우연성의 두 유형을 구별해야 한다. 일식의 주기성은 실제로 세계에 관여적인(intéressant le monde) 물리적 우연성과 사물의 운행과는 무관한 수학적 우연성을 드러낸다. … 14)

---

13) 바흐친은 예컨대, 톨스토이의 단편소설 《세 죽음》에 나타난 이런 구조를 고찰하는데, 여기서 귀부인, 마부, 나무의 운명과 죽음은 '내적으로 닫혀 있고 그들은 서로서로를 모른다'. 바흐친의 견해에 따르면, 시리즈들이 서로에게 독립된 채로 남아 있으면서 결부되는 이런 종류의 구조는 작가적 입지의 특정 유형에 특징적이다. "… 각각의 인물의 삶과 죽음의 전체적 의미를 완결시키는 행위는 오직 작가적 시야에서만, 인물 각각에 대한 이 식견의 잉여를 대가로 해서만, 즉 인물 자신은 볼 수도 이해할 수도 없다는 것을 대가로 해서만 전개된다. 바로 여기에 작가적 시야의 잉여가 가진 완결하는 독백적 기능이 들었다(М. Бахтин, *Проблемы поэтики Достоевского*, М., 1972. С. 120). 소쿠로프적 접근법의 특징은 그가 '작가적 시야의 잉여'에 대한 공식화를 거부한다는 데 있다. 톨스토이와 달리, 이 감독은 시리즈들의 상호관계를 규정짓는 외적인 결정 요인을 모른다. 이 결정 요인이 '작가적 시야' 바깥에 위치하는바, 따라서 작가 자신에게도 우연적인 것으로 나타나는 것이다.

14) C. Rosset, *Le réel: Traité de l'idiotie*, Paris, 1977, p. 25.

수학적 필연성이라는 것 자체는 존재하지 않는다. 그것은 그저 우연한 관계들, 예컨대 원주가 지름에 대해 갖는 관계의 확고함을 표현할 따름이다. 그와 마찬가지로 일식의 규칙성은 로세에 따르면 아무것도 표현하지 않는다.

그래서 일식의 규칙성을 관찰함으로써 우리는 세계에 대해 무엇을 알게 됐는가? 아무것도 없다. 고작해야 뭐든 간에 질서의 바깥에서 나타날 수 있는 온갖 가능성을 가진 사건의 시리즈가 아무런 필요도 없이 규칙적으로 펼쳐진다는 것뿐이다.

사건들의 규칙성은 의미의 환상, 즉 해독 가능한 의미나 숨겨진 의미에 대한 환영을 창조하지만, 현실 속에서 이 규칙성은 그저 우연성의 산물일 뿐, 우리에게 아무것도 알려주지 못한다. 현실은 외견상의 규칙성 너머에서 무관심하고 무의미한 것으로 나타날 뿐이다.

일치의 시스템으로서 무의미하고 중성적이며 단조로운 규칙성에 대한 관념은 들뢰즈의 오즈 영화분석에서도 나타난다. 사실 들뢰즈는 이 규칙성과 일치의 시스템에 다소 다른 의미를 부여한다.

철학자 라이프니츠는 … 세계란 일상적 법칙(des lois ordinaires)에 순응하면서 아주 규칙적으로 서로 조합하고 결합하는 일련의 계열들로 이루어졌다고 말한다. 계열들과 시퀀스들은 단지 작은 부분들을 통해서만(ne nous apparaissent que par les petits parties) 그리고 전도되거나 뒤섞인 질서 속에서만 우리에게 나타나기 때문에 우리는 단절, 부조화 혹은 불일치 등을 무언가 특별한 것으로 믿게 된다. … 단지 일련의 계열의 항들(des termes des séries)이 자연적으로 느슨한 연쇄 속에 있기 때문에(des enchaînements naturellement faibles) 이 항들은 지속적으로 전도되고 또 질서정연한 모습으로 나타나지 않을 뿐이라고 말해야 할 것이다. 하나의 일상적 항(un terme ordinaire)은 자신이 속한 시퀀스에서 빠져나와 다른 일상적인 것들의 시퀀스 한가운데에 출현하게 되는데 이때 다른 일상성과의 관계 속에서 이 일상적 항은 강렬한 순간, 특이점 혹은 복합적인 지점의 외양 (l'apparence d'un moment fort)을 취하게 된다. 15)

시리즈들과 그것들의 일치의 단조로운 규칙성은 사람들에 의해 와해되지만 자연은 자신의 장엄한 단조로움을 복원하려 애를 쓴다. 자신의 표면으로부터 의미의 효과들, 그러니까 인간존재의 강력한 의미론적 계기를 만들어 내는 저 무의미한 규칙성의 거짓된 와해를 지워 버리려는 것이다. 자연의 장엄함은 그것이 인간이 낳는 의미효과들, 즉 규칙성의 일치와 와해보다 더 높은 곳에 섰다는 점에 있는데 오즈의 경우 자연의 장엄함은 그것의 하찮음에 있다.

오즈의 공간은 탈접속 혹은 비워냄 … 을 통해 임의의 공간의 상태로 고양된다. 시선과 사건의 방향 그리고 심지어 대상들의 위치의 불일치는 지속적이고 체계적으로 나타난다. 16)

오즈에게서 나타나는 시리즈의 불일치와 바쟁이 지적한 브레송에게서의 불일치는 폴 슈레더가 이른바 초월적 스타일에 포함시켰던 감독들에게서도 드러난다. 17) 이 비평가의 견해에 따르면 이 스타일은 일상 속에서도 모종의 형이상학적 차원을 개시한다. 그런데 들뢰즈의 분석에서도, 심지어 바쟁에게서도 그의 '은총'과 더불어 강조되는 것은 브레송과 오즈의 세계에서 확인되는 극단적인 '하찮

---

15) G. Delueze, *Cinéma 2: L'image-temps*, Paris, 1985, pp. 24~25.

16) *Ibid.*, p. 26.

17) P. Schrader, *Transcendental style in film: Ozu, Bresson, Dreyer*, Berkeley, 1972.

음'이며 그들의 극단적인 진부함(일상성)과 강조되다 못해 거의 강조점이 찍힌 비표현성이다. 오즈는 자신의 영화를 문자 그대로 비표현적 공허, 즉 하찮음에 침윤시키는데 들뢰즈의 견해에 따르면 **일치의 강한 순간**에서 발생하는 의미의 가시성으로부터 해방된 오즈의 공간이 '성취해내는 것'이 바로 그것이다.

소쿠로프가 특히 관심을 갖는 것은 바로 이 '하찮음의 등급으로 상승되는' 순간들이다. 무엇보다 시사적인 것은 '역사적 디테일'을 다루는 영화에서 그런 순간에 두어지는 강조점이다. 다큐멘터리 영화《소비에트 연가》(1989)의 주인공은 마침 영화가 만들어지는 순간에 거대 정치로부터 제명된, 유희로부터 이탈하고 역사로부터 떨어져 나온 보리스 옐친이다. 이 영화의 가장 인상적인 숏은 옐친이 무언가를 생각하는 것 같기도 하고 아닌 것 같기도 한 모습으로 꼼짝 않고 부엌에 앉은, 마치 끝없이 이어질 것만 같은 바로 그 장면이다. 숏은 몹시 길지만 그것은 절대로 시간의 고착과 운동의 시학으로 환원될 수 없다. 차라리 소쿠로프가 관심을 갖는 것은 흡사 시간의 정지 같은 것, **강력한 리듬적 순간의** 발현에 기반을 둔 단위기준의 소멸이다. 이 숏은 너무도 단조롭고 고정된 나머지 흡사 시간이 그로부터 빠져나와 거의 하찮음의 육체적 느낌을 만들어 낼 정도이다. 마이야 투로프스카야는 다음과 같이 지적했다.

> 옐친이 한 손으로 눈을 가린다. 오랫동안 움직이지 않다가 마지막으로 보인 이 몸짓은 매우 강력하고 의미심장해 보인다. [18]

하지만 이 진부한 몸짓이 의미를 지니게 되는 이유는 오직 벌어지는 일의 하찮음 덕분이다. 움직이지 않는 옐친은 결코 극적인 명

---

18) М. Туровская, *Советская элегия*, *Сокуров*, СПб., 1994, С. 151.

상이나 동요의 순간 혹은 결단의 순간 속에서 우리에게 제시되는 것이 아니다. 그는 사건의 하찮음의 모든 의미심장함 속에서 우리에게 주어진다.

《스톤》(1992)에서는 이미 사망한 지 수년이 지난 오늘날, 체호프가 자신의 얄타 집으로 돌아온다. 역사와 문화적 맥락으로부터의 급격한 이탈처럼 주어지는 이 귀환은 눈에 휩쓸리어 온 체호프가 그의 정원 의자에 꼼짝 않고 앉은 기나긴 장면을 동반한다. 영화는 근본적인 공허와 하찮음의 이런 순간을 기록한다.

끝으로 소쿠로프의 최근 영화 두 편 — 〈몰로흐〉(1999)와 〈타우르스〉(2000) — 은 히틀러와 레닌을 다루지만 그들 역시 시간의 역사적 흐름으로부터 떨어져 나와 무시간의 하찮음 속에 침잠한 자들이다. 히틀러는 이를테면 역사의 업무에서 휴가를 받아 에바 브라운의 산속 집에 찾아오는 모습으로 제시된다. 〈타우르스〉에서 레닌은 병에 걸린 마지막 순간 외부세계로부터 단절되어 동산에 고립된 채 정치 및 역사와의 관계를 상실하고 마치 역사적 시간의 바깥에 존재하는 것처럼 제시된다.

이러한 무시간의 순간들이 이토록 소쿠로프의 관심을 끄는 이유는 무엇일까? 정치에 대한 거의 타고난 거부감 때문일까? 그렇지 않다. 소쿠로프의 이런 관심을 규정짓는 원인이 오즈를 자극했던 것과는 완전히 다름은 의심의 여지가 없다(비록 일본과 그 미학에 대한 소쿠로프의 관심은 그의 많은 영화에 반영되었지만). 무엇보다도 이런 순간의 선택은 인간에 대한 그리고 역사와의 관계에 대한 소쿠로프적 이해와 연결되었다.

역사는 그 자체로 앙투안-오귀스탱 쿠르노가 필연성의 법칙에 종속된 결정론적 시리즈의 불합리한 만남이라 정의한 바 있는 우연성[19]의 사슬이다. 쿠르노는 지붕에서 떨어지는 기왓장이 어떤 필연성을 표현하는 법칙에 종속된다고 말했다. 기왓장이 떨어지는 집 곁으로 누군가 지나간다는 사실 역시도 합법성의 사슬에 포함된다. 하지만 이 두 '시리즈'의 교차에서 발생하는 사건, 즉 기왓장이 바로 이 행인의 머리 위로 떨어진다는 사실은 전적으로 우연적인 것으로 판명된다. 쿠르노에 따르면 이런 식으로 역사는 합법칙성의 두 사슬의 교차에서 우연처럼 발생하는 것이다.

역사의 사건은 우연적이지만 그럼에도 역사 자체는 레이몽 아롱이 지적했듯이 예측 불가능한 순수한 우연들의 단순한 시리즈는 아니다. 역사에는 어떤 원인이 작용하고 우연한 사건의 사슬은 진화라고 부를 수 있는 일관성 있는 보편적 움직임으로 축적된다. 아롱은 이 진화에 대해 흥미로운 정의를 내린다.

우연한 사건의 순차성(복권에 나열된 일련의 번호)이 역사를 구성하지는 않는다. 반대로 천문학이나 생물학을 고찰하는 편이 더 낫다. 시간의 특수한 의미는 그것이 **체계들**의 퇴적을 허용한다는 데 있다. 천문학의 역사가 스스로에게 부여하는 과제는 우리가 오늘날 관찰하는 과거에 조직화된 **체계들**의 지층을 복원하는 것이다. 삶의 질서 역시 이런 식으로 점차 형성되었다. 이것은 단 한 번 결정적으로 고착되어 이성으로 파악할 수 있는 필연성과 그 결과가 여전히 문제가 되는 우연성의 혼합이다. 역사를 특징짓는 것은 일치보다는 지향성과

---

19) '역사적' 시리즈 각각의 내부에서 사건의 결정론적 예정설 역시, 결국 절대적일 수는 없다. 역사적인 것은 언제나 생성, 사라짐, 발생의 영역, 즉 변화의 영역과 연결된다. 하지만 키르케고르가 주장했듯, 변화와 사라짐은 필연성의 영역과 연결되지 못하고 불가피하게 우연성의 영역과 연결된다. "생겨나는 모든 것은 생겨남의 사실 자체로써 그것이 필연적이 아니라는 점을 증명해 주는 것인데 왜냐하면 생겨날 수 없는 유일한 것, 그것은 필연적인 것이기 때문이며 또 필연적인 것은 이미 '있는 것'이기 때문이다"(S. Kierkegaard, *Philosophical fragments*, Princeton, 1967, p. 91).

발전인 것이다. … 20)

아론은 로세가 논의한 바 있는 일식의 의미 없는 주기성이 역사의
영역에서 모종의 의미를 지닌다고 보았다. 하지만 어떤 식으로? 이
에 대한 대답은 여러 사상가에 의해 주어졌지만 전체적으로 그 내용
은 하나로 수렴될 수 있다. 바로 인간의 활동을 통해서라는 것이다.
역사를 조직화하기 위해서는 역사적 행위자가 불가피한데 두 개의
결정론적 시리즈를 접근시켜 새로운 사건을 만들어 내는 우연의 열
쇠가 바로 그의 손에 놓였기 때문이다. 사건이 의미를 획득하게 되
는 것은 그것을 실현시키는 것이 사유하는 인간이기 때문이다. 비록
이 인간의 성격과 자질이 전적으로 독특한 것이기는 하지만 말이다.
　이미 아리스토텔레스가 소크라테스의 전통에 맞서 행복을 덕이나
지혜가 아니라 활동으로 정의내린 바 있다.

> … 마침 덕에 맞는 활동은 덕에 본질적이다. 아마도 다음과 같은 차
> 이가 중요하다. 최상의 선이라는 말을 덕을 지님으로 이해하는지 아
> 니면 그것의 적용으로 이해하는지, 즉 영혼의 습성(hexis)으로 이해
> 하는지 아니면 활동으로 이해하는지의 구별이 그것이다. 왜냐하면
> (영혼의) 습성을 지닌 사람이 아무런 선한 일도 하지 않을 수도 있는
> 반면에 활동의 경우는 그럴 수 없기 때문이다. 그것은 반드시 행위,
> 그것도 성공적인 행위를 전제한다. 21)

이것이 뜻하는 바는 행복이란 근본적으로 덕에 기초한 성공적인
활동과 관련된다는 것이다. 하지만 모든 성공적 활동이 그렇듯, 행

---

20) R. Aron, *Introduction to the philology of history*, Boston, 1961, p. 17.

21) Аристотель, *Никомахова этика*, Ⅰ. 8. 1098b~1099a; Аристотель, Соч. :
В. 4т., Т. 4, М., 1984, СС. 66~67.

복은 전적으로 신중함(phoronêsis)이나 덕에 의해서만 결정되는 것이 아니라 주변 세계에 의존하기 마련이다. 즉, 외적 세계가 상당한 정도로 종속되는 우연에 달린 것이다. 따라서 행복과 덕은 우연에 스스로를 맡길 수 있는 인간의 능력에 달렸다. 아리스토텔레스의 의견에 따르면 그것은 자신의 행동을 시간의 요구에 맞춤으로써, 즉 자신의 행동을 위해 필요한 순간, **카이로스**를 선택함으로써 얻어질 수 있다. 아리스토텔레스는 활동의 성공, 카이로스의 통제를 덕의 영역과 관련시키는데 이는 성공 없이는 덕이란 것 자체가 존재할 수 없기 때문이다. 《니코마스 윤리학》에서 스타기라(Stagira) 사람22)은 이렇게 쓴다.

> … 그래서 가령 공포나 용기, 애착과 분노, 유감, 만족과 고난 속에서는 '더 크고', '더 작은' 것이 가능하지만 양쪽 모두 좋은 것은 아니다. 하지만 이 모든 것이 적합한 대상과 관련해 적합한 상황 속에서 적합한 목적에 맞게 적합한 방식으로 이루어졌을 때 중용이, 마침 덕에 본질적인 가장 좋은 것이 존재한다. 23)

덕을 성공과 결부시키는 것은 본질적으로 대단히 비도덕적인 것으로 판명된다. 피에르 오방크가 지적했듯,

> 이렇게 되면 자신의 의도에 반하는 행동은 우둔한 행동이 되고 '성공한' 행동이 좋은 행동이 된다. 도덕은 **전략**의 문제로 환원되는바, 덕의 정의가 아니라 가장 좋은 것의 달성여부에 방점이 찍히는 것이다. 24)

---

22) [옮긴이 주] 스타기라 사람이라는 뜻으로 아리스토텔레스의 별칭이다.

23) Там же, Ⅱ. 6. 1106b, C. 86.

24) P. Aubenque, *La prudence chez Aristote*, Paris, 1963, p. 98.

'덕'을 최종적으로 성공의 개념과 관련시킴으로써 이 방향을 더 밀고 나간 이가 바로 마키아벨리이다. 그가 수차례에 걸쳐 특별히 강조하기를, 진정한 정치가란 우연을 가질 능력으로 수렴되는 덕의 소유자, 곧 요행의 연인이 될 수 있는 사람이다. 《군주론》에서 이렇게 선언한다.

> 나는 자신의 행동을 시대의 정신에 적응시킬 수 있는 사람, 그의 행위가 시대와 조응하는 사람이 성공한 군주가 될 수 있다고 믿는다. [25]

피에르 소더린에게 보내는 편지에서 그가 설명하기를, "자신의 행동이 자기 시대와 조화를 이루는 사람"이 성공할 수 있으며 그래서 '시간'을 이해하는 현자는 그에 적응함으로써 우연을 소유하고 '별과 운명을 다스릴 수'[26] 있게 된다.

하지만 '시간을 이해한다는 것'은 무엇을 뜻하는가? 그것은 계열의 발전을 주재하는 저 인과론적 법칙을 포착함을 뜻한다. 하지만 어떤 사람도 모종의 계열 내부에 들어 앉아 그것의 원인을 측량할 수 있는, 즉 그 사건의 선(先)결정성을 파괴할 수 있는 상태에 있지 못하다. 인간은 오직 주어진 계열을 주관하는 법칙을 파악할 수 있을 뿐이며 실현시킬 수 있을 뿐이다. 아리스토텔레스가 지적하기를,

> 모든 것은 반드시 존재하거나 존재하지 않아야 하며 존재하게 되거나 존재하지 않게 되거나 해야만 한다. 그러나 분리해서 어떤 것 또는 다른 것이 필연적이라고 말할 수는 없다. 내가 말하려는 것은, 가령 내일 해상 전투가 반드시 일어나거나 일어나지 않을 수 있는데 이

---

25) N. Machiavelli, *The prince*, New York, 1977, p. 71.
26) A. Gilbert (Ed.), *The letter of machiavelli*, New York, 1961, p. 99.

는 내일 해상 전투가 반드시 있거나 혹은 반드시 일어나지 않을 것을 뜻함이 아니라는 사실이다. 그것이 일어나거나 일어나지 않을 것이라는 사실만이 필연적이다(《탐구에 관하여》, 19a). [27]

결정론, 작용인(作傭因)은 이런저런 사건의 실현 가능성을 미리 결정하며 그 사건은 실현의 순간에 필연적인 것이 된다. [28] 하지만 이 사건이 발생되기 위해서는 모종의 자극, 반드시 외적 자극이 필수적이다. 이 외적 자극이란 필연성의 실현을 위한 이상적 시공간의 이해이다. 바로 그런 이해를 마키아벨리는 덕(virtu)이라고 불렀던 것이다. 이때 자극, 이 찰나의 사건이 시간성을 변형시키면서 그에 영향을 끼친다. 알튀세르는 새로운 국가를 건설하는 행위에서 요행과 덕의 영향을 다음과 같이 정식화했다.

> 덕(virtu)의 자질은 요행에 스스로를 맡길 수 있는 능력, 요행의 순간을 정치적 활동으로, 요행의 질료(la matière de la Fortuné)를 정치적 **형식**으로 바꿀 수 있는 능력이다. 달리 말해 상황들의 호의적 합류의 질료를 구조화함으로써 새로운 국가의 기반을 다질 수 있는 능력이다. [29]

호의적 순간에 대한 직관적 이해란 인간을 시간과 조화시키는 것

---

27) Аристотель, Соч., В. 4т., Т. 2, М., 1978, С. 102.

28) 키르케고르는 모든 역사적 사건은 우연성으로 점철되었다고 썼다. 사건이란 변화의 결과이기 때문이다. 하지만 과거가 됨으로써 그것은 불변의 성격을 획득하며 우리 눈앞에 필연적으로 것으로 나타난다. 키르케고르가 지적하기를, "만일 과거가 필연성으로 이해된다면, 그것은 언젠가 자신이 세상에 생겨났다는 사실을 망각함으로써만 발생할 수 있다"(S. Kierkegard, op. cit., p. 95).

29) L. Althusser, *Machiavel et nous*; L. Althusser, *Écrits philosophiques et politiques*, Vol. 2, Paris, 1997, p. 133.

이다. 블라디미르 얀켈레비치는 우연의 행위, 곧 역사 속의 카이로스를 이렇게 묘사했다.

> 우연성은 형체가 없는 기체적 발생인(發生因) (a la cause en peine, a la cause pneumatique et désincarnée)에 시공간의 좌표를 부여한다. 모든 정확한 위치설정(repérage précis)과 마찬가지로, 실제로 모든 완벽한 역사적 존재를 위한 조건이 되는 이중적 자리매김이 그것이다. 한편 만일 우연성에 의해 수태된 원인이 필연적이지만 불충분하다면 하나의 우연성은 불충분할 뿐만 아니라 심지어 필연적이지도 않다. 30)

정치가는 순간을 활동으로 변형시킨다. 정치가, 즉 역사의 인간은 무엇보다 먼저 시공간을 아는 사람, 지붕에서 기왓장을 떨어뜨리고 그것의 희생양을 합당한 집으로 이끄는 법칙성을 모르는 사람이다. 하지만 동시에 그는 바로 이 순간 집 근처에 필요한 사람이 있다는 것을 아는 사람이다. 정치가는 원인을 모른다. 그는 시공간을 알 뿐이며 마키아벨리가 말했듯이 '별과 운명'의 주인이다. 우연은 계열과 관련해 언제나 외적 자리를 차지한다. 31) 라인하르트 코젤렉이 지적했듯이 우연은 점차로 내적 원인으로 변모되며 이로 인해 역사적 의식의 지평에서 사라져 간다. 즉, 그 자체가 필연성으로 바뀌게 되는 것이다. 무언가 전적으로 외적인 것으로서의 우연이 사라져 감과 더불어 역사의 독특한 우연성도 사라진다. 32)

---

30) V. Jankélévitch, *Le Je-ne-sais-quoi et le Presque-rien*, 1. *La manière et l'occasion*, Paris, 1980, p. 115.

31) 폴리비우스(Polybius)가 역사를 움직이는 계열로 처음 묘사한 것은 아니다. 그 각각의 계열은 온전히 합리적이지만 그것들의 교차는 완벽히 우연에 속한다. 잘 알려졌듯이 폴리비우스는 요행의 변덕에 근본적 의미를 부여한 바 있다.

역사의 인간은 무엇보다 기회주의자(*opportunist*)이다. 마키아벨리는 소더린에게 보낸 자신의 편지에서 정치가의 실패는 다른 모든 사람처럼 '다양한 기질과 다양한 상상'[33]을 가졌다는 사실과 관련된다고 설명했다. 즉, 그들에게 고유한 일련의 불변의 특징이 그들로 하여금 무한히 자유자재로 시간 속에 녹아들 수 없도록 만든다.

헤겔은 역사에서 '민중이나 국가의 존재의 기초를 이루는' 보편을 '창조적 이념의 순간, 그 자신을 지향하며 진리의 운동을 촉발하는 순간'이 되는 보편과 구별했다. 즉, 불변하는 보편과 변화하는 시간성으로서의 보편을 구분한 것이다. 그의 견해에 따르면, 다름 아닌 후자, 즉 움직이는 보편이 '전 세계적-역사적 인물'이다.[34]

전 세계적-역사적 인물은 자신의 시간적 차원 속에서 보편을 실현하는 일에 온전히 투신한다. 그들은 시간 속에 용해되는 완벽한 기회주의자이다. 헤겔이 쓰기를,

> 그들이 위대한 인물인 것은 그들이 위대한 일, 상상할 수 없는 가상적 일이지만 그럼에도 필연적이고 정당한 일을 실현시키기를 원하기 때문이다. 이런 고찰의 방식은 이른바 심리적 고찰을 제외한다. 그러니까 … 모든 행동의 내적 모티프들을 밝히고 그에 주관적 성격을 부여하려 애쓰는 그런 고찰, 그럼으로써 마치 그런 행위를 수행한 인물이 어떤 사소하거나 강력한 열정하에서, 모종의 강렬한 욕망의 영향으로 그 모든 것을 행했다. 그래서 그들은 도덕적 인간이 아니었다는 식이 되는 그런 고찰 말이다.[35]

32) R. Kosseleck, *Futures past: On the semantics of historical time*, Cambridge (Mass.), 1985, pp. 116~129.

33) *The letters of Machiavelli*, p. 99.

34) Г. В. Ф. Гегель, *Философия истории*, М./Л., 1935. СС. 28~29; G. W. F. Hegel, *The philosophy of history*, New York, 1956, p. 29.

인간적 도덕의 견지에서 역사적 인물을 고찰할 수 없다는 사실은 굉장히 중요하다. 헤겔에 따르면 그들의 행동은 그 행동을 촉발시킨 것처럼 보이는 (흔히 불변적인) 주관적 열망에 의해 전혀 규정되지 않는다. 역사적 인물의 열정에는 본질적으로 사적인 것이 없는데 단지 있는 것이라고는 시간과의 합치, 우연을 역사적 필연성에 바칠 능력뿐이다. 따라서 그것들을 '심리적' 측면에서 고찰할 수 없다는 점이 특징적이다. 다르게 말해서 모든 심리적 동기, 열정의 고취 따위는 단지 순전한 가상, 그 뒤에 그들 자신에게도 보이지 않는 어떤 것을 감춘 가상일뿐이다. 헤겔은 그것의 '내용'을 이렇게 정식화했다.

> 그런 인물들은 자신의 목적을 추구하면서 전혀 이념을 인식하지 않는다. 하지만 그들은 실용적인 정치적 활동가로서 나타난다. 하지만 동시에 그들은 무엇이 필요하며 무엇이 **시의적절한지를** 이해한 사유하는 인간이기도 하다. 36)

그들의 지식, 그것은 이념에 대한 지식이 아니라 전적으로 단지 장소 그리고 가장 중요하게는 시간에 대한 지식이다. 클로드 레포르는 마키아벨리에게 정치적인 것의 영역이 언제나 무지의 경계지대에 자리한다는 점을 강조했다. 혹은 그것은 그의 표현을 빌리자면 "우리의 기획의 의미가 두 개의 똑같이 비결정적 공간의 중간 지대에 스며드는 것"37)이다.

이런 맥락에서 역사적 인물은 여하한 인간적 내용을 탈각하게 되

---

35) Г. В. ф. Гегель, Указ., соч, СС. 30~31.

36) Там же, С. 29.

37) C. Lefort, *Le travail de l'œuvre: Machiavel*, Paris, 1986, p. 443.

는바, 그들은 '시간의 인간'이며 이로써 '자질을 갖지 않는 인간'[38] 이 된다. 다름 아닌 자질의 부재가 그들로 하여금 최대한 완벽하게 시간과 합치될 수 있게 한다. 그와 같은 인격이 시간에서 벗어날 때 거기서 역사에서 벗어난 저 사소한 열정 나부랭이가 발견되는데 이는 그런 인격에겐 아무런 의미도 지니지 않는 '심리적 의미'를 얻게 되는 것이다.

물론 역사적 인물들에 관한 헤겔의 개념은 루카치가 분석했던 역사로부터의 소외 상태를 반영한다. 루카치의 견해에 따르면 그것은 이중으로 표현된다. "한편으로 역사의 전제적인 행위자로 간주되는 '위대한 인물' 그리고 다른 한편으로는 역사적 환경의 '자연 법칙'이

---

38) 발터 벤야민은 이런 종류의 인격을 '파괴적 성격'으로 묘사했다. 그의 파괴성은 그 자체로 상황을 박멸하고 파괴함으로써 사실상 모든 상황을 이용할 수 있는 그의 능력에 있다. 파괴적 성격의 초(超)기회주의적 특징은 그의 세계에 그 어떤 정태성도 남지 않는 지경으로 이끈다. 그는 역사의 유동성에 너무나 침잠된 나머지 초역사적이 된다. "파괴적 성격은 역사적 인간의 의식을 갖는데 그의 심오한 감정은 사물의 진행에 대한 극복할 수 없는 불신 속에서 그리고 모든 것이 예정된 것과 다르게 간다는 사실을 언제나 기꺼이 인정할 준비가 되었다는 점 속에서 표현된다. 파괴적 성격은 아무런 항상적인 것도 보지 못한다. 하지만 바로 그 때문에 그는 모든 것에서 길을 본다. 다른 사람이 장벽과 산을 보는 곳에서도 그는 길을 본다. … 그가 모든 곳에서 길을 보기 때문에 그는 언제나 교차로에 위치한다. 그 어떤 순간도 그다음에 무엇이 약속되는지 알지 못한다"(W. Benjamin, *Reflections*, P. Demetz (Ed.), New York, 1986, pp. 302~303). 벤야민이 그리는 상황 속에서 파괴적 성격은 자신의 극단적인 탈정박적 영향 때문에 온전히 현재의 순간에 기입되며 최종적으로 과거와 미래를 절대 파악될 수 없는 상대적인 것으로 만든다. 이 순간의 역설성이 이로부터 나오는데, 즉 그것의 중심성과 더불어 파악불가능성이 도출되는 것이다. 현대의 연구자는 이를 다음과 같이 규정한다. "이 장소의 중심성이 이로써 설명된다. 순간(Augenblick)은 예측가능성의 경계 밖으로 벗어나 버린다. 게다가 그것은 모든 것을 포용하며 모든 것을 복속시키는 인식론의 지배 영역 바깥으로 빠져나가는 것이다"(A. Benjamin, Shoa, remembrance and the absence of fate, Walter Benjamin's 'fate and character', *New Formations*, No. 20, Summer, 1993, p. 99).

존재했다."39) 양자 모두는 역사로부터, 그러니까 그가 도달할 수 없으며 최종적으로 이미 완전히 완결된 것 그리고 이 완결성 때문에라도 그에게 주어질 수 없는 어떤 것으로서의 역사로부터 인간을 소외시킨다.

소쿠로프는 역사적 인물을 시간으로부터 빼내 버리려 한다. 즉, 그의 시간적 기회주의를 완전히 마비시켜 버리는 그런 맥락 속에 그를 위치시키는 것이다. 이런 의미에서 그는 타르콥스키와 반대로 행동하는데 타르콥스키는 자신의 시학에서 역사적 인격을 완벽하게 모방하는 것처럼 보인다. 타르콥스키가 시간의 이해를 인과적 결정론의 이해로 환원시킬 때 그는 마키아벨리의 정치가처럼 시간 속에 침잠해 그것의 굴곡을 따르려 노력한다. 이때 물론 타르콥스키의 '시간적 기회주의'는 마키아벨리의 그것과 아무런 공통점이 없다. 차이는 정치적 목적의 부재뿐 아니라 타르콥스키에게 시간이란 언제나 과거, 언제나 **형식**이라는 점에도 있다. 정치가에게 시간이란, 그가 직접적으로 관계해야 하는 현재이기에 절대 **형식**이 될 수 없다. 정치가는 감독을 특징짓는 시간에 대한 미학적-형식적 관계를 갖지 않는다. 40)

어째서 소쿠로프는 인물을 시간으로부터 빼내려는 것일까? 물론 이는 인물을 심리학적으로 고찰하기 위해서가 아니다. 심지어 다른 인물과 달리 절대적 호감을 불러일으키는 역사적 인물인 체호프조

---

39) G. Lukacs, *History and class consciousness*, Cambridge, Mass. , 1971, p. 158.
40) 예술가는 형식으로서 사유하며 심지어 자기 자신의 삶이 완결된 형식인 것처럼 살려 노력한다. 자주 언급되곤 하는 예술가의 삶을 텍스트로 구조화하려는 경향은 이로부터 나온다. 가령 루카치는 키르케고르의 삶에서 '삶의 기초로 형식을 창조하려는', '살 수 없는 것을 살려는' 시도를 보았다(G. Lukacs, *L'Âme et les Forms*, 1974, p. 70). 키르케고르의 삶의 비극은 그런 맥락에서 루카치에 의해 미학주의 혹은 더 정확하게는 삶의 미학화의 비극으로 이해되었다.

차도 소쿠로프에 의해 심리화되어 나타나지 않는다. 우리는 영화의 끝부분에서 시작할 때와 마찬가지로 체호프에 관해 아무것도 아는 것이 없다. 〈몰로흐〉를 히틀러를 '폭로'하려는 시도, 그 안에서 비속한 인물을 보려는 시도—물론 소쿠로프가 그의 초상에서 노골적으로 그로테스크한 특징을 피하려고 하지는 않지만—로 읽는다면 그것은 전적으로 옳지 못한 일이 될 것이다. 이는 〈타우르스〉의 레닌에게는 더욱더 그러하다. 영화에서 레닌의 주된 특징은 그가 자기 집처럼 느끼는 거대한 역사적 시간 바깥에서는 존재할 수 없는 그의 무능력이다. 레닌은 시종일관 레닌 마을의 평범한 일상 속에 녹아들지 못한다. 그곳은 반은 병원, 반은 감옥과 같은 어떤 곳으로 바뀌었는데 말하자면 그곳은 그가 **살 수** 없는 장소인 것이다. 예컨대 가구를 싼 덮개는 이 장소가 거주를 위한 공간이 아니라는 점을 명백하게 보여 준다. 가구는 집에 다시 사람이 들어차고 시간이 다시 흐르기 시작할 때까지만 보존될 뿐이다. 덮개는 시간의 멈춤을 표지하는데 그것들은 시간성으로부터 그리고 그와 관련된 쇠퇴와 파괴로부터 가구들을 빼내버리기라도 한 것처럼 가구들을 보존하는 것이다.

결국 문제는 불일치의 시학인바, 그것은 타르콥스키를 특징짓는 조화와 융합의 시학과 날카롭게 대립하는 불협화음과 비융합의 시학인 것이다.

시간성의 천재들은 모종의 고립된 장소와 특정 시간에 융화되지 못한다. 체호프는 심지어 자기가 살던 과거의 집에 있으면서도 그에 정착하질 못하는데 왜냐하면 시대의 역사적 시간으로부터 원칙적으로 빠져나온 모든 박물관처럼 이 집의 시간은 정지되었기 때문이다. 〈몰로흐〉의 히틀러는 에바 브라운이 '유폐된', 독일 동화에 나오는 성을 닮은 알프스 성으로 옮겨감으로써 마치 역사적 시간으로부터 일종의 탈역사적 신화적 시간으로 이동하는 듯하다. 히틀러의 역사는 예기치 않게 모종의 알레고리로 바뀌는데 거기서 에바 브라운에게는 삶과 에로스의 알레고리, 히틀러에게는 죽음의 알레고리의 역할이 부여된다.[41] 다름 아닌 〈몰로흐〉의 이런 예기치 않은 알레고리적 차원이 소쿠로프로 하여금 역사적 핍진성의 프레임을 넘어 순전한 그로테스크의 영역으로 나갈 수 있게 해 준다.

〈몰로흐〉에서 역사적 시간 외부로의 주인공의 이탈은 심리적 그럴듯함이나 내용적 본질이 아니라 알레고리를 열어 준다. 그리고 이 순간은 아주 중요하다. 〈몰로흐〉에서 시간으로부터 끄집어내진 역사적 형상은 심리적으로 충만한 내용적 인격이 되지 못하고 시간의 알레고리, 역사와 이상한 관계를 맺는 시간의 알레고리로 돌이킬 수 없이 변모된다. 시간으로부터의 일탈은 그로부터 벗어난 형상, 그러니까 불일치로서의 역사의 알레고리를 창출한다. 그러나 이 불일치는 명백한 시간적 성격을 띤다. 시간 속에 녹아듦은 정치가에게 성공을 가져다주는데 이는 둘 혹은 그 이상의 인과적 계열들, 정확하게는 둘 혹은 그 이상의 시간적 흐름들의 '행복한 만남' 속에서 표현된다. 그것은 이 만남(**카이로스**)의 순간에 근거하는 것이다. 개별 인간을 포함한 삶은 그 자체로 이런 **카이로스**, 즉 상황들의 합류의 결과이다. 하지만 죽음은 상황들의 합류인 카이로스와

---

41) 에바 브라운의 일기 중 일부가 후대에 전해졌는데 그녀는 희망 없는 연인으로 등장하는 반면 히틀러는 끊임없이 브라운에게 자살을 충동하는 완전히 냉정한 인간으로 나타난다. 1935년에 브라운은 자살을 시도했지만 구조되었다. 일기의 흥미로운 점은 브라운의 고통과 더불어 그것이 이상한 '반쯤 신화적인' 디테일들, 가령 발키리야(아마도 유니티 발키리야 미트포드)라 불리는 여인을 향한 브라운의 질투나 악마를 향한 브라운의 호소 같은 내용을 담았다는 점이다. "악마가 나를 데려갔으면. 그와 함께 있는 것이 여기보다는 훨씬 더 나을 텐데"(*Hitler's letters and notes*, W. Master (Ed.), New York, 1976, p. 369에서 재인용).

직접 관련된다. 진실로 그것은 죽는 자에게 시간의 정지로서 나타나는 시간들의 합치의 순간을 표현한다. 따라서 죽음은 역사 바깥에 존재하는 사건, 역사로부터 빠져나온 사건이다. 바로 이런 의미에서 역사적 시간의 알레고리로서의 죽음에 대해 말할 수 있다. 발터 벤야민이 쓰기를,

> … 알레고리 속에서 관찰자는 석화된 최초의 풍경으로서 역사의 죽어버린 얼굴들(facies hippocratica)과 직면한다. 애초부터 시의적절하지 못했던 모든 것들, 비통하게 실패한 역사 속의 모든 것은 죽음의 얼굴 혹은 더 정확하게 두개골에서 자신의 표현을 발견한다. 42)

역사 속의 '시의적절하지 못한 것', '합치되지 못한 것'은 역설적이게도 행복한 합치와 마찬가지인 카이로스적 탈시간성의 성격을 획득한다. 이 두 순간 모두는 서로 특이하게 관련되는데, 즉 그들은 '질서'를 파괴하는 모종의 '사건들'로 나타나며 (그것을 바라보는 관점에 따라서) 같은 정도로 의미심장하거나 혹은 의미를 상실한다. 외적 관찰자에게 그들은 의미의 순간과 비시간의 텅 빈 틈새로서 완전히 대립하는 것처럼 보인다. 소쿠로프는 이런 외견상의 대립을 '걷어내려' 시도한다. 그는 비시간과 붕괴의 순간, 명명백백한 의미의 붕괴 순간을 히에로파니43)의 순간, 다시 말해 모종의 근원적 진실이 드러나는 순간으로서 제시하려 시도하는 것이다.

그러나 〈타우르스〉에서는 알레고리적 요소가 〈몰로흐〉에서만큼

---

42) W. Benjamin, *The origin of german tragic drama*, London, 1977, p. 166.
43) [옮긴이 주] 히에로파니(*hierophany*)는 거룩한 것이 세상에 나타남을 뜻하는 말로 흔히 성현이라 번역된다. 역현으로 번역되는 크라토파니(*kratophany*)(공포, 두려움의 대상이 되는 것 일체)와 더불어 엘리아데의 '종교현상학'에 나오는 개념들이다.

그렇게 눈에 띄지 않는다. 44) 심지어 영화의 제목조차 일의적 알레고리식 해석을 비껴간다. 가장 명백한 차원에서 황소자리는 레닌의 별자리를 뜻하지만 그와 동시에 희생양, 즉 신에게 바쳐진 희생 동물을 말하기도 한다. 또한 그것은 역사적 시간의 모종의 파악 불가능한 점성술적 층위를 가리키는 별자리이기도 하다. 그러나 영화의 결말에서 제목이 보여 주는 이 두 가지 명백한 의미가 의심에 처해진다. 영화의 마지막 클라이맥스 에피소드에서 레닌은 공원 오솔길에서 휠체어에 탄 채 홀로 남겨진다. 레닌과 함께 있던 크루프스카야는 갑작스러운 전화를 받으러 가야 했다. 영화가 진행되는 내내 레닌이 계속해서 집 전화가 끊겼다고 불평하던 터라 이 전화 소리는 중요하다. 이와 같은 연결의 부재는 역사적 시간, 사건적 시간으로부터 제외되었다는 사실을 직접적으로 표현한다. 체카(중앙위원회)로부터의 전화 — 레닌 마을의 무시간적 일상으로 예상치 못하게 역사가 개입한 것 — 는 영화 전체에서 거의 처음으로 레닌을 홀로 남겨 두게 된다. 외부 세계와의 소통의 재개가 레닌의 최종적 발화 상실과 일치한다는 사실이 갑작스럽게 드러난다. 영화의 맨 처음 부분에서 의사는 레닌에게 진단명인 '감각 - 운동 실어증', 즉 발화 상실을 고지한다. 그런데 영화가 진행되는 내내 레닌은 충분히 확실하게 말을 구사한다. 마지막에서만 말이 그를 버리게 되고 그는 신음소리로 넘어가는 불분명한 울부짖음으로 주변을 뒤흔든

---

44) 〈타우르스〉와 〈몰로흐〉라는 제목 차원에서 희생제의 및 우상숭배 테마가 동일 범주에 놓인다. 물론, 아론이 조각한 성서의 황금 송아지를 염두에 둔 것이다. **[옮긴이 주]** 몰로흐(Moloch)는 히브리어로 왕을 뜻하는 'melekh'에서 나온 말로, 어린아이를 제의의 희생물로 바치는 신성한 대상을 가리킨다. 프리츠 랭(Fritz Lang)의 영화 〈메트로폴리스〉(1927)에서 주인공 프레더가 노동자들을 삼켜 버리는 기계-괴물의 공포를 표현할 때 이 용어를 사용한 바 있다. 히틀러는 이 영화의 열렬한 숭배자 중 한 명이었던 것으로 알려졌다.

다. 우리는 〈타우르스〉의 결말 부분의 한 장면에서 소들이 방목된 안개 자욱한 풀밭을 보게 되고 벙어리가 된 레닌의 울음소리와 예기치 않게 뒤섞이는 소들의 울음소리를 듣는다. 결국 영화의 맨 마지막에서 레닌은 문자 그대로 수송아지로 변하는 것이다.

하지만 이런 변화는 완전히 비결정적 성격을 띤다. 영화의 끝에서 관객에게 자연스럽게 떠오르는 질문은 마지막 변환이 알레고리적인가 아닌가 하는 것이다. 즉, 레닌은 희생 동물로 변화되었을까 아니면 단지 완전한 무의미의 상태로 퇴행했을 뿐일까? 질문은 다른 식으로 구성될 수도 있다. 이 마지막 변환은 의미의 **보충**, 즉 최종적인 알레고리화일까 아니면 완전한 발화 상실로 표현된 의미의 **상실**일까?

소쿠로프는 흥미로운 방식으로 상호배제적인 이 두 가지 독해를 위한 근거를 제공한다. 처음에 레닌의 지적 능력의 퇴화는 완전히 명백하게 나타난다. 그의 시선은 흐릿해지고 모든 이해력을 상실하지만 이후에 그의 얼굴에서 예상치 못한 변신이 일어나 얼굴이 다시 의미 있는 표정을 얻게 되고 시선은 다시 날카롭고 명민해진다(레닌 역을 멋지게 연기한 레오니드 모즈고보이는 이 에피소드에서 완벽함에 도달한다). 그가 무언가를 보고 무언가에 미소 짓는다는 느낌이 생겨난다. 소쿠로프는 레닌의 시선에 잡힌 것이 무엇인지 우리에게 보여준다. 그는 에피소드에 구름 낀 하늘 장면을 삽입하고 사운드에 천둥소리를 넣었다. 마지막의 이 하늘은 초월적이고 신성한 것의 기호로 읽힐 수 있고 그래서 레닌의 마지막 미소는 이 초월적인 것과의 예기치 못한 접촉으로 읽힐 수 있다. 만일 그렇다면 우리는 의미의 분명한 알레고리화를 얻게 되는데, 즉 레닌은 신이 취하는 희생물, 곧 알레고리적인 '수송아지'(타우르스)가 되는 것이다. 하지만 마찬가지로 근거 있는 또 다른 독해가 가능하다. 구름 낀 하늘은 단지 공허, 무, 입을 커다랗게 벌린 아가리의 기호일 뿐이다.[45] 그리고

266

이 경우의 레닌은 모든 의미의 상실을 구현하는 수송아지가 된다.

나는 이와 같은 단의미적 독해의 불가능성을 시간의 정지에 상응하는 일종의 의미의 일시정지〔유예상태(suspension)〕로 간주하고 싶다. 칸트 이래로, 특히 하이데거의 저작 이후로 우리는 시간성이란 것이 어느 정도는 세계 이해의 조건이며 그것이 우리에게 의미의 아우라 속에서 현상한다는 사실을 안다. 시간이 자신의 흐름을 멈추면 의미는 우리에게 나타나기를 그친다. 문제는 의미가 그 자체로 역사적 시간의 사건성의 기반을 형성하는 계열들의 '카이로스적' 합치의 결과물이며 그것의 의미는 합치의 **강렬한 순간**들 속에서 주어진다는 점이다.

여기서 나는 **카이로스**의 의미에 관한 또 하나의 유보를 행해야만 하겠다. 고대 그리스에서는 과거를 미래로부터 떼어 놓는 순간, 즉 사실상 시간적 차원을 가지지 못하는 현재의 어떤 순간을 카이로스로 간주했다. 카이로스는 본질상 세 가지 영역과 관계를 맺었다. 의학에서는 해당 순간 이후에 환자가 사망하거나 혹은 회복하게 되는 위기의 순간이 그에 해당한다(영화의 마지막 부분에서 죽어가는 레닌이 갑작스럽게 의식이 분명해지는 순간은 부분적으로 이런 **카이로스**와 유사하다). 군사 영역에서 그것은 전투의 결정적 순간을 가리킨다. 그리고 마지막으로 수사학에도 카이로스가 등장한다.

카이로스는 말과 로고스의 리드미컬하고 억양적 조직화로부터, 즉 사건의 질서와 상호관계를 재배치할 수 있는 로고스의 능력으로부터 생겨난다. 다른 말로 하자면 로고스 그 자체가 개별적으로 의미를 지니지는 않지만 발화의 의미를 조직하는 강렬한 순간들의 모종의

---

45) 소쿠로프는 하늘의 의미를 불분명한 것으로 남겨 둔다. 〈길의 엘레지〉에서 작가의 코멘터리는 미술관의 한 그림에 있는 구름 낀 하늘에 대해 "믿음이 있으면 하늘은 살아 있다"라고 말한다. 결국 믿음이 모든 것을 결정한다.

합치의 사슬, 즉 모종의 계열들을 리얼리티 위에 부가한다. 46)

> ··· 카이로스는 의미를 지니는 '무언가'(아리스토텔레스의 표현대로
> 하자면, sêmalnein ti)가 아니다. 논쟁이 카이로스와 연결되기 시작
> 할 때, 아직 알려지지 않았던 그 무엇도 전달되지 않는다. ··· 그럼에
> 도 무언가를 말한다는 사실 자체(mais le fait de dire rien)가 영향
> 을 주고 이야기되는 논거들의 순서와 시간적 순차성을 통해 논증의
> 일반적 움직임을 변형시킨다. 카이로스의 도움을 받아 발화는 lógos
> ékôn métron, 즉 운율이 있는 발화가 되고 지식이 아닌 믿음을 만
> 들어 내는 확신으로 변화된다. 47)

카이로스는 의미를 지니지 않는다. 그것은 그 자체로는 단지 사
건적 계열과 발화-담화적 계열이라는 두 개의 계열의 만남의 순간,
요컨대 아무것도 아닌 것일 뿐이다. 그것의 현존은 벤베니스트가
시도했던 시간의 구분, 즉 물질적-연대기적 시간과 언어적 시간의
구분으로 이끈다. 언어는 사건들을 모종의 시간 순으로 표현하기
위해 인간이 사용하는 가장 효과적인 방법이다. 그러나 벤베니스트
가 지적했듯이 언어 그 자체는 시간의 체계를 오직 현재와의 관계
속에서만 배타적으로 조직한다는 특성을 갖는다. 여기서의 현재는
발화 자체의 순간이기도 하다.

언어적 현재는 언어 속 시간적 대립 쌍의 기초이다. 이 현재는 현재

---

46) 리듬과 운율의 의미론적 효과를 분석하는 트이냐노프의 "시어의 문제"를 보라.
이것은 고대 그리스의 웅변술에 가장 가까운 러시아 문헌학의 고전적 텍스트이다.

47) A. Tordesillas, L'instant temporelle dans l'argumentation de la première te
de la seconde sophistique: la notion de kairōs, Barbara Cassin (Sous la
direction), *Le plaisir de parler*, Paris, 1986, p. 38.

로서 머물면서 담론의 움직임과 뒤섞이는데 그것은 자신이 만들어 내는, 그리고 내적으로 발화행위에 고유한 두 개의 서로 다른 순간들 사이의 분계선을 구성한다. 사건이 더 이상 시간상으로 담론과 일치하지 않고 현재에서 나오며 기억의 도움을 통해 회상되어야만 하는 순간이 그 첫 번째라면, 두 번째는 사건이 아직 현재가 되지 못한, 하지만 될 것이라는 기대감 속에서 발생하는 순간(n'est pas encore présent, va le devenir et surgit en prospection)이다. 48)

벤베니스트의 견해에 따르면, 발화의 행위 자체가 모종의 시간적 중심(발화 순간의 현재 시간)을 만들어 내면서 **카이로스**의 순간을 창조한다. 화자가 현재 시간을 사용할 때마다 그는 사건을 발화 순간과 일치하는 순간에 위치시킨다. 벤베니스트가 지적하기를, 여기서 이 현재의 순간은 "연대기적 시간의 일정한 분절 내부에 자리매김할 수 없는데 왜냐하면 그 순간은 그것들 전부를 인정하고 그 어떤 것과도 관계 맺지 않기 때문이다(ne peut être localisé dans une division particulière du temps chronique, parce qu'il admet toutes et n'en appelle aucune). 49)

본질상 관건은 서로 합치될 수 없는 두 개의 이종적 계열이라 할 연대기적 시간과 언어학적 시간의 문제이다. 그러므로 물리적 사건을 인공적으로 발화 순간에 놓는다는 것은 원칙상 일종의 **카이로스**를 뜻하게 되는바, 즉 그것은 하나의 계열을 다른 계열로 투사하는 것이자 그들 간의 자연스럽지 못한 만남에 다름 아닌 것이다.

영화 속에서 이런 종류의 카이로스는 카메라가 등장인물과 만나는 마법 같은 순간 속에서 그리고 간격(*interval*)에 기초한 영화의 몽타주적 리듬 속에서 직접적으로 표현된다. 그 간격은 아무것도

48) E. Benveniste, *Le langage te l'expérience humaine*; E. Benveniste, *Problèmes du langage*, Paris, 1966, p. 9.
49) *Ibid.*, p. 8.

표현하지 않고 절대적으로 탈의미론적임에도 불구하고 자신의 운율과 억양 구조를 사건들의 계열에 부여한다. 이런 의미에서 자기 담론의 **카이로스**를 세계 속에 투사하는 소피스트는 역사적 인물과 닮았다. 시공간에 대한 본능적 지식 덕분에 그는 서로 다른 계열의 시간들을 연결시킬 수 있다. 시간과 공간에 대한 지식, 이것 역시도 텅 빈 지식이다. 그것은 아무것도 아닌 것, 즉 카이로스인바, 논증 최상의 조직화 방식이나 로고스의 운율론 같은 소피스트의 지식과 같은 종류의 것이다. 요컨대 관건은 만남의 순수 효과, 곧 우연에 있는 것이다.

카이로스는 시간을 갖지 않지만 그 속에서 의미를 드러내는 방식으로 시간성을 조직하고 시간의 의미인 사건을 창조한다. 소피스트는 마치 정치가처럼 시간과 더불어 작업하고 **카이로스**를 조직한다.

조르조 아감벤은 **카이로스**가 메시아적 시간과 직접적으로 관련되었음을 보이고자 시도했다. 사도 바울이 로마 시민에게 보낸 서한을 분석한 글에서 아감벤은 바울이 '지금 시간'이라 표현한 것의 해석에 집중했는데 이는 예수의 부활, 즉 메시아적 사건과 시간이 정지되고 영원이 시작되는 최후의 심판, 곧 **시간의 끝** 사이의 시간을 가리키기 위해 바울이 사용한 표현이다. '지금 시간'으로서의 **카이로스**(*kairōs*)는 연대기적 시간으로서의 크로노스와 영원성 사이의 시간이다. 그것은 **끝의 시간**인 것이다. 아감벤은 다음과 같이 쓴다.

메시아적 시간이란 세속적 시간의 일부인데 그것은 압축을 겪은 부분으로서 그 결과 세속적 시간 전체가 변형된다. … 따라서 아마도 아펠리우스의 선50)에 의거해 메시아적 시간을 두 가지 시간 간의 분

---

50) [옮긴이 주] 선 긋기의 달인이었던 고대 그리스 화가 아펠레스(Apelles)와 관련된 일화로, 그가 경쟁자였던 프로토게네스를 방문해 섬세한 윤곽선을 남기자

할 자체를 공유하는 휴지(休止)부로서 제시하는 편이 더 정확했을
것이다. … 51)

시간의 끝 이전의 시간인 메시아적 시간은 아감벤에 의해 휴지
부, 벌어진 틈새, 중단, 본질적으로 시간 외적인 시간, 한마디로
카이로스로서 이해된다.

후기 셸링은 이와 유사한 방식으로 시작의 시간과 창조 이전의 시
간 그리고 영원성의 시간을 사유한 바 있다. 영원성의 시간은 창조
이전에 신이 거했던 시간, 그러니까 시간이 연대기적으로 흘러가기
시작하기 이전의 시간을 말한다. 셸링이 말하기를, 창조 이전에는
시간이 없었지만 '시간 원칙의 시간'으로 정의될 수 있는 어떤 것, 창
조를 향한 모종의 지향을 사유할 수 있게 하는 어떤 것이 존재했다.

> 시간 원칙의 시간은 아직까지 실제의 시간이 아니다. 반대로 그것은
> 오히려 실제 시간의 부정, 비시간, 본질적으로는 영원성이다. 그리
> 하여 세계가 창조되기 이전에 이미 어떤 시간이 있었지만 이것은 아
> 직은 속박된 시간이다. 우리가 세계 창조 **이전** 시간을 허용하는 한에
> 서만 우리는 세계 이전의 무언가에 관해 말할 수 있다. 52)

소쿠로프에 의해 레닌은 시작의 시간(새로운 시대, 새로운 나라, 새
로운 체제의 시작)이면서 동시에 시간이 아니기도 한, 이 끝의 시간

포로토게네스가 그 그림 안에 더욱 섬세한 선을 그려 넣었고 두 번째로 방문한
아펠레스가 다시 두 선 사이에 세 번째 선을 미묘하게 그려 넣어 결국 프로토
게네스의 승복을 받아냈다는 이야기이다.

51) Агамбен Джорджо, Apōstolos, *Новое литературное обозрение*, No. 46,
2000, CC. 52~53.

52) Ф. В. Й. Шеллинг, *Система мировых эпох*, Томск, 1999, C. 296.

속에 놓인다. 셸링의 표현을 사용하자면 이것은 '속박된 시간'이다. 루돌프 불트만은 '종말의 시간'을 분석한 글에서 그 종말의 시간 속에 기독교 의식의 패러독스가 담겼다는 사실을 보여 주었다. 하나의 에온[53]이 끝나고 또 다른 에온이 도래한다는 식으로 사유하는 유대인의 종말론과는 달리, 그리스도교의 종말론은 과거의 에온이 지금 끝나는 중인데 새로운 에온은 이미 시작되었다는 확신에 기초한다. 이는 죄 많은 과거 에온에 속한 모든 것이 이미 죽었거나 죽어 가지만 새로운 에온에 속하는 것 — 무엇보다 죽음의 극복 — 은 이미 이루어진다는 것을 의미한다. 결국 산 자들이 마치 죽은 자들처럼 사는 이야기, 그러니까 구세계와 관련한 그들의 죽음이 이미 이루어졌기 때문에 죄로 인해 죽고 다시 부활한 자들처럼 살아가는 이야기가 된다.[54] 〈타우르스〉나 〈어머니와 아들〉을 포함한 소쿠로프의 일련의 영화들이 보여 주듯이 여기서 두 번째 탄생은 죽음에 선행한다.

소쿠로프 영화의 시간은 의심할 바 없이 메시아적인 외적 시간과 관계된다. 레닌에 대한 영화에서는 희생 동물, 즉 수송아지와의 비유 그 자체가 메시아주의를 암시한다. 다른 한편으로 레닌은 삶(연대기적 시간으로서의 크로노스)과 죽음(체계적으로 탄생과 비교되는) 사이의 어떤 이상한 과도기적 중간지대에 자리한다(레닌이 아기처럼 씻기고 무력하게 말을 상실하는 것 등등을 보라. 또 유년시절로 돌아간 레닌이 아이들과 만나는 중요한 순간을 보라). 그는 두 개의 시간, 즉 무시간과 **크로노스**를 갈라놓는 바로 그 순간에 처하게 된다. 레닌은

---

53) [옮긴이 주] 에온(*aeon*)은 흔히 무한히 긴 시간(영겁)을 뜻하는데 영지주의에서는 영원한 신적 존재들을 가리키는 말로도 사용된다.

54) R. Bultman, Man between the times according to the new testament, *Existence and faith: Shorter writings of Rudolf Bultman*, Cleveland/New York, 1960, pp. 248~266.

카이로스의 무시간에 처한 것이다. 의미심장한 것은 영화의 제일 끝 부분에 이르러서도 레닌이 여전히 살아 있는 반면, 제일 첫 부분에서는 (역사와의 연관성을 표현하는) 신문을 그에게서 빼앗자 그가 "난 아마 이제 곧 죽을 거야…"라고 선언한다는 점이다. 이 장면 이후에 곧바로 의사가 레닌에게 "17에 22를 곱할 수 있게 되면" 회복될 거라고 말한다. 영화 내내 레닌은 이 어렵지 않은 작업을 실행하려고 교차점을 찾아 두 단위를 서로 연결하려고 애를 쓴다. 그리고 오직 그의 모든 시도가 실패로 돌아갔을 때 이후의 움직임은 단지 죽음을 향해 갈 수 있을 뿐이라고 카이로스가 최종 결정을 내린다. 영화 전체가 바로 이 '이제 곧'과 연기된 죽음 사이에서 펼쳐진다. 즉, 두 개의 숫자적 계열의 이루어지지 못한 접근의 중간 휴지부에서 진행되는 것이다.

소쿠로프는 끝의 시간의 카이로스, 테마를 다룬 영화 〈어머니와 아들〉에서도 이와 유사한 시간 구조를 사용한다. 이 영화에는 어머니의 생애 마지막 순간들이 그려지는데 이 순간들 역시 이미 크로노스가 아니라 종말을 앞둔 시간의 정지 상태, 즉 휴지부를 향했다. 영화의 행위가 펼쳐지는 풍경의 예외적인 아름다움과 이 영화에 특징적인 삶의 충만함에 대한 감각은 삶의 모종의 충만함을 획득할 수 있는 '끝의 시간'의 특별한 능력을 반영한다. 아마도 이는 다름 아닌 카이로스적 완결의 순간에 형식을 획득할 수 있는 삶의 능력, 곧 심미화될 수 있는 삶의 능력과 관련될 것이다. 소쿠로프가 이 영화에서 카스파 다비드 프리드리히55)의 그림에 주목하는 것 역시 우연이

---

55) 이에 관해서는 H. Lövgren, 〈Mother and Son〉, Romantic realism in the work of great Russian filmmaker, *Literary Review of Canada*, Vol. 10. No. 2. March, 2002, pp. 6~8을 참고. [옮긴이 주] 카스파 다비드 프리드리히 (C. D. Friedrich, 1774~1840)는 19세기 독일 초기 낭만주의의 가장 중요한

아닌데 이는 시간성의 알레고리적인 정지 상태를 향한 그의 두드러진 관심 때문이다. 그와 반대로 다른 경우(가령, 〈세컨드 서클〉)에서 시간의 정지는 의미의 황폐화로 바뀔 수도 있다.

그와 같은 구성의 가장 직접적인 대응물을 도브젠코의 영화 〈대지〉에 나오는 유명한 에피소드에서 찾아볼 수 있다. 이 에피소드에서 시간성을 완전히 상실한 듯한 긴 몽타주 에피소드가 바실리의 죽음에 앞서 등장한다. 굳어져 버린 연인과 풍경들로 이루어진 이상한 숏들이다. 이 에피소드와 소쿠로프가 만든 이미지 사이의 유사성은 본능적으로 거의 직접적 차용이라는 생각을 불러일으킬 만큼 지대하다. 크라카우어는 "영화의 전 인물 혹은 몇몇 인물이 갑자기 움직이기를 멈출 때" 나타나는 도브젠코의 독특한 기법에 대해 쓴다. 그에 따르면 이 기법은 "중요한 효과를 낳고 마치 우리가 정신을 차려 보니 갑자기 공허 속에 있는 것 같은 느낌을 불러일으킨다".56)

풍경화가 중 한 명이다.

56) 3. Кракауэр, *Природа фильма: Реабилитация физической реальности*, М., 1974, C. 74. 하지만 크라카우어는 이러한 시간성으로부터의 이탈을 이해할 수 없었다. 그는 그것을 다른 차원으로 옮겨 놓음으로써 시간성을 소진한 에피소드들 속에서 시간의 움직임을 복구하려 시도했다. "비록 스크린 위의 인물들은 굳어 버렸지만 그들의 단속적 움직임의 밀려듦은 우리가 즉각적으로 그를 느끼기를 멈출 정도로 충분히 강력하다. 그래서 〈병기고〉와 〈대지〉 같은 영화에서 우리에게 정지 컷들이 제시될 때, 영화의 움직임은 외적인 것에서 내적인 것으로 전환되면서 유지된다"(Там же, C. 74). 그리고 물론, 타르콥스키 같은 도브젠코의 추종자가 이러한 무시간적 조각들의 존재들을 이해하지 못한다는 것은 놀랄 만한 일이 아니다. 왜냐면 타르콥스키는 원칙적으로 시간성이라는 범주 너머에서는 사색을 할 수가 없기 때문이다. 이 긴 에피소드에서 타르콥스키는 가장 평범한 몽타주 진행을 선택했고 게다가 서사적 시간으로부터의 이 이탈을 무성영화의 한계로 해석한다. "도브젠코의 영화 〈대지〉에서 쿨라크(부농)는 주인공에게 총을 쏘는데 이 저격을 전달하기 위해 감독은 주인공이 갑작스럽게 쓰러지는 숏을 유사한 다른 숏(들판에서 말들이 놀라서 머리를 치켜드는 컷)과 충돌시킨다. 그다음 다시 살인의 현장으로 되돌아온다. 머리를 치켜드는 이 말들은

어떤 경우든 카이로스의 의미는 역사로부터의 분리, 광의의 의미에서 서술로부터의 분리, 어떤 추론적이며 인과적 관계에 종속된 시간의 연속으로부터의 이탈에 놓였다. 여기서 **카이로스**는 **우연성**을 구현하는 것이기에 그것은 어떤 의미에서 역사의 단독성과 특이성에 대립하는 아주 특별한 단독성과 특이성으로 특징지어진다. 카이로스의 단독성의 수위는 조음되어 전달될 수 있는 의미 영역에서 상당 부분 비껴난 곳에 자리할 정도이다(의미란 언제나 공통성과 반복성을 특징으로 한다). 특히, 이는 〈타우르스〉에서의 레닌의 예에서 잘 드러나는데 그는 모든 합리성의 형식의 퇴화, 의미의 완전한 파멸을 보여 주지만 그와 동시에 단독성으로 가득 찬 어떤 특별한 비극적 사건을 똑같이 보여 준다. 그 사건은 나름대로 중요하고 극적이지만 (사건이라는) 이 단어의 일반적 의미에서는 아무런 의미도 갖지 않는다.

내가 보기에 제2차 세계대전에 관한 다큐멘터리 영화 〈더 이상은 아무것도〉(1982~1987)에는 소쿠로프 시학을 상징하는 작은 에피소드가 나온다. 소쿠로프는 유명한 해전 기록 필름을 이용하는데 갑자기 갑판 위에서 공포에 질려 몸을 구부린 해군의 모습이 보일 듯 말 듯 나타난다. 감독은 인물의 얼굴을 클로즈업하면서 이 '배경적' 형상을 확대할 뿐만 아니라 시간을 정지시킴으로써 우리로 하여금 경악에 찬 해군의 얼굴을 자꾸만 다시 쳐다보도록 만드는 방식으로 이 스쳐가는 에피소드를 열어 보인다. 여기서 소쿠로프의 모든 전략은 인간을 역사적 사건들의 사슬로부터 강제로 떼어 내 그를 인위적으로 창조된, 본질상 탈시간적인 '끝의 시간', 즉 **카이로스**

관객에게 으르렁거리는 소리를 간접적으로 전달하는 것에 해당한다. 영화가 유성영화가 되었을 때, 그런 종류의 몽타주의 필요성은 사라지게 되었다"(A. Tapковский, *Запечатленное время*, CC. 170~171).

에 잠기도록 만드는 것이다. 이런 식의 맥락과의 분리는 담론과 서사에 의해 주어지는 의미를 (부분적) 단편으로부터 앗아가 버린다. 즉, 그것이 모든 선형성의 형식으로부터 이탈해 버리는 것이다. 다름 아닌 이곳에서 담론은 서사와 만나게 되고 그것을 부수며 붕괴와 휴지의 순간을 창조한다. 그리고 바로 그때(물론 비시간성의 시간에 관해 말할 수 있다면) 아무것도 아닌 것, 텅 빔, 일시정지라는 이상한 경험이 실현되는 것이다.

중요한 것은 카이로스적 순간이 단지 시간성에서 벗어날 뿐만 아니라 순간적으로 계열들을 근접시킴으로써 그 자체로 그들 간의 평행적 상응 관계의 에너지를 파괴해 버린다는 점이다. 그런데 이 평행관계야말로 (초월적인 것으로 일상적인 것을 복제하듯이) 의미의 발생 혹은 클레만 로세라면 **의미의 환영**이라고 부를 만한 것의 발생을 책임지는 것이다. 따라서 레닌이 거의 육체적으로 수송아지로 '변하는' 마지막 부분에서 수송아지의 별자리 상징 — 즉, 이 세계의 상응하는 계열인 점성술에서 찾아볼 수 있는 모종의 초월적 의미 담지체 — 에 기댈 필요성이 사라진다.

필립 라쿠라바르트는 카이로스의 그런 순간에 대해 다음과 같이 쓴다.

> 이것은 일어나는 일의 순수한 일시정지, 즉 휴지이거나 붕괴이다. '여백 그리기'라는 표현이 의미하는 바가 바로 이것이다. 현재의 현존 자체가 일시정지, 멈춤, 괴이함으로의 갑작스러운 내던져짐에 처해진다. 그리고 그때, 존재를 지니지 않는 아무것도 아닌 것, 곧 존재의 무(ne-ens)가 생겨나지 않은 채(왜냐하면 정의에 따라 이것은 생겨날 수 없기 때문이다) 생겨나게 된다. 현기증, 그것은 아무것도 아닌 것의 경험, 곧 무이다. 57)

멈춰진 시간에 대한 바로 이런 느낌 그리고 이와 관련해 현재가 사라져 버리는 느낌은 우리로 하여금 전통적인 서사-담론 차원에서는 의미를 갖지 못하는 그런 경험 속으로 파고들도록 만든다. 그러나 의미의 이런 무는 당연히 의미 없는 것이 아니다. 라쿠라바르트는 이를 일정한 자리를 점유하지 못하는 시의 무능력과 연결시키는데, 즉 시는 낯설게 하기를 지향하며 시적 발화의 리듬 자체, 그것의 리듬적 휴지부 속에서 표현되는 '다른 곳'에 머물기를 지향한다. 이 리듬적 휴지부란 '발화의 일시정지', 곧 발화의 의미 바깥으로 나가는 것이다. 이런 벗어남 안에서 **카이로스**의 경험이 표현된다.

소쿠로프에게서 인물을 이해한다는 것은 그를 발화, 역사, 서사, 심지어는 담론의 연대기적 사슬로부터 끄집어낸다는 것을 뜻한다. 인물이 이 사슬들에 포함되는 한 그는 자신과 직접 관계없는 전개, 계열, 사슬들로 이루어진 모종의 점진적 관성에 기생하는 것과 같다. 인간의 본질은 오직 그가 이런 점진적 전개의 의미론적 흐름으로부터 떨어져 나왔을 때 드러나게 된다.

계열들에서 이탈하는 순간, 역사에서 벗어나는 순간, 그 인물은 자신 속에서 비존재의 경험을 발견한다. 소쿠로프가 레닌의 무력한 형상으로부터 놀라운 역량을 통해 뽑아내는 것이 바로 그것이다. 영화에서 레닌은 중앙위원회(체카)에 독약을 청하고 싶다고 말하는데 '강압의 원천이 무력하고 허약할 수는 없다'는 것이 그 이유이다. 무력함과 허약함은 영화의 주된 라이트모티프인데 죽어가는 지도자로 하여금 자신의 본질적인 근원으로 되돌아가도록 만드는 것이 바로 이 무력함과 허약함이다. 영화의 결말에 앞서 욕조에서 마치 어린 아이처럼 레닌을 씻기는 장면이 나온다(영화 〈스톤〉에도 비슷한 식의

---

57) Lacoue-Labarthe Ph., *Poetry as experience*, Stanford, 1999, p. 19.

체호프의 목욕 장면이 있다). 레닌은 점차 말 못하는 아이로 변하면서 명백하게 퇴화하는데 여기서 무력함과 허약함은 어린 아이의 본질적 특성이다. 멜라니 클라인의 연구 덕택에 이미 우리가 알듯이 그리고 레닌의 주장과는 다르게 공격성과 강압을 만드는 것은 다름 아닌 아이의 무력함과 허약함이다. 레닌의 본질은 그의 정치에서가 아니라, 시간과 합치되지 못하는 마지막 부분의 무능력에서 드러난다.

무력함의 이 역설 속에 소쿠로프 영화의 독특한 정서를 푸는 열쇠가 들었다. 그는 자신의 극적 성격의 깊이를 역사 드라마의 일시 정지로부터 건져 올리는 것이다.

〈타우르스〉를 완성한 이후 소쿠로프는 예술적-기술적 결단에서 전례가 없는 영화인 〈러시아 방주〉를 찍었다. 이 영화는 에르미타주 박물관의 홀에서 한 전시실에서 다른 전시실로 움직여가는 이동 카메라를 통해 한 시간 반짜리 단일 숏으로 촬영되었다. 각각의 전시실은 그 시대의 의상을 입은 식별 가능한 역사적 인물과 엑스트라로 가득 찼다. 어지럽게 움직이는 카메라는 마르키즈 드 퀴스틴 후작[58]을 모델로 하는 어떤 외국인 후작을 따라간다. 홀에서 홀로 이동하면서 이 여행자-후작과 보이지 않는 작가(카메라와 동일시되는)는 한 세기에서 또 다른 세기로 움직여 간다. 비록 난처한 등장으로 인해 자주 소란을 일으키기는 하지만 그들은 결코 전시실에서 벌어지는 일들에 유기적으로 스며드는 법이 없다. 박물관 안의 역사적 유령인 수많은 군중은 가끔씩 서로 섞이기는 하지만 대체로

---

58) [옮긴이 주] 마르키즈 드 퀴스틴(M. de Custine, 1790~1857)은 프랑스의 문학가이자 재상으로 니콜라이 1세 치하의 러시아를 여행하고 쓴 책 《차르의 제국: 영원한 러시아를 통한 여행 — 1839년의 러시아》로 유명하다. 이 책은 수차례에 걸쳐 유럽에서 출간되었는데, 이른바 제정러시아에 대한 유럽적 관념(스테레오 타입을 포함한)을 만드는 데 결정적인 역할을 했다.

역사적 시간에 따라 각자의 홀에 배치되었다.

박물관의 전시물이 이미 지나 가버린 완결된 역사적 시간의 메타 포로 처음 사용된 것은 소쿠로프의 영화 〈스톤〉에서였다. 거기서 체호프는 박물관으로 변해 버린 얄타의 자기 집으로 되돌아온다. 에르미타주를 다룬 영화와 더욱 밀접한 영화는 감독의 최근작인 〈긴 여정의 엘레지〉(2001) 59) 이다. 〈러시아 방주〉와 〈긴 여정의 엘레지〉 사이에는 긴밀한 주제적·미학적 연관성이 존재한다. 〈긴 여정의 엘레지〉에서 작가(소쿠로프가 직접 영화에서 주인공으로 등장한다) 는 한밤 러시아의 겨울 도시로부터 그 자신에게도 목적이 불분명한 여행을 떠난다. 이 여행은 주인공-작가가 네덜란드의 '어느 부유한 집'에 도착했을 때 우연인 것처럼 끝나버리는데 그 집은 '작은 네덜란드인들'의 인상적인 컬렉션을 소유한 박물관60) 이었다. 박물관은 일종의 시간 저장고로서 특별히 두드러지는데 그 안의 그림들은 마치 정지된 시간적 흐름의 절단면들처럼 체계적으로 묘사된다. 이때 예술가가 선택한 멈춰진 시간의 순간 자체는 우연적인 것으로 해석된다. 한 그림에 대해 '어째서 이 배는 해변에 닿았는가?' 언젠가 사람들이 그 배에 앉아 있었고 '그렇게 거기 남았으며 이 저녁은 그들의 영원한 낮이다'라고 말해진다. 겨울 풍경 속에서 사람들은 마치 크로노스가 멈춘 순간에 그림이 되어 얼어붙은 듯하다. 화면 바깥의 목소리인 소쿠로프가 말하기를, '물감이 말랐고 모든 것이 멈추었다'. 주인공은 그림 중 하나를 손으로 만지며 '캔버스가 아직 따스하다'고 말한다. 네덜란드 미술관의 화폭 위에서의 이 우연한 시간의 정지는

---

59) [옮긴이 주] 영어제목은 *Elegy of voyage*이며 국내에는 〈긴 여정의 엘레지〉로 소개되었다.

60) [옮긴이 주] 브뤼겔의 〈작은 바벨탑〉이 소장된 네덜란드 로테르담의 보에이만스 반 뵈닝겐 미술관을 말한다.

우연하고 혼돈스러우며 예측 불가능한 여행과 직접적인 연장선상에
있다(소쿠로프는 '누가 나를 여기로 데려왔을까? 나는 왜 여기에 있는가?'
라고 묻는다). 〈긴 여정의 엘레지〉는 두 개의 크로노스의 어떤 수수
께끼에 관해 이야기한다. 그중 하나는 화폭 위에 멈춰진 시간이고
다른 하나는 수세기가 지난 후 우연히 이 그림 앞에 서게 된 우연한
여행자와 관련된 시간이다. 영화에는 신에 대한 이야기가 많이 나오
는데 그 신은 언젠가 인간을 '보살폈지만' 이제는 이 세계를 내버려
두어 '우리 삶이 저절로 흘러가도록' 만든 자이다. 보이지 않는 길의
움직임이 그렇듯이, 삶은 저절로 흘러간다. 그러나 두 순간의 합치,
그러니까 네덜란드의 17세기에 정지된 순간과 오래된 그림 앞에 우
리의 동시대인이 '우연히' 자리하게 된 순간의 합치 그 자체는 완전
히 우연일 수 없다고 작가는 말하는 듯하다. 시간은 그림 속에서 되
살아나야만 한다. 만일 누군가가 거기로, 그림 속에 그려진 도시로
되돌아와서 화폭 안으로 들어가기만 한다면 말이다.

　멈춰진 낯선 크로노스로의 이런 침투는 길(여행)의 체험 자체로
부터 제공된다. 현대의 여행자는 인간과 주변 환경의 일체감을 파
괴하는 속도로 부동의 풍경들을 통과해 간다. 아르노 솜페락은 '부
동의 공간과 운동의 데쿠파주(découpage)'[61]에 관해 말한다. 운동
과정에서 목도된 공간의 추상화는 현대 여행자의 경험의 시간성을
변화시키고 그로 하여금 모종의 상상된 내적 풍경을 지향하도록 만
듦으로써 마치 그의 의식을 주변으로부터 이화시키는 것처럼 보인
다. 정신적인 풍경은 지각에 상상을 더하면서 지각의 공간 속으로
침투한다. 솜페락은 베르그송적인 지속의 풍경[62]의 발생을 말한

---

61) A. Sompairac, La Route, la nuit: Qu'est-ce qu'une route?, *Les Cahiers de
　　Médiologie*, No. 2, 1996, p. 161.
62) 이에 관해서는 훨씬 더 이전 19세기에 볼프강 쉬벨부쉬가 시공간 인지의 현상학

다. 가장 역동적인 지각의 지속성이 침투하는 바로 이런 차창 밖 부동의 공간이 변형되는 모습을 영화 초반부 절반에서 소쿠로프는 면밀하게 그려낸다.[63] 그로써 낡은 캠퍼스의 굳어 버린 시간 속으로 여행자의 의식이 침투하는 마지막 장면이 준비되는 것이다.

여기서 말하는 것은 자신 속의 우연성을 극복하고 이전에 없었던 새로운 법칙성을 개시하는 **카이로스**들이 함께 만나는 마법적 국면이다. 이 마술적 순간은 〈긴 여정의 엘레지〉에서 숏 바깥의 소쿠로프의 목소리가 갑자기 — 이미 지나 가버린 삶의 디테일들, 화폭에 담긴 그 순간들을 회상하면서 마치 그림 중 하나(1765년 피터르 산레담의 풍경화)의 내부로부터 나오는 것처럼 — 들려오기 시작하는 바로 그 장면에서 발생한다. 길은, 이렇게 해서 회상으로, 플라톤적 상기로 끝이 난다. 바로 그 안에서 영혼은 순식간에 이데아의 세계와 결합되고 앎을 획득하는 것이다.

이렇듯 〈긴 여정의 엘레지〉는 기나긴 움직임, 역사와 우연성이라는 문제, 곧 카이로스를 향한 끝없는 여행을 그린다.

〈러시아 방주〉에서는 〈긴 길의 엘레지〉에서 형성된 많은 것이 추가적 발전을 얻으나 전체적 구조는 그대로이다. 마르키즈 후작, 이 우연한 여행자는 정지된 시간의 마법적 공간에 우연히 떨어지게 된다. 그는 수 세기동안 유지되어온 부동성, 그 유령성에 숨을 불어넣으며 불가피하게 그 공간을 다시 살아나게 만든다. 시간을 담는 처소라는 박물관의 은유는 거기서 더욱 밀도 있게 작동한다. 아마도

에 관한 선구적 저작에서 밝힌 바 있다. 쉬벨부쉬는 철도 여행은 공간을 베르그송의 지속과 유사한 '모종의 살아 있는 것'으로 경험하도록 만든다고 적었다(W. Shivelbusch, The industrialization of time and space in the 19th century, *The railway journey*, Leamington Spa/Hamburg/New York, 1986, p. 36).

63) 소쿠로프는 차창 밖의 어둠, 어둠 속을 날아가는 빛의 얼룩, 시각의 추상적인 비결정성을 담아낸다.

이는 부분적으로 겨울궁전이 단순한 박물관이 아니라는 점, 그것이 황제들의 거처라는 점과 관련될 것이다. 그곳에서 역사는 끊임없이 제의적인 궁중극으로, 또 예술작품으로 바뀌기 때문이다. 그렇게 해서 에르미타주는 아주 독특한 역사의 처소이자 보관소가 된다. 박물관의 전시물이 됨으로써 여기서 역사는 최종적으로 인간적 경험의 현실성에서 벗어난다. 역사는 마치 바로크의 알레고리처럼 자신 속으로 침잠한다. 세기를 거쳐, 홀을 거쳐 움직이는 이 이동의 기이함은 얼어붙은 시공간의 이 홀들이 사자(死者)로 가득 차 있다는 점에 있다. 이 홀들 안에서 역사는 움직임의 잠재력을 갖지 않았다. 형성과 변화의 가능성 자체가 여기서는 완벽하게 제거되었다. 퀴스틴 후작은 영화에서 그려지는 궁정의 삶을 모종의 연극을 위한 끝없는 리허설로 묘사하는데 이 연극은 결코 완성될 수가 없다. 왜냐하면 감독-황제의 의도에 상응하는 이상적인 형식은 결코 달성될 수 없기 때문이다. 그는 러시아의 황실에 대해 이렇게 쓴다.

> 그것은 내게 점점 강하게 연극의 인상을 준다. 그 연극에서 배우들은 거대한 리허설로 평생을 보낸다. 그 누구도 자신의 배역을 모르고 개관일은 절대로 오지 않는다. 왜냐하면 감독이 자기 신하들의 연기에 결코 만족하는 법이 없기 때문이다. 배우와 관객은 평생을 허비한다. 이른바 〈북방의 문명〉이라는 기치 아래 이 영원히 끝나지 않을 사회적 코미디를 완성하기 위해 그렇게 하는 것이다.[64]

다르게 말해 여기서 작동하는 것은 역사적 시간이 아니라 단지 끝없이 반복되는 제의, 영원히 끝나지 않을 리허설인바, 그것은 역사적 시간을 통해 완결되지 않는다. 사건은 일어날 수가 없다. 왜

---

64) M. de Custine, *Letters de Russie*, *La Russie en 1839*, Paris, 1975, p. 135.

282

냐하면 그것이 모종의 이상적 형식, 즉 황제의 이데아와 의도에 합당한 상태가 아니기 때문이다. 러시아의 정치가들이 이해하지 못하는 것은 역사적인 것이란 바로 그런 의도와의 불일치, 우연성의 유희 속에 있다는 점인데, 황제가 제거하려 노력하는 것이 바로 그것이다. 본질적으로 러시아의 역사란 페테르부르크와 제국의 황실을 제외한 나머지 모든 영역에서 펼쳐지는 것이다.[65]

바로 이러한 역사 외적이고 시간 외적인 존재를 배경으로 과거에 대한 기억은 자신의 모든 가상적 의미를 획득한다. 카메라-작가의 유동적 움직임과 그가 뒤쫓는 마르키즈까지.

영화에 등장하는 유일한 '유기적' 움직임은 원칙적으로 역사적 시간에서 빠져나왔다. 그것은 비존재로부터 이곳으로 나타난 낯선 이의 움직임으로, 바로 그 '우연한' 유동적 움직임이 알레고리적으로 화석화된 채 고정된 과거의 조각들을 서로 연결한다. 마르키즈는 영화의 시작 부분에서 '작가'에게 묻는다. "이게 무슨 도시요? 내가 당신과 지금 어떤 언어로 말하는 거지?" 작가 자신조차도 낯선 과거에서 길을 잃고 현재 벌어지는 상황 속에서 자신의 위치를 결정짓지 못한다. "이 모든 일이 내 즐거움을 위해 행해지는 것인가? 아니

---

65) 페테르부르크-레닌그라드에서 생생한 역사가 빠졌다는 사실은 슈마허의 다음 일화가 잘 보여 준다. "나는 몇 해 전 페테르부르크에 갔을 때, 내가 어디 있는지 알기 위해 지도를 살펴보았는데 도무지 알 수가 없었다. 내가 서 있는 주변에서 몇 개의 거대한 성당을 볼 수 있었는데 지도에는 그것들이 흔적도 없었다. 결국 통역사가 도와주러 와서 내게 말했다. '우리는 지도에 성당을 표시하지 않습니다.' 나는 동의하지 않고 지도에 분명히 표시된 성당을 가리켰다. '그것은 박물관입니다.' 그가 말했다. '우리가 살아 있는 성당이라고 부르는 것과는 다른 겁니다. 우리가 표기하지 않는 것이 살아 있는 성당입니다'"(E. F. Shumacher, *A guide for the perplexed*, New York, 1977, p. 1). [옮긴이 주] 러시아에서는 박물관이 되어 관람객을 받는 성당이 아니라 실제로 미사가 이루어지는 성당을 '살아 있는 성당'이라고 부른다.

면 나도 어떤 역할을 연기해야만 하는 걸까?"이런 불명확성은 '역
할을 연기해야만' 하는 것이 다름 아닌 다른 시간대로부터 이곳에
떨어진 낯선 관객, 즉 목격자라는 점과도 관련이 있다. 바로 그의
쉼 없는 움직임이 비시간성을 초월적인 것으로 만들고 한 번 외운
역할을 영원히 반복하는 배우들, 그 역사적 유령들의 삶에 의미 비
슷한 어떤 것을 들여온다. 이 경우 카이로스의 힘을 부여받는 것은
외적인 관찰자-여행자이다. 그가 궁중에서 환영받지 못하는 것은
그 때문이다. 니콜라이 1세의 궁중의례 장면에서 사람들은 마르키
즈를 쫓아내려 한다. "누가 당신을 들여보냈지? 여긴 당신이 있을
곳이 아니오!"대공은 그를 향해 이렇게 말한다. 66)

소쿠로프의 의도를 이해하기 위해서는 퀴스틴의 텍스트를 좀더
주의 깊게 살펴봐야 한다. 처음부터 퀴스틴은 자기 자신을 '우연'이
중대한 사명을 부여한 자라고 말한다. 이 사명이란 잘 알려지지 않
은 나라에 관해 단순히 묘사하는 것이 아니라 그가 썼듯이 '역사를
그 결과들 속에서' 관찰하는 것이다. 다르게 말해 여행자란 곧 우연
성과 비예측성의 인간인바, 그의 운명은 언제나 우연의 의지에 따
라 좌우된다. 그는 역사를 드러내는 특별한 능력을 지닌다. 그는

---

66) 퀴스틴은 기질적으로 사회에 안착되기 어려운 사람이었다. 프랑스의 귀족 사
   교계에서 그는 동성애자로서 박해받았다. 그가 당했던 사회적 매장의 정도가
   얼마나 강력했는가 하면, 한 번은 거의 죽을 지경까지 린치를 당했으며 그의
   지인이었던 몽칼리엠은 그에게 자살 이외의 출구가 없다고 여겼을 정도였다.
   (러시아로의) 여행은 부분적으론 '집으로부터의' 탈출이었던 것이다. 게다가
   퀴스틴은 숙명의 모티프에 특히 민감했는데, 그것은 평생 그를 따라다녔다.
   1824년 1월에 퀴스틴의 친척 중 한 명인 어느 늙은 수도원장이 죽기 직전 무
   엇 때문인지 퀴스틴의 가족에게 저주의 말을 남겼다. 6개월 후에 퀴스틴의 젊
   은 아내가 죽었다. 1826년까지 마르키즈를 제외한 모든 가족이 죽어 버렸다.
   그런 상황에서 여행은 단지 사회로부터의 도주가 아니라 운명으로부터의 도주
   이기도 했던 것이다.

역사와 단단하게 결부되어서 마르키즈 자신이 여러 차례 언급하듯이 그를 둘러싼 러시아인은 그를 실제보다 훨씬 중요하고 큰 권력을 지닌 자로 그려냈다.

퀴스틴의 확신에 따르면 중요한 것은 역사를 낚는 이 어부가 본질적으로 역사 외적인 나라에 떨어지게 됐다는 점이다. 러시아의 이런 원칙적인 비역사성은 그 전제적 권력의 성격에 놓였는데 그 권력은 시간 속에 녹아들어야 할 필요성, 그러니까 자신의 행위들을 운명에 맞춰가야 할 필요성을 전혀 느끼지 않는다. 때문에 퀴스틴이 쓰듯이 과거는 러시아에서 필연성의 성격을 띠지 않는다. 그것은 언제든 다시 써질 수 있는 것이다.

표트르 1세가 예카테리나 1세와 결혼하기를 원했을 때, 그는 대신들을 폴란드와 리트비아 등지로 보내 거기서 '처음에는 **저명한** 대공의 적자로 선포되었다가 나중에는 황후의 오빠라는 칭호를 부여받게 된 별 볼 일 없는 혈통의 귀족'[67]을 찾아오도록 했다. 그렇게 해서 군주의 의지에 따라 역사를 바꾸었던 것이다.[68] 퀴스틴이 쓰기를,

> 러시아인은 자신들의 선조를 두려워하고 그들의 뒤를 따르지 않으려 한다. 그들은 역사의 증인들인데 러시아인은 종종 역사를 잊기를 원하는 것이다.[69]

---

67) M. de Custine, *op. cit.*, p. 58.

68) 1712년 표트르 1세와 결혼한 예카테리나 1세는 본래 마르타라는 이름의 가난한 하층 계급 출신 고아였다. 첫 번째 부인이었던 예드도키아를 수도원에 유배 보낸 표트르 대제는 북방전쟁 중에 빼앗은 지역 출신의 이 여인을 보고 반해 재혼한다. 표트르 사후에 황제 자리를 물려받은 황태손(표트르 2세)의 나이가 너무 어려 예카테리나가 황제의 자리에 오르지만 즉위 2년 만에 사망한다. 본문의 내용은 별 볼 일 없는 예카테리나의 혈통을 가짜로 만들어 내고자 한 표트르의 시도를 가리킨다.

69) *Ibid.*, p. 94.

페테르부르크에서 망각은 파괴와 폐허 속에서 나타나며 이는 그 도시의 근본적인 비역사성을 반영한다. 퀴스틴에게는 만일 군주가 단 하루만이라도 자신의 북방의 도시를 잊어버린다면 그 도시는 마치 유령처럼 한순간에 사라질 것처럼 여겨졌다. 왜냐하면 그것은 '역사에도, 그렇다고 땅에도 뿌리박지 못하기 때문이다'.[70] 표트르의 도시, 그것은 군주의 의지의 순수한 발현, 그의 의지와 판타지가 존속되는 한에서만 존재할 수 있는 한 인간의 판타지이다. 도시가 역사적으로 발생한 것이 아니기에 그것은 그 나라의 역사에 전혀 뿌리박지 못한 문화적 차용들의 산물이 된다. 퀴스틴은 페테르부르크를 판타지의 산물, 역사에 동화되지 못했기에 연장될 수 없는 어떤 것, 요컨대 연극적 장식으로서 묘사했다.

… 여기에서는 모든 것을 파괴하는 기후에 대한 고려 없이 나무로 궁전을 짓고 판자로 집을, 회반죽으로 성당을 지었다. 러시아의 노동자는 그렇게 겨울에 파괴된 것을 여름에 다시 재건하는 일에 평생을 헛되이 바친다. 그 어떤 것도 이 기후의 영향 앞에서 보존될 수가 없다. 가장 고대적인 건물조차 단지 어제 재건된 듯하다. 거기서 돌은 다른 장소에서 석회와 회반죽이 보존되는 정도로만 보존될 뿐이다. 알렉산드르 원주의 몸통, 이 거대한 화강암 조각조차 이미 추위에 부식된다. 페테르부르크에서는 화강암 아래에 청동을 받쳐 넣어야만 한다. 하지만 그 모든 것에도 불구하고 이 도시에서는 더운 나라의 건축을 모방하는 데 여념이 없다. 극점의 고독은 역사를 영속화할 소명을 부여받은 온갖 조각상과 부조로 넘쳐난다. 이 나라에서는 기념비가 기억보다도 더 빨리 사라진다는 것을 생각하지 않은 채로 말이다.[71]

---

70) *Ibid.*, p. 104.
71) *Ibid.*, p. 129.

도시가 비역사적이라는 바로 그 사실 때문에 그것은 낯선 역사의 파편으로 가득 찼다.

> 그들(러시아인 — 얌폴스키), 고집스러운 모방자들은 천재성 대신 허영심을 받아들인다. 그들은 전 세계의 기념비를 훨씬 더 거대한 규모로 자신들의 장소에 세워야 할 소명이라도 부여받은 것처럼 여긴다.[72]

러시아는 진정한 시간을 알지 못한다. 퀴스틴이 외치기를, "… 러시아에서는 모든 것, 심지어 시간마저도 복제된다".[73] (영화에서 마르키즈는 에르미타주의 '라파엘 관' 에피소드에서 이 부분을 자유롭게 인용한다.) 페테르부르크적 모방술의 특징 중 하나는 회반죽으로 만들어진 파사드가 아무런 역사적 논리도 없이 건물에 덧붙여졌다는 점이다. 퀴스틴은 이 보기 흉한 건물에 연결된 주랑과 기둥에 대해 쓰는데 파사드와 건물의 기능 및 구성과의 완전한 불일치, 결국 최종적으로는 도시와 그 거주자들 간의 불일치를 지적한다.[74]

역사적 발전 및 그와 뗄 수 없이 연결된 우연성의 결과가 아니라 (개인의) 의지적 결단의 결과로서 생겨났기 때문에 그 도시는 뚜렷한 대칭성을 지니게 되었으며 파사드와 대로들 뒤에 숨겨진 공허의 감정을 극복할 수 없었다.[75]

---

72) *Ibid.*, p. 130.
73) *Ibid.*, p. 137. 퀴스틴의 이런 지적은 소쿠로프가 영화를 찍는 겨울궁전에도 해당된다. 겨울궁전은 화재 후에 복원되었는데 모든 장식이 수백 년 전에 있던 그대로 다시 복원된 바 있다. 마르키즈는 영화에서 지나가는 말로 그가 화재 후에 궁에 있었다고 밝힌다.
74) … 여기에는 물론 귀족과 일반인 사이의 분리(раскол)가 있다(*Ibid.*, p. 171).
75) 이와 같은 공허 — 넓은 공간, 텅 빈 공터, 마르스 광장처럼 볼품없는 광장들 — 이 의미의 부재를 증명한다.

내가 묘사한 도시는 특징이 없습니다. 인상적이라기보다는 거만하고
아름답기보다는 거대할 뿐이며 취향도 스타일도 역사적 의미 (*sans
signification historique*) 도 없는 건물이 가득 들어찬 그런 곳입니다. 76)

역사가 전제주의적 의지로 바꿔치기 된 나라, 시간이 단지 타문
화의 기념비를 모방하는 것이 되어 버린 나라에서는 흡사 **카이로스**
의 자리가 없는 듯하다. 군주가 아니라 오직 여행자만이 역사의 담
지체 역할을 수행할 수 있다. 다름 아닌 그가 역사적 의미를 지니
는 매 세기의 윤곽 사이로 자유롭게 움직일 수 있는 것이다. 바로
그가 상대적으로 자유로운 인간, 즉 전방위적 노예 상태의 세계 속
에서 우연성의 인간이 될 수 있는 능력을 지닌다.

소쿠로프는 역사의 단편들, 그러니까 궁전-박물관의 홀에 자리한
전시물들을 역사와 관계 맺지 못한 연극적 단편들의 형태로 제시한
다. 시각적인 것의 무한전시, 가령, 무도회, 영접장면, 궁중의례 등
역사적 시간과 관계 맺지 못하는, 잘 훈련된 퍼레이드가 그것이다.
전제적 의지가 만들어 낸 그 '역사'는 애초부터 박물관의 전시물과
같은 것이었다. 왜냐하면 처음부터 그것은 시간의 힘과 운명의 변덕
으로부터 유리되었기 때문이다. 역사로부터의 이런 이탈을 소쿠로
프는 무한한 회색 대양 한가운데를 떠다니는 궁전-방주의 형상을 통
해 표현한다. 궁전의 벽 너머에는 아무것도 없는 것이다.

러시아를 바라보는 퀴스틴의 관점은 현상의 의미에 대한 특정한
이해를 반영한다. 퀴스틴이 페테르부르크는 '역사적 의미'를 지니지
않는다고 선언했을 때, 그는 우리를 둘러싼 세계 속의 의미의 원천
에 관한 오래된 논쟁을 다시금 제기하는 것이다. 아리스토텔레스로
거슬러 올라가는 스콜라주의적 관념에 따르면 의미는 이상적 형식과

---

76) *Ibid.*, p. 170.

더불어 세계 속에 현현하는바, 이상적 형식은 영원한 이데아의 영역에 속한다. 형식은 본질적으로 역사 외적이다. 그것이 형식을 얻은 질료를 역사적 우연성으로부터 떼어 놓는 정도에 따라 질료에 의미를 부여할 수 있다. 이런 관점에서 러시아의 군주들은 형식화되지 못한 역사적 질료의 원초적 카오스에 의미를 도입했다고 볼 수 있다. 게다가 그들은 '진정한 역사'의 원천에 그처럼 자의적 형식을 부여함으로써 살트코프쉐드린의 표현을 빌리자면 본질적으로 러시아 역사의 '흐름'을 중단시켰다. 이에 대한 퀴스틴의 견해는 단호하다.

> 게다가 러시아의 역사는 흔히들 생각하듯이 폭압적이고 경솔한 유럽화, 즉 표트르 1세 치하로부터 시작된 것이 아니다. 모스크바가 페테르부르크를 설명해 주고 이반 대제들이 표트르 대제의 길을 예비했던 것이다. 77)

반면, 의미에 대한 또 다른 현상학적 접근 역시 가능한데 이는 20세기 초반, 그러니까 퀴스틴의 여행 이후 수많은 시간이 흐른 후에 완전히 정립된 바 있다. 현상학의 견지에서 볼 때 **형식은 질료로부터 의미를 획득한다.** 형식은 순수한 시간 외적 형식화이다. 퀴스틴은 파사드가 원칙적으로 삶의 질료와 어울리지 않을 뿐 아니라 건물의 질료와도 호응하지 않는 페테르부르크의 건축을 정확히 그런 식으로 이해했다. 페테르부르크 건물의 파사드, 그것은 순수한 추상물, 순수한 형식일 뿐이다. 질료는 형식에 역사적 구체성과 시의성을 부여해 주고 그럼으로써 언제나 역사의 우연성을 지닌 형식들의 교차로부터 발생하는 의미를 부여해 준다. 예컨대, 젊은 하이데거가 말하기를,

---

77) M. de Custine, *op. cit.*, p. 101.

'순수한' 형식의 관점에서 볼 때, 의미는 무언가 그것 외부에 놓인 것과의 관계로부터 발생하는 모종의 '과잉'이다. 78)

　의미의 순간은 형식이 개별화되는 순간, 그것이 질료 안에서 차별화되는 순간이다. 달리 말해, 의미는 역사 외적인 영원한 것, 수학적 혹은 대수적 추상물이 아니라 역사적 구성물이다. 페테르부르크의 특성은 그 전제적 의지의 형식이 스스로의 영원한 견고함을 보존하려는 점, 하지만 동시에 자연 스스로 끊임없이 형식을 파괴하면서 그것의 확증을 방해하는 그런 자리에 위치한다는 사실이다. 심지어 영원한 화강암조차도 페테르부르크에서는 자신을 보존할 수 있는 상태에 있지 못하다. 여기서 역사적인 것은 건물과 대로(大路)의 형식을 취하지 못한 채 기후와 망각의 영향 아래에서, 그러니까 형태의 소실 속에서 실현되는 것이다. 따라서 페테르부르크의 의미는 그 거리와 파사드의 대칭성에 있는 것이 아니라 중단 없는 붕괴에 있는 것이다. 역사적 의미를 탐색하는 퀴스틴은 형식의 추상적 비시간성 아래 숨겨진 질료적 지시체에 특별히 민감하다.

　물론 화강암의 균열에 반영된 시간의 움직임은 단지 조건적으로만 **역사적 시간으로** 불릴 수 있다. 그것은 다른 시간, 그러니까 자연스러운 역사로서의 자연이다. 그 속에서 역사적인 것은 단지 간접적으로만, 벤야민의 표현을 빌리면 역사의 죽어 버린 얼굴들(*facies hippocratica*)의 형태로만 반영될 뿐이다.

　〈러시아 방주〉에서는 역사주의와 목격자의 시간성이 날카롭게 대비되어 나타난다. 이런 대립은 야콥 부르크하르트를 떠올리게 한다. 그는 《역사에 관한 성찰》에서 마키아벨리의 운명에 주목하면서, 그

---

78) T. Kiesel, *The genesis of heidegger's being and time*, Berkeley/L. A. , 1993, p. 34.

것을 역사적인 행위자가 아니라 후대 역사가의 증언과 관련시켰다 (마키아벨리라는 이름은 운명에 대한 성찰의 맨 처음에 등장한다). 부르크하르트는 '행복하거나' 혹은 '불행한' 역사적 시기들에 대한 판단은 '진정한 역사적 이해의 치명적인 적들'에 해당한다고 지적한다. [79] 하지만 우리는 흔히 페르시아에 대한 그리스의 승리를, 카르타고에 대한 로마의 승리를 행복한 사건이라 간주하고 스파르타와의 펠로폰네소스 전쟁에서 아테네의 패배나 혹은 시저의 파멸을 불행한 사건이라 간주한다. 부르크하르트는 그와 같은 판단을 일련의 문학적 스테레오 타입, 넓게는 문화가 만들어 낸 '착시의 환상'으로 여긴다.

부르크하르트는 운명을 정치적 행위의 영역으로부터 그 사건에 참여하지 않은 인간에 의한, 거리를 둔 판단의 영역으로 옮겨 놓는다. 심지어 바로 그런 참여하지 않음의 자질이 해당 시기들의 수사적 성향과 관련해 카이로스적 국면들을 결정할 수 있게 해 준다. 역사란 그렇게 해서 비참여로서 '이루어진다'. 그것은 수사적 강세의 순전히 소피스트적 결과가 되는 것이다.

그러나 그와 같은 역사기술적 수사학의 스테레오 타입 중에서 부르크하르트가 특별히 비판하는 한 가지가 있는데 그것은 '행복한 상태를 일정한 조건들의 항상성으로 이해하려는 것'으로 스위스 역사학자는 이를 '본질적으로 허위의 것'이라 불렀다. [80] 문제는 우리가 흔히 행복과 연관시키는 변화가 없는 상태, 그래서 충격도 없는 상태인 항상성이야말로 역사 외적인 상태인데, 왜냐하면 부르하르트에 따르면 "항상성은 마비와 죽음을 뜻한다. 모든 고통을 동반하는 움직임 안에서만 삶은 살아질 수 있다. 무엇보다도 긍정적 감정으로서의 행복이라는 관념이란 그 자체로 허위"[81]이기 때문이다. 이

---

79) J. Burckhardt, *Reflections on history*, Indianapolis, 1979, p. 321.
80) *Ibid.*, p. 329.

경우에 항상성은 물질 위에 자의적으로 부여된 추상적 형식에 상응하는 것으로, 물질의 특수성은 이 형식에 의해 무시된다. 그리고 이 형식이란 것은 부르크하르트가 이와 같은 해석학적 전횡의 원천으로 지목했던 '문화'에서 생겨나는 것이다.

상황의 허위성을 무엇보다 잘 보여 주는 것은 운명의 행복한 유희와 관련된 역사적인 것으로 공표되는 것이 알고 보면 죽음과도 같은 역사로부터의 이탈, 아니 더 정확하게는 역사적인 것의 정지에 다름 아닌 비시간성의 상태라는 사실이다. 이런 상황으로부터 벗어날 수 있는 출구는 하나뿐이다. 그것은 문화로부터 관찰자를 분리시키는 것, 그를 문화적 형식들의 스테레오 타입들로부터 고립시키는 것이다. 이 문화적 형식들은 문화의 담지자를 마키아벨리적인 덕(virtu)을 지니지 못한 독재자에 가깝게 만들 뿐이다. 부르크하르트는 문화를 치안적 준법주의와 직접 연결시킨다.

> … 특히, 문화를 통해 판단하는 경우 **안전함**의 범주가 기어 들어온다. 이 판단에 맞춰 모든 행복의 근본 조건으로 대두하는 것이 바로 경찰에 의해 보호되는 법률에 개인적 목적을 복속시키는 것이다. … 82)

아마도 이는 여행자의 형상에 대한 소쿠로프의 해석에서 두 가지 국면과 관련되었을 것이다. 첫 번째는 소쿠로프가 퀴스틴에게서 이름을 빼앗아버림으로써 그를 마르키즈를 특징짓는 일정한 문화적(서구적) 스테레오 타입으로부터 분리시켜 버렸다는 것이고 두 번

---

81) *Ibid.*
82) J. Burkhardt, *Reflections on history*, p. 325. 흥미로운 것은 아카데믹 학자들과 에르미타주 박물관의 관장, 그 자체로 문화의 담지자들인 이 사람들이 영화에서 역사적인 환영인 장소에 자리할 뿐 아니라 더욱더 유령적인 존재의 모습을 띤다는 점이다. 그들은 그림자 세계에 사는 사자(死者)를 닮았다.

째는 여행자가 예기치 않게 당황스러움의 자질, 그러니까 모든 명백한 계획의 부재를 드러낸다는 점이다. 그는 진실로 아무런 계획이나 구상 없이 방마다 돌아다니는 **우연한** 산책자(*flâneur*)가 된다. 여행자는 영화의 초반부에서 군중의 카오스 한가운데서 나타난다. 사실상 한 시간 반에 이르는 엄청나게 확장된 숏의 길이와 에르미타주 전시관들을 따라 쉬지 않고 움직이는 카메라는 촬영에 대한 모든 상상의 준비과정에도 불구하고 화면에 대한 절대적이고 '독재적인' 통제의 가능성을 제거한다(특히, 이 장면에서 단지 최소한의 지시만을 받은 수천 명의 엑스트라가 참여한다는 점을 고려하면 더욱 그렇다). 영화의 형식은 불가피하게 우연성의 효과를 인정하고 받아들인다. 관념에 대한 물질의 잉여분, 바로 이 우연성이 자신 속에 의미를 담아내는 것이다.

〈러시아 방주〉의 특이성은 상당 부분 문화적 세기 및 엄격하게 조직화된 제의들의 공간 내부를 움직이는 바로 이런 카오스적 운동에 의해 결정된다. 마르키즈, 러시아 역사의 그림자 세계를 여행하는 소쿠로프의 이 베를리오즈는 역사적 세기와 스타일들의 형식에 반하여 의미를 창출한다. 우연성의 과잉으로서, 우연히 박물관의 공간에 내던져진 자로서 말이다. 이런 점에서 마르키즈는 마찬가지로 자신의 박물관-집에서 형식의 명료함을 파괴해 버린 영화 〈스톤〉의 체호프를 떠올리게 한다.

이런 맥락에서 특별한 의미를 얻게 되는 것은 〈긴 여정의 엘레지〉에서 공공연하게 드러났던 회상, 즉 플라톤적인 상기의 테마이다. 〈러시아 방주〉에서도 역시 움직임은 영화 서두부의 완전한 망각 상태로부터 회상으로 옮겨가는 것으로 나타난다. 그렇게 마르키즈는 그리보예도프 시해사건과 관련해 니콜라이 1세 황제에게 보낸 페르시아의 조문 사절단의 의례를 기억해낸다. 영화에서 보이지 않는 작가는 갑자기 그의 직접적인 삶의 경험에 속하지 않는 지식을 끄집어내기도 한다. 그는 마르키즈에게 2차 대전 봉쇄시기가 펼쳐지는 에르미타주 홀로 통하는 문을 열지 말라고 간청하는 것이다. 소쿠로프는 〈긴 여정의 엘레지〉에서 그가 한 번도 가본 적 없는 네덜란드의 작은 도시에서의 삶을 기억하는 것과 마찬가지로 자신이 직접 겪은 적이 없는 일들을 기억하는 것이다.

오류의 모티프와 상기의 테마 사이에는 플라톤이 말한 직접적 관련성이 존재한다. 플라톤은 여러 차례 '변증법적 여정, 길'(가령, 《국가》 중 532b)에 대해 언급했지만 파르메니나스의 입을 빌려 훨씬 더 명징하게 그가 '오류'라고 부르는 것의 의미에 관해 설명한 바 있다. 먼저 파르메니나스는 "가시적 사물들을 둘러싼 사유의 오류"를 거부하고 '오직 이성을 통해서 이해할 수 있는 것만을 보고 이데아를 인정할 것'을 제안했다는 점에서 소크라테스를 찬양한다(파르메니데스, 135e). [83] 그러나 뒤이어 파르메니데스는 '다수성'의 다면적 관찰의 필요성을 이야기한다. 제논은 당황하는 소크라테스에게 설명한다.

> … 대다수의 사람들은 모든 방면에서 모든 상황을 고려한 탐색을 하지 않고서는 진리를 파악할 수 없다는 사실을 이해하지 못합니다 (136e). [84]

그리스어 원본에서는 '모든 상황을 고려한 탐색'(모든 방향에 걸친 탐색) 뿐 아니라 '오류'에 대해서도 말한다. 《파르메니데스》에서 플라톤은 합리적인 진리 탐구를 '다수성' 가운데서의 오류의 예비적 단계와 관련짓는다. 딕소가 언급한 대로,

---

83) Платон, Соч., В. 3т., Т. 2., М., 1970, С. 416.
84) Там же, С. 418.

이성이 그가 개시한 어떤 것을 파악하기 위해선 무엇보다 먼저 가능한 것과 불가능한 것의 모든 방향을 연구해야만 한다.[85]

이 오류는 끝이 없는 것이다. 왜냐하면 도정에서 만나게 되는 것을 이해한다는 것은 이해되는 사물을 둘러싼 **모든** 길을 통과함으로써만 가능하기 때문이다. 따라서 최종적 광휘의 순간이란 다른 것이 아니라, 끝없는 오류가 모든 여정이 동시에 제시되는 모종의 지도로 바뀌는 순간에 해당한다. 바로 이와 직접 관련된 것이 **상기**의 테마인 것이다. 모든 과거의 길은 이미 지나갔고 그것들은 바로 이 상상의 지도에 고착되었다. 그리고 그 지도는 회상을 통해 이해된다. 인식의 달성은 시간 속에 전개되는 담론(일종의 길)의 멈춤, 그러니까 그것이 기억의 지도로 바뀌는 것으로서 생겨난다. **상기**는 따라서 길의 완성이 아니라 시간의 정지로서, 하지만 그것의 카이로스적인 멈춤으로서 주어진다. 다시 딕소를 인용하자.

언제나 문제가 되는 것은 지향의 변경, 전환의 순간이다. 그것은 시작도 끝도 아닌데, 왜냐하면 시작과 끝은 항상 시간 속에 존재하기 때문이다. 반면 순간은 시간 밖에 자리한다. 만일 우리가 제논의 아포리아에 빠지길 원하지 않는다면 … 상기는 관계들의 풀려나감(fait que l'on n'a pas a enchaîner)을 정지시킨다. 왜냐하면 이 관계들이 이미 존재한다고 가정하기 때문이다. 모든 파열, 연속성의 파괴가 허용되는데 왜냐하면 모든 담론의 이탈, 모든 불일치가 한 점으로 수렴되기 때문이다. … [86]

---

85) M. Dixsaut, *Platon et la question de la pensée*, *Études platoniciennes* I, Paris, 2000, p. 187.

86) *Ibid.*, p. 69.

요컨대, 의미의 생산으로서의 이해는 '오류'와 **카이로스**의 교차, 시간의 정지에 놓였다. 하나는 다른 하나로부터 떼어낼 수 없다. 역사적인 것은 **카이로스** 속에, 시간의 정지 속에 뿌리내리는바, 오직 그 안에서만 의미를 획득한다. 그와 동시에 **카이로스** 그 자체는 시간 속에서 전개되는 역사적 오류들 없이는 사유될 수 없다.

〈러시아 방주〉의 카이로스는 〈타우르스〉에서의 그것과는 완전히 다른 구성을 지닌다. 여기서 말해지는 것은 비시간성의 상태, 끝의 시간으로서의 역사의 일탈이 아니라 **운동**으로서의, **연속성**의 구현으로서의 역사의 일탈이다. 그것은 과거의 '행복', 문화적이고 '박물관적인' 과거의 형식들을 꿰뚫는 우연성을 통해 가능해진다. 여기서 카이로스는 운동의 파괴적인 힘인데 그것은 우연성을 통해 여러 세기를 결합하고 오직 '착시의 환상'만이 지배하는 곳에서 의미를 창조한다. [87]

— 2002

---

87) 이 논문에서는 역사적 의미를 유사하게 이해했던 만델스탐을 다루지 못했다. 그 또한 역사를 다양한 세기와 인용의 파편들의 우연한 집산으로 이해했다. 그 것들은 오직 텍스트 속에서 그것들의 '우연한' 역사적 결합의 과정에서만 의미를 획득한다. 만델스탐에게 텍스트란 세기와 시간들의 카이로스적 충돌을 의미한다. 그것만이 역사의 진정한 표현인바, 최소한 '진짜' 역사가 부재하는 러시아에서는 그러하다.

구조에서 역사로 혹은
역사로서의 영화존재론

이 책은 저자가 1982년부터 2002년까지 약 20년간 거쳐 갔던 사유의 궤적을 보여 주는 '이론적 전기'이다. "언어-신체-사건"이라는 부제와 "언어와 공간"(1부), "얼굴과 신체"(2부), "카이로스"(3부) 라는 각 부의 제목이 이 전기의 대략적 흐름을 요약한다. 언어-기호적 패러다임에서 시작해, 신체의 재현과 지각을 중심으로 한 현상학적 관점을 거쳐, 시간과 사건을 둘러싼 철학적 접근으로 나아가는 흐름. 바로 이 흐름이 책 전체를 관통하는 '내적 플롯'인바, 독해의 핵심은 이 내적 플롯의 온전한 파악에 달렸다고 할 수 있다.

하지만 이 과제가 마냥 용이하지는 않다. 실제로 각 부를 구성하는 개별 논문이 해당 부의 제목에 정확하게 부합하는 주제를 다루지도 않고(말 그대로, 주제는 제각각이다) 그들 사이의 주제상 결속이 그리 탄탄하지도 않다. 당연한 말이지만 얌폴스키는 이 글들을 특정 내러티브를 염두에 둔 채로 쓰지 않았다. 20년 세월을 관통하는 내적 플롯은 이 글들을 하나로 묶으려고 결심한 순간, 그러니까 현재의 관점에서 지난 궤적 전체를 되돌아보는 과정에서 (재)구성된 것이다. 아마도 얌폴스키는 자신의 현재 관점이 과거의 그것으

297

로부터 얼마나 멀리 떨어져 나왔는지를 드러내는 동시에, 다른 한 편으로는 이 변화의 전 과정이 실은 동일한 질문의 다양한 변주에 다름 아니었다는 점을 나타내고 싶었을 것이다. 그가 모든 글의 앞부분에 일종의 후기에 해당하는 주석(commentary)을 붙여 놓은 이유가 거기에 있다. 이 군더더기 말은 현재의 저자가 과거의 자신에게 건네는 말인 동시에 '바로 그렇게 읽어줄 것'을 독자에게 요청하는 일종의 지시문과 같다.

따라서 이 해제의 기본 목적은 저자가 제공하는 지시문을 따라 전체 내용의 핵심을 보다 알기 쉽게 요약·정리하는 것이다. 다만 저자 스스로가 머리말에서 전체적 구성과 개요를 요약·제시하고 매 논문의 서두에서 글의 취지와 의미를 설명하는 마당에, 단지 내용을 재(再)기술하는 것만으로는 별 의미 없는 동어반복이 될 공산이 크다. 그보다는 그와 같은 저자의 언급을 둘러싼 앞뒤의 맥락에 주의를 기울이는 방식, 예컨대 전체 사유의 진화의 관점에서 해당 글과 언급이 갖는 의미에 더욱 집중하는 방식의 해설을 지향하고자 한다. 그런 점에서 독자는 본문을 읽기 전에 이 해제를 읽어도 무방하지만 본문을 다 읽고 난 후 다시 읽으면 더욱 유용한 도움이 될 것이다.

1.

1부 '언어와 공간'은 총 7편의 글로 구성되었다. 발표된 해로 보면 1982년부터 1990년까지의 글이다. 이 중 앞의 4편이 초창기 얌폴스키 영화시학의 전형적인 모습을 고스란히 드러낸다. 이 4편은 문체나 방법론, 대상을 바라보는 관점 등에서 공통적 특징을 갖는데 이를 간추려보면 대략 다음과 같다.

첫째, 영화사 혹은 영화이론사의 맥락 속에 자신의 논의를 위치시키려는 지향이 강하게 드러난다. 이를테면, '리버스 몽타주'의 문제를 논하기 이전에 바쟁의 '완전영화' 개념을 먼저 말하고, '8자형 (대화) 몽타주'에 앞서 우다르의 '봉합 이론'을 언급하며, 숏의 '심도'와 회화적 '다중공간'의 문제를 '딥-포커스' 개념을 둘러싼 기존 논의와 연결시키는 식이다. 망명 이전, 그러니까 소비에트의 장벽 아래에서 작성된 이 글들에서 오히려 영화학의 국제적 담론 장에 구체적으로 개입하려는 강한 지향이 감지됨은 흥미로운 일이다. 뒤로 갈수록, 특히 러시아 감독들의 실제작품을 분석하기 시작하면서 얌폴스키의 글쓰기는 이런 지향으로부터 현저히 자유로워진다.

둘째, 모종의 '코드화된 체계'로서의 영화언어를 향한 강한 집착을 보인다. 사실 몽타주, 영화적 공간의 구조, 숏의 심도 등 여기서 논하는 주제 자체가 이와 같은 논리적 형식화를 요구하는 것이기는 하지만, 그럼에도 때로 지나치다 싶을 정도의 복잡한 설명방식(가령, 3번째 글에 등장하는 갖가지 도식)이 동원된다. 얌폴스키의 표현을 빌리면, "현상학적으로 훨씬 더 간단하게 설명할 수 있는 상황을 복잡한 기호학적 개념의 도움으로 설명하고자 애쓰는" 형국이다. 공교롭게도 독자 입장에서 보자면, 바로 이 4편의 글이 가장 고통스러운 독서가 될 가능성이 크다. 그럼에도 이런 고통스런 과정을 견뎌낼 가치는 충분히 있다. 포기하지 않고 견뎌낸다면 이후의 달라진 언어와 설명방식에 깃든 자유로움, 즉 저자가 이전의 강박에서 벗어났다는 의미에서의 해방적 의의를 만끽할 수 있을 것이다.

셋째, 글의 의도와 내용 사이의 미묘한 불일치도 눈에 띄는 부분이다. 엄밀히 말해 이 글 4편의 목적은 영화의 발전과정에서 만들어진 특정한 표준적 문법, 곧 일련의 '코드화된 기본모델'이 갖는 의미와 영화사의 전개과정, 특히 내러티브의 차원에서 그것이 지녔던 커다란 중요성을 환기하고자 하는 것이다. 그런데 막상 실제로 얌폴스키가 본문에서 줄기차게 이야기하는 것은 그 모델의 불충분함, 더 정확하게는 그 모델이 어떻게 끊임없이 '위반'되고 '일탈'되었는가 하는 점이다. 물론 구조기호학적 관점에서 코드의 확립과 그것의 위반은 공히 의미생산에 복무하는 필수적 계기라고 말할 수 있을지도 모른다. 하지만 문제는 코드와 비교해 일탈의 범위가 너무 넓고 불명료하다는 점이다. 앞질러 말해 보자면, 얌폴스키는 이미 처음부터 영화의 '언어 외적' 차원을 의식했지만 이 '다른' 차원의 문제를 언어체계나 서사모델의 패러다임 안에서 설명할 수 있는 방법을 찾지 못했을 뿐이다. 영화란 무엇보다도 재현의 '공간'을 조직화하는 '기호적-언어적 체계'라는 생각으로부터 영화적 세계는 '가시적 사물'로 이루어져 우리의 지각에 직접적으로 주어지는 '현상학적 대상'이라는 생각으로 옮겨가는 순간, 내러티브 구조를 향한 집착과 함께, 언어-기호적 방법론은 결정적으로 극복되기에 이른다.

그럼 이제 각각의 글의 핵심을 좀더 구체적으로 살펴보기로 하자. "완전영화와 몽타주 영화"라는 제목을 단 첫 번째 글의 주제는 '리버스 앵글'(reverse angle)이라 불리는 특정한 몽타주 형식이다. 얌폴스키는 이른바 그리피스 영화언어의 대명사 중 하나인 이 몽타주를 바쟁의 "완전영화"(total cinema) 개념과 관련시켜 논한다. 그에 따르면, 완전영화란 흔히 생각하듯이 먼 미래에 완성될 어떤 이상이 아니라 영화사 초기의 각종 '볼거리 장치'에서 이미 존재했던, 하지만 현대 영화언어의 도래와 함께 한꺼번에 사라진 과거에 해당한다. 그것을 과거로 만들어버린 현대 영화언어 구조의 가장 본질적 형상이 바로 리버스 앵글이다. 얌폴스키에 따르면, 그것의 핵심은 "하나의 공간 속에 정면으로 대립하는 두 개의 시점을 함께 결합"시켰다는 데 있다. 먼저 인물을 클로즈업한 뒤 그 인물이 보는 대상을 롱숏으로 잡아 연결하는 리버스 몽타주는 완전영화의 특징이라 할 단일시점의 총체적 세계를 무너뜨리고 현대 영화영상의 새 단계를 열어 놓았다. 관객은 목격자가 되어 인물을 관찰하기도 하지만 동시에 그 인물 자체(즉, 주인공)가 되어 그의 눈으로 세계를 보기도 한다. 리버스 몽타주는 바로 이런 다중시점으로 보이는 세계를 대변하는바, 가령 얼굴 클로즈업의 진정한 확산은 그것에 '바라봄'의 기능이 코드화되어 정착된 순간부터 시작되었다. 흔히 생각하는 감정상태의 전달은 여기서 외려 부차적이다. "현대 영화는 볼거리의 두 가지 (재현적) 체계로 이루어진 하나의 체계로서 기능한다. 관객은 끊임없이 어떤 때는 목격자가, 어떤 때는 주인공이 된다. 여기서 세계는 언제나 다중시점으로 보인다."

두 번째 글 "대화와 영화적 공간의 구조"는 리버스 몽타주의 좀더 복잡해진 형태라 할 '8자형' 몽타주를 다룬다. 8자형 몽타주는 대화 상황의 재현을 위한 특별한 몽타주 유형으로 롱숏으로 두 대화 상대자를 한꺼번에 잡는 고전적 유형 대신, 삼각형의 원칙에 따라 비스듬히 각도변환을 주어 대화 상대자를 양쪽에서 각각 잡아주는 방식을 말한다. 이 유형은 1930년대 말에서 1940년대, 이른바 할리우드식 영화모델이 팽배하던 시기에 전 세계 영화에서 규범적이고 지배적인 것으로 자리 잡았는데, 특히 프랑스의 영화학자 장피에르 우다르가 이를 라캉 정신분석학의 '봉합'(혹은 누빔) 개념과 관련시켜 분석한 이래로 격렬한 논쟁의 대상이 된 바 있다. 얌폴스키는 이 문제를 익숙한 '주체-구성' 측면에서 논하는 대신 몽타주의 언어 자체, 곧 그것의 '코드화'와 '변이형'의 문제로서 깊게 파고든다. 여기서 논문의 의도는 이중적이다. 그는 한편으로, 몽타주 내부에서 시각 주체의 선명한 정체성이 파괴되어 시각의 기능이 정확하게 누구에게 할당되는지 알 수 없는 지경에까지 이르는, 8자형 몽타주의 '잡종화' 현상을 집요하게 보여 준다. 표준적 몽타주 법칙을 준수하기를 거부하는 것, 정상적 기능체계로부터 의도적으로 이탈하는 실험은 현대 영화언어를 풍부하게 만들고 더 나아가 감독의 고유한 스타일로 발전한다. 가령, 얌폴스키는 드레이어의 영화 〈잔다르크의 수난〉에 나오는 특이한 대화장면을 바로 이런 관점에서 상세하게 분석한다. 하지만 얌폴스키가 이와 더불어 강조하는 것은, 바로 이런 일탈의 시학을 가능하게 만드는 기반이 "리버스 앵글의 가장 단순한 형식부터 더욱 세련된 '8자형'에까지 이르는, 일련의 코드화된 형상" 자체라는 사실이다. 일탈을 가능하게 만들고, 그것을 '느껴지게끔' 만드는 '관례적 코드' 자체의 중요성이 이 단계의 얌폴스키에게는 여전히 양보할 수 없는 절대적 명제였음을 확인할 수 있다.

이어지는 "영화의 가상공간에 관하여"와 "숏의 심도에 관하여"는 앞선 문제의식을 영화적 공간의 문제와 관련시켜 계속 이어가는 글이다. 여전히 핵심은 영화가 가상의 공간을 창조하는 동시에 어떻게 그것을 다시 파괴하는지, 또 공간의 '깊이'를 높이려는 명백한 경향이 어떻게 그 반대의 지향이라 할 공간의 '평면화' 경향을 동반하는지를 보여 주는 데 있다. 물론 이와 같은 구조적 이원성의 관계(코드와 그것의 파괴)가 여전히 언어적, 서사적 패러다임 내부에서 사유된다는 점은 또 다른 문제이다. 흥미로운 것은 얌폴스키가 영화적 퍼스펙티브나 심도의 문제를 논하면서 '회화'의 사례를 적극적으로 끌어와 비교의 대상으로 삼는다는 점이다. 이를테면, 전자의 경우에서는, 관객석의 위치와 영사기의 위치 그리고 실제 촬영 당시 카메라가 놓였던 위치가 전부 다른 영화의 사례가 선형적 퍼스펙티브를 따르는 르네상스 회화의 화폭과 근본적으로 어떻게 다른지가 이야기되며, 후자의 경우에서는 반대로 "단일 텍스트의 내부에 다양한 공간유형을 뒤섞어 놓는" 방식, 즉 공간 평면을 "분할"함으로써 깊이를 전달〔"베두타"(*veduta*)〕하는 콰트로첸토(*quattrocento*)의 방식이 영화적 숏의 심도와 어떤 점에서 유비적인지가 제시되는 식이다. 이런 비교매체적 측면은 영화의 문제를 재현의 역사 일반의 맥락에서 접근하는 얌폴스키 특유의 방식을 예고해 준다.

아르메니아 출신의 저명한 다큐멘터리 감독 아르타바즈 펠레시안 (A. Peleshyan)의 영화세계를 기호학적 관점(시적 영화)에서 다룬 "체계와 본질" 이후, 1부의 마지막을 장식하는 중요한 2편의 글이 이어진다. 우선 러시아 형식주의 영화론을 다룬 "의미론적 사물"은 얌폴스키가 초기 기호학의 단계를 (이론적으로) 벗어나는 데 큰 의미를 갖는 논문이다. 형식주의 3인방(시클롭스키·트이냐노프·에이헨바움)의 영화에 대한 관점을 비교하면서 얌폴스키는 "의미론적 사물"이라고 불리는 개념에 주목한다. 한편으로는 1920년대 프랑스 영화미학에서 사용되었던 "포토제니" 개념과 연결되고 다른 한편으로는 당시 러시아문학계에서 시도되었던 혁명적 언어실험을 가리키는 "자움" 개념과 연결되는 이 특수한 개념은 "스크린 위의 사물은 모든 관계와 체계의 외부에서도 여전히 무언가를 의미할 수 있다"는 사실, 즉 우리는 슈제트와의 모든 연관성 바깥에 놓인 스크린 위의 얼굴, 대상, 풍경에서 대상적 세계 속에 흩뿌려진 불명료하고 다의적인 의미론적 '첨가물'을 보게 된다는 사실을 알려준다. 어떻게 보자면 언어-기호적 영화론의 '기원적' 지점이라고 볼 수 있는 형식주의 영화이론의 첫 자리에서, 이미 우리가 기호(학)의 영역 바깥을 향하는 모종의 수수께끼 같은 '얼룩'의 지점을 확인하게 된다는 사실은 매우 의미심장하다. 애초에 "기호학의 약한 버전"으로 여겼던 형식주의는 사실 기호학에서 벗어나 현상학을 향하는 길의 교량과도 같은 역할을 수행했던 것이다.

소쿠로프의 극영화 데뷔작(〈인간의 외로운 목소리〉)을 다루는 1부 마지막 논문 "소쿠로프가 읽은 플라토노프"는 이른바 얌폴스키의 현상학적 전환을 가장 명확하고 흥미롭게 보여 주는 글이다. 얌폴스키에 따르면, "고전적 영화언어의 순수 서사적인 구조를 극복해 보려는 소쿠로프 영화의 노력은 내가 이후에 기호학으로부터 벗어나는 데 본질적 의미를 지녔다". 요컨대, 소쿠로프의 시도는 단순한 형식적 실험을 뜻하는 것이 아니다. 그것은 얌폴스키 자신이 경도되었던 기호학 진영에서 통용되는 '영화언어'라는 개념 자체를 향한 비판을 의미한다. 여기서 재차 확인할 수 있는 점은 언제나 본질적인 사유의 돌파구를 제공하는 것은 러시아 영화감독의 '실천' 자체라는 점이다. 얌폴스키의 경우, 소쿠로프의 영화들은 기존의 이론적 관점을 '적용'시킬 대상이 아니라, 그런 관점 자체를 근본적으로 재고하도록 만드는 자극체에 해당한다고 말해야 한다. 얌폴스키가 보기에 소쿠로프 감독은 40년 전에 작가 안드레이 플라토노프가 썼던 소설을 영상으로 옮겨 놓는 과정에서 작가의 본래적 스타일을 완벽하게 보존하는 데 성공했다. 그 스타일이란, 플라토노프가 시도했던 아주 특별한 화자의 형상을 말하는데 흔히 장식체 스카즈라고 불리는 이 형상은 1인칭이지만 결코 1인칭이 아닌 모종의 기이한 관찰자 시점을 가리킨다. 얌폴스키는 이런 성공적인 번역을 가능케 만든 여러 기법, 가령 검은 부조화면, 서사에서 벗어난 외적 삽화 장면, 탈디제시스적 필로우숏을 상세하게 분석한다. 결국 이를 통해 얻을 수 있는 결론은 "플라토노프의 '장식체 스카즈'가 스크린상에 구현되기 위해서는 소설의 시학에 정향된 고전적 영화언어의 서사구조가 극복될 필요가 있었다는 점이다". 1960년대의 영화는 1920년대의 문학이 그랬던 것처럼, 이제는 그 자신의 것이 된 소설적-서사적 입장으로부터 벗어나길 원했고 소쿠로프의 창작이 바로 이 경향에 동참했던 것이다.

2.

 총 10편의 글이 담긴 제 2부는 "몽타주"라는 제목의 짧은 글로 시작
한다. 놀랍게도 이 글에서 몽타주는 언어체계의 바깥, 심지어는 전
통적인 영화학적 맥락 외부에 있다. 얌폴스키는 여기서 에이젠슈테
인의 (견인) 몽타주를 18세기 이탈리아의 법률가 베카리아가 쓴 책
《범죄와 형벌》(*Dei delitti e delle pene*, 1764)과 연결시킨다. 사형집행
장면이 청중에게 미치는 교육적 영향을 고찰했던 베카리아가 에이젠
슈테인의 직접적인 선조로서 등장하는 것이다. 두 사람이 공통적으
로 이르게 된 결론은 "충격적 장면의 개별적 단면을 단일한 이미지
속에서 쌓아 나가는" 원칙, 다름 아닌 몽타주 사상이었다. 그러니까
몽타주는 애초부터 언어가 아니라 몸과 관련되었다. 언어체계가 아
니라 현상학적 '신체성'과 관련되어 새롭게 재해석되는 몽타주의 문
제, 2부 전체의 이 문제의식을 첫 번째 글이 압축해 제시한다.
 이어지는 두 번째 글 "스타레비치"는 흔히 스톱모션 인형 애니메
이션의 아버지라 불리는 스타레비치를 다룬다. 이 글은 기이한 천
재 스타레비치의 영화세계를 소개한다는 점에서 그 자체로도 충분
히 흥미롭지만 더불어 얌폴스키의 '과도기적' 모습을 보여 준다는 점
에서 의미심장하다. 우리는 이 글에서 고찰 대상의 본질과 그것을
다루는 방법론 사이의 부조화를 확인할 수 있다. 문제는 얌폴스키
가 인형과 가면의 세계, 말 그대로 '표면'에 현현하면서 관객의 직접
적 인지에 주어지는 표현모델의 세계("인형의 인상학(*physiognomy*)")
를 다루면서, 정작 그것을 "문화적 코드"(조각상, 발레 등등)의 범주
속에서 해석하고자 한다는 점이다(이 글의 부제는 "곤충의 표정과 문
화적 전통"이다). 바꿔 말해 그는 여기서 "완전히 현상학적인 질료를
선택해, 그것을 기호학적으로 해석하려고 시도"하는 셈이다.

쿨레쇼프를 다루는 3번째 글 "쿨레쇼프 실험과 배우의 새로운 인류학"은 이론적 차원에서 볼 때 2부의 중심을 차지한다고 해도 과언이 아니다. 2부의 전체적 개요가 1부에서 그려진 언어중심적 사유의 극복을 향함을 고려한다면, 2부에서 흔히 몽타주 미학의 창시자로 이야기되는 쿨레쇼프가 중심에 등장하는 것은 자연스럽다[한편, 2부의 끝은 가장 전형적인 몽타주 감독으로 알려진 고다르에 관한 글("고다르를 읽으면서")로 마감된다]. 여기서 얌폴스키의 집중적인 관심은 그들의 몽타주적인, 다시 말해 언어중심적 사유 속에 잠재된 현상학적 모티브를 드러내는 데 있다.

'몽타주의 현상학화'라는 말로 요약할 만한 이 시도는 몽타주에 관한 우리의 상식에 도전한다. 여기서 몽타주 이론은 흔히 그러하듯이 언어적 표현, 다시 말해 영화발화의 구성문제로서 다루어지지 않는다. 그 대신에 언어적 몽타주의 기원으로 알려진 '쿨레쇼프 실험' 뒤에 놓였던 전혀 다른 '몽타주의 발생학'을 보게 된다. 얌폴스키는 1910년대 러시아에서 달사르트와 달크로즈의 현대무용 체계가 연극을 거쳐 빠르게 영화계로 침투하는 과정, 특히 그것이 가르딘과 일린 등이 주도했던 '국립영화기술학교'에서 일종의 새로운 '배우의 인류학'으로 정련되는 과정을 치밀하게 재구축한다. 이 과정에서 몽타주가 애초부터 "인간에 대한 새로운 개념의 표현이었고 문자 그대로 인간의 몸으로부터 추출되었다"는 사실이 속속들이 드러난다. 그렇다면, 이와 같은 몽타주의 발생학은 어째서 현대 영화이론사에서 놀랄만큼 완벽하게 지워져버린 것일까? 해답은 쿨레쇼프에게 있다. 얌폴스키에 따르면, 쿨레쇼프는 구성주의에 가깝게 접근하기 시작하면서 인류학과의 애초의 연결을 은폐한 대신 1920년대를 특징짓는 '기계주의'를 전면에 내세웠다. 그렇게 배우의 신체는 해부학이나 생리학의 관점이 아니라 기계학의 관점에서 연구되기 시작했고 기계주의

숭배는 이전의 음악적-리듬적 모델을 포기하면서 자신의 근본을 부정하게 되었다. 남겨진 문서와 기록을 통해 소비에트 몽타주 발생학의 누락된 페이지를 메꾼 이 글은 몽타주에 관한 우리의 고정관념을 재고할 것을 강력하게 요청한다.

1부에 이어 2부에서도, 개념이 아닌 지각과 경험의 차원에서 영화를 바라보는 새로운 시각을 제공해 주는 것은 실제 영화 텍스트이다. "육체의 진리"와 "영화에서의 죽음"이라는 두 글이 소쿠로프의 영화분석에 바쳐졌다. 얌폴스키의 표현을 빌리자면 "영화에서 현상학적 영역을 찾아보려는 다분히 극단적 시도"에 해당하는 이 글들에서 얌폴스키의 관심은 죽음의 재현 문제, 즉 소쿠로프 감독이 영화 속에서 죽음을 표현하는 방식에 쏠렸다. 거기서 우리는 죽음의 기호적, 상징적 의미 대신 그것의 무자비한 '육체적 측면'에 천착하는 진정한 "홀바인의 후예" 소쿠로프를 만나게 된다. 그가 만든 영화의 주인공은 무엇보다도 육체, 고통과 학대를 받아 불구가 된 육체이다. 인간존재의 진리는 인간의 말이나 사유에 있는 것이 아니라 종종 말이나 사유에 정면으로 배치되는 몸과 행동에 자리한다. 소쿠로프는 마치 순차적인 '현상학적 환원'을 행하는 것처럼 죽음의 재현을 둘러싼 기존의 모든 관계를 걷어 내고 관객에게 '죽음 그 자체'와 대변하도록 만든다. 얌폴스키에 따르면, 그곳에 "말을 위한 자리는 남지 않았다. 고요함, 접촉, 결, 처리, 흔적들, 모방, 시뮬라크르의 왕국이 열린다. 그것은 다른 영화의 왕국이다".

이어지는 3편의 글은 혁명 전후 시기(1910~1930년대) 소비에트 영화를 둘러싼 주요 담론을 다룬다. 각각 '일상', '다큐멘터리' 그리고 '검열'의 문제를 논하는 이 글들은 짐작건대, 에이젠슈테인이나 베르토프 영화의 애호가뿐만 아니라 러시아/소비에트 문학과 문화 자체에 관심을 둔 독자에게 매우 흥미롭게 다가갈 수 있을 것이다.

가령, 전자에게 "어째서 에이젠슈테인과 베르토프로 대표되는 영화적 실험은 1930년대 들어 급작스럽게 무대로부터 퇴장하게 되었는가?"라는 질문이 흥밋거리라면, 후자에게 이 상황은 "아방가르드에서 스탈린미학으로"라는 더 넓은 문화정치적 맥락의 일부분을 이룬다. 이와 관련된 얌폴스키의 설명이 갖는 가장 큰 매력은 이 전환의 과정을 단지 정치적 맥락이 아니라 '영화시학' 자체의 변화와 논쟁의 맥락 속에서 보여 준다는 점이다. 즉, 이 과정은 외적 원인과 내적 원인이 함께 작용한 결과인바, 그것들은 그저 '정치적으로' 탄압받아 소멸한 것(가령, 스탈린의 절대권력에 의한 아방가르드 예술탄압)이 아니라 시학 내부에서 체계적으로 '부정'(혹은 '극복')되었던 것이다.

　"질료로서의 일상"이라는 제목을 단 첫 번째 글은 20세기 초반의 러시아 영화감독 알렉산드르 사닌의 영화 〈폴리쿠시카〉(1922)에 얽힌 이야기를 들려준다. 톨스토이의 동명 소설을 원작으로 한 이 영화는 이른바 '일상적 무대' 연출의 전통을 코드화한 전직 연극연출가의 특별한 재능이 충분히 발휘된 나름 뛰어난 작품이었다. 하지만 기이한 시대착오적 느낌을 야기했던 이 영화는 동시대 평단에 의해 강하게 거부되었다. 얌폴스키에 따르면, 이 상황은 단지 한 작품의 문제가 아니라 그 뒤에 놓인 더 큰 예술적 패러다임 변화의 결과였다. 그것은 1910년대 말 러시아 형식주의자에 의해 온전히 표명된 이후 1920년대 중반까지 소비에트 예술계를 지배하다시피 했던, 이른바 '구성주의적' 패러다임을 가리킨다. 아마도 '일상적 질료에 대한 공격적 변용을 통한 예술적 구성'이라는 말로 요약할 수 있을 이 패러다임에 입각할 때 사닌의 리얼리즘은 '날 것'으로서의 일상 자체, 즉 합리적인 예술적 '기법'을 통해 '극복'되기 이전 상태의 거칠고 무질서한 '질료'에 불과했던 것이다. 한편, 얌폴스키는 거기서 더 나아가 '일상(질료) vs 예술(구성)'의 대립을 '러시아적인 것 vs 유럽적인 것'의 이분법과 연결시킴으로써 당시의 '새로운 영화'에 부여되었던 위대한 변형자로서의 유토피아적 사회의식(낡고 거친 러시아의 현실을 새롭게 바꿔 놓기 위한 수단으로서의 영화!)을 다시금 환기시킨다.

이어지는 글 "타인의 현실"은 앞서 말한 구성주의 미학의 후일담으로 간주할 수 있다. 즉, 질료에 대한 공격적 변용으로서의 구성주의(형식주의)가 향후 어떤 운명을 맞게 되었는지에 관한 이야기이다. 얌폴스키는 베르토프의 영화를 향한 1920년대 레프(LEF) 이론가들의 집요한 비판을 다루는데 그 비판의 핵심은 한때 예술의 정의 자체였던 '구성'이라는 개념에 걸려 있다. 레프 이론가들에 따르면 '구성'이라는 개념은 결코 바람직하지 못한 '주관성'의 함정에 빠질 수 있게 하는 위험한 형식주의의 노선에 다름 아닌바, 그것은 더 객관적인 자료, 즉 '목록(catalogue)으로서의 연대기'에 자리를 내주어야만 한다. 이렇게 해서 쿨레쇼프, 베르토프, 에이젠슈테인에 이르는 전 시기의 모든 몽타주 이론은 이제 선언적으로 부정당하고 이른바 필름라이브러리의 진짜 객관성, 역설적이지만 내 것이 아니기에 더 객관적인 "타인의 현실"이 새로운 기준으로 등극한다. 재차 강조할 점은 이 과정, "몽타주로부터 목록화(katalogizatsia)로"라는 말로 요약될 수 있을 이 과정이 권력의 힘에 의한 일방적 탄압이 아니라, 예술의 본질 및 현실 재현의 합법칙성을 둘러싸고 시학 내부에서 진행된 논쟁과 비판의 결과물이었다는 사실이다.

바로 이런 관점에서 세 번째 글 "삶의 찬양으로서의 검열"은 소비에트식 예술검열에 관한 우리의 통념적 이해에 신선한 자극을 준다. 주지하듯, 1920년대 후반 고조되었던 검열을 통한 박해의 과정은 사실상 이전 시기의 '형식주의'와의 투쟁의 양상을 띠었다. 얌폴스키는 이 투쟁의 과정 속에서 '삶 자체를 통한 형식의 극복'이라는 문제, 결국 이후 사회주의 리얼리즘 걸작들에서 실현될 모종의 이데올로기(혹은 심지어 이론)를 본다. 흥미로운 사실은 검열이라 하면 우리가 흔히 떠올리는 어둡고 비밀스런 풍경과 달리, 당시 소비에트에서 진행된 검열의 절차는 일종의 공공연한 사회적 축제, 더 정확하게는 해당 예술가를 대상으로 하는 '치료법적 제의(ritual)'의 성격을 띠었다는 점이다. 얌폴스키에 따르면, 이는 "생기"라는 개념으로 집약할 수 있는, 삶의 활력의 복원이라는 당대의 예술적 과제와 관련될 뿐만 아니라 이른바 '긍정적' 세계모델로서의 스탈린식 사회주의 리얼리즘의 원천과도 연결되었다. 여기서 또다시 확인할 수 있는 것은 1920년대 구성주의(형식주의) 미학과 1930년대 이후 스탈린 미학 사이의 복잡한 상호관계이다. 즉, 우리는 그 둘 사이에서 단의적 대립관계 대신 매우 역설적 방식으로 뒤틀린 미묘한 계승관계를 보게 되는 것이다(보리스 그로이스를 즉각 떠올리게 하는 이런 입장에 관해 얌폴스키는 그의 저서를 접하지 않은 채로 이 글을 썼다고 밝힌다).

무라토바와 고다르에 관한 2부 마지막 글 2편은 공히 '몽타주의 현상학적 차원'을 다시금 환기시키는 짧은 에세이들이다. 얌폴스키는 무라토바의 영화 〈무기력 증후군〉을 분석한 글 "숙면을 지키기 위하여"의 뒷부분에 영화 〈체호프적 모티브들〉를 분석한 2002년의 후기를 덧붙여 놓았는데 거기서 무라토바 영화의 특징이라 할 전도와 트라우마의 현상학에 더해 영화적 '시간'의 구조라는 또 하나의 중대한 현상학적 주제가 다루어진다. 마지막 글 "고다르를 읽으면서"는 영화란 결코 세계의 복제가 아니라 세계의 복잡한 현상학적 투사에 다름 아니라는 고다르식 통찰을 몽타주의 현상학적 지각모델을 통해 이야기한다.

3.

'카이로스'라는 제목을 단 제3부는 영화에 관한 얌폴스키의 오늘날의 생각을 담았다. '카이로스'라는 개념이 가리키듯, 그 생각의 중심에는 시간성의 문제가 놓였다. 더 정확하게 말하자면 '서로 일치하지 않는 복수의 시간적 계열 사이의 교차'(만남과 분리)의 문제이다. 영화를 둘러싼 담론에서 시간성의 문제는 잘 알려졌듯이 역사재현 혹은 역사기술의 문제를 부르기 마련이다. 이는 얌폴스키에게도 예외가 아닌데, 결국 최종적으로 이 문제의식은 소쿠로프 영화에 나타난 카이로스와 역사의 관계를 다룬 마지막 글 "불일치의 영화"로 수렴된다. 하지만 다른 한편으로, 시간성은 현상학적 사유의 핵심주제이기도 하다. 현상학의 맥락에서 현상의 가장 중요한 자질로서 발현되는 것은 언제나 시간이다. 요컨대, 시간성을 둘러싼 사유는 현상학적 단계와 사건-철학적 단계를 잇는 매개적 고리의 역할을 담당한다고 볼 수 있다.

러시아 영화감독 알렉세이 게르만의 영화를 분석하는 2편의 글이 3부의 첫 자리를 장식한다는 점이 의외로 여겨질 수도 있다. 적어도 표면상 그것들은 시간성의 철학을 다루지 않으며 아직 카이로스라는 개념조차 등장하지 않은 상태이기 때문이다. 하지만 게르만의 영화세계는 얌폴스키가 사유의 새 단계로 진입하는 데 소쿠로프만큼이나 지대한 의미를 지닌다. 특히, 그가 "해방적 의미를 지녔다"고 표현한 첫 번째 글 "담론과 서사"는 여러 가지 면에서 획기적인 의의를 지닌다고 말해야 한다.

게르만의 영화 〈내 친구 이반 라프쉰〉을 다룬 이 글의 핵심주제는 영화 속에서 '담론과 서사의 상호관계'이다. 서사를 인물의 행동과 관계가 펼쳐지는 이야기의 영역으로, 담론을 플롯을 지닌 서사가 관객에게 현상하는 방식, 즉 작가적 심급과 관련된 표현층위의 모든 요소를 가리키는 것으로 이해할 때, 게르만의 영화는 이 두 층위 간의 현저한 '불일치', 더 정확하게 말하자면 서사층위의 극단적 축소와 담론층위의 극단적 확대를 특징으로 한다. 쉽게 말해, 우리는 게르만의 영화에서 온전한 '줄거리'를 거의 발견할 수 없는 반면, 끊임없이 작가적 심급의 존재를 암시하면서 자신을 드러내는 '카메라'의 존재를 생생하게 (혹은 생경하게) 느낄 수 있다. 게르만의 영화에 나타나는 담론적 차원의 미세하고 복잡한 전략들을 지극히 꼼꼼한 눈으로 빠짐없이 짚어내는 이 글에서, 우리는 말 그대로 치밀한 형식분석의 진수를 시연하는 얌폴스키의 모습을 확인할 수 있다. 이런 대목들은 그가 단지 영화를 빌미로 사유를 전개하는 철학자가 아니라 무엇보다 영화를 '보는 법'을 잘 아는 영화학자라는 사실을 증명한다. 이 글에서 처음 시도된 서사와 담론의 관계에 대한 본격적인 성찰은 원칙적으로 서사에 구애받지 않는 담론의 자율성과 더불어 그 결합의 '우연성'까지를 받아들이도록 만듦으로써, 얌폴스키가 영화언어라는 개념(그리고 그에 기반을 둔 기호체계라는 개념)으로부터 완전히 벗어나는 데 결정적 역할을 한다. 이제 그는 감독의 존재란 전적으로 (결코 언어화될 수 없는) 담론과 관련된다는 것(서사가 아니라) 그리고 감독의 존재가 더욱 분명하게 드러날수록 영화의 감각은 더욱 더 적극적으로 변한다는 사실을 분명하게 확신한다.

한편, 작가와 서술자의 동일시를 끊임없이 방해하고 담론을 행위자의 서사로부터 집요하게 떼어 놓는 게르만의 영화는 '도대체 왜 그렇게 해야만 하는가, 즉 무엇 때문에 그와 같은 특별한 담론적 전략이 필요한가'라는 질문에도 역시 답한다는 점에서 진정으로 의미심장하다. 그 해답은 다름 아닌 '역사'에 놓였다(〈내 친구 이반 라프쉰〉은 1930년대 중반 소비에트를 배경으로 하는데 많은 관객은 영화 속에 그려진 시대상의 핍진한 감각에 강한 인상을 받았다). 게르만의 사례를 통해 도출되는 중대한 결론은 역사와 관련해 볼 때 고전적인 행위자적 서사는 애초부터 기만적이라는 사실이다. 재현의 전통적 모델은 결코 진정한 역사적 현실감각과 부합하지 않는다. 왜냐하면 역사란 "과거로부터 미래를 향하는 역사의 참여자", 즉 직접 체험된 경험적 현실뿐 아니라 미래로부터 과거를 향하는 의미화의 과정, 곧 역사기술이라는 두 가지 운동의 복합산물이기 때문이다. 그것은 '있었던 그대로'와도 다르고 '지금 바라본 그때'와도 다르다. 진짜 현실감각은 서로 상반된 방향을 갖는 이 두 가지 운동의 복잡한 교차와 갈라짐 자체이다. 그리고 그것은 오직 '영화적인 것'의 감각을 통해서만, 다시 말해 앞서 언급한 담론적 차원의 두드러진 전면화를 통해서만 드러날 수 있다. "담론이 강할수록, 영화 속에서 영화적인 것의 감각도 더 강력해지고 그 속에 담긴 현실감각도 더 강렬해진다. 우리의 역사는 여기서 두드러진 작가적 이야기의 형식으로 나타나고 그 때문에 진정한 역사적 규모를 획득한다".

이렇게 볼 때, 얌폴스키가 게르만의 다음 영화인 〈흐루스탈료프, 차 가져와〉를 "기억의 법칙에 따라 주조된 영화"라고 부름은 더 이상 놀랍지 않다. 사실상 역사란 기억에 다름 아닌바, 기억이 '있었던 그대로'가 아닌 것처럼 역사 또한 마찬가지이다. 얌폴스키에 따르면, 이 영화는 〈내 친구 이반 라프신〉에서 창조한 세계를 과감하게 극단적으로 밀어붙인 영화, 비유컨대 "러시아식 〈잃어버린 시간을 찾아서〉"에 해당하는 회상으로서의 영화이다. 얌폴스키는 악몽 같은 스탈린 시기를 다룬 이 영화를 둘러싼 흔한 정치적 해석 전부를 괄호 안에 넣는다. 대신에 이 스탈린적 현실을 모든 인과관계가 허물어지고 오직 사물의 감정적 뉘앙스만이 작동하는 세계, 사물이 나타났다가 저절로 사라지는 '현상학적 세계'의 괴물 같은 등가물로 그려낸다.

이후로 이어지는 3편의 글은 다시 러시아의 실제 텍스트를 떠나 서구(특히, 프랑스)의 이론적 담론을 다룬다. 얌폴스키는 이미 머리말에서 "나에게 본질적 의미를 지니는 것은 서구의 이론가와 러시아적 실천, 이 두 가지이다"라고 말한 바 있다. 표면상 각각 리메이크("번역과 복제"), 시네필("미학으로서의 시네필") 그리고 죽음("결정적 순간")의 문제를 다루는 이 글들이 언뜻 공통의 주제(카이로스)로 엮이지 않는 제각각의 글 뭉치로 보일 수도 있다. 하지만 세 글 모두를 관통하는 핵심적인 문제의식은 분명히 존재한다. 바로 '잉여(혹은 초과)의 순간'이라고 부를 만한 모종의 지점, 영화의 결정적 순간이다. 어떤 점에서 잉여이고 또 초과인가? 서사에 복무하지 않으며, 코드화의 외부에 존재하고, 심지어 서술의 경제학 법칙에도 대립한다는 점에서 그것은 잉여적이다. 동시에 그럼에도 불구하고 강렬하게 나를 붙들고, 스크린 너머로부터 나를 발견하며, 과도한 정동의 세계로 나를 데려간다는 점에서 그것은 초과적이다. 바로 이런 지점이야말로 (반복될 수 있을 뿐) 결코 '복제'될 수는 없는 특별한 순간이며, 그것이야말로 시네필적 향유(페티시)의 대상이 되곤 하는 저 순수한 '제스처'의 영역이기도 하다. 언젠가 바르트가 '코드가 무너지는 순간'이라고 표현했던 바로 그런 순간. 마지막으로 그것은 1920년대 바이마르 시기의 독일 비평에서 굳어버린 현실을 다시 되살리기 위한 '형식'(혹은 장식)의 문제로서 사유되었던 이념인 동시에 1950년대 프랑스 〈카이에 뒤 시네마〉 비평에서 '시간성'의 이름으로 다시 부활해 죽음의 순간을 둘러싸고 펼쳐졌던 "결정적 순간"의 담론이기도 하다. 얌폴스키에 따르면, "바로 이 '지점', 이 '순간'이 … 의미의 가장 생산적인 진원지에 해당한다. 확신하건대, 그것은 비평과 영화연구가 가장 큰 관심을 기울여야만 하는 바로 그 지대이다".

314

바쟁의 리메이크론에서 시작해 시네필에 관한 세르주 다네의 성찰, 공동체에 관한 장 뤽 낭시의 사유 그리고 삶과 형식의 관계를 둘러싼 바이마르 비평의 여러 갈래(루카치, 벤야민, 크라카우어)를 거쳐 마지막으로 죽음과 시간의 관계에 관한 초창기 〈카이에 뒤 시네마〉 비평에 이르기까지, 영화학의 한정된 영역을 뛰어넘어 20세기 서구 사상 전반을 마음껏 종횡무진하는 얌폴스키의 글은 20년 전 리버스 몽타주를 논하던 첫 자리로부터 그가 얼마나 멀리 떨어져 나왔는지를 확인시켜준다. 하지만 그 과정이 어느 날 갑자기 찾아온 급격한 도약이 아니라 같은 물음을 계속해서 다르게 묻는, 미로 속에서의 끝없는 운동이었다는 사실 역시 우리는 안다.

3부의 마지막이자 이 책의 대단원을 장식하는 것은 또 다시 소쿠로프의 영화이다. 분량상 가장 긴 마지막 논문 "불일치의 영화"에서 영화의 의미를 향한 얌폴스키의 오랜 탐구는 마침내 모종의 '역사적인 것으로서의 영화존재론'에 완벽하게 다가간다. 영화의미론에 중대한 역사주의의 자질을 도입하는 데 결정적 역할을 수행하는 것은 특별한 (영화적) 시간성을 가리키는 '카이로스'의 개념이다. 역사적 인물을 다룬 최근작 3편(〈몰로흐〉, 〈타우루스〉, 〈러시아 방주〉)에서 소쿠로프는 무엇보다 먼저 카이로스의 예술가로 나타난다. 여기서 시간성의 문제를 자신의 영화시학의 중심에 가져 놓은 바 있는 또 한 명의 영화감독 안드레이 타르콥스키는 흥미로운 비교대상이다.

얌폴스키에 따르면, "소쿠로프는 처음부터 타르콥스키가 포교했던 것과 정반대되는 원칙에 따라 자신의 영화를 조직한다. 만약 타르콥스키를 카메라의 움직임이나 세계의 사진적 반영의 조형술이 실제의 어떤 시간적 리듬과 상응하는 것을 추구한다는 점에서 일치의 대가라고 부를 수 있다면, 소쿠로프는 오히려 불일치의 대가라고 불러야만 한다." 소쿠로프의 시학은 조화와 융합을 특징으로 하는 타르콥스키의 시학과 날카롭게 대립하는 불협화음과 불합치의 정수를 보여 준다. 그리고 이는 무엇보다 먼저 인물의 형상에서 드러난다. 소쿠로프가 그리는 인물은 시간의 자연스러운 흐름에 잠긴 인간이 아니라 '시간의 역사적 흐름으로부터 떨어져 나온' 인간이다. 소쿠로프는 역사적 인물을 시간으로부터 빼내려 한다. 그들은 역사의 흐름에서 빠져 나와 무시간의 하찮음 속에 침잠한 자들이다. 역사의 업무에서 휴가를 받은 듯한 히틀러(〈몰로흐〉, 1999)가 그러하고 역사적 시간의 바깥에 존재하는 것처럼 보이는 레닌(〈타우르스〉, 2000)이 그러하다. 소쿠로프의 모든 전략은 인간을 역사적 사건의 사슬로부터 강제로 떼어 내 인위적으로 창조된 맥락, 본질상 탈시간적인 '끝의 시간'에 잠기도록 만드는 것이다. 바로 이 '끝의 시간'이야말로 광의의 의미에서 서술로부터 분리된 시간, 인과적 관계에 종속된 연속성으로부터 벗어난 시간, 휴지부이자 틈새로서 현현하는 '메시아적 시간'(아감벤)이다.

하지만 카이로스적 순간은 단지 시간성에서 벗어난 탈시간성만을 가리키지 않는다. 그것은 순간적으로 상이한 계열들 사이의 평행적 상응관계의 에너지를 파괴하고 서로 부합되지 않는 서로 다른 계열들을 접근시킨다. 그러니까 휴지의 순간이란 곧 붕괴의 순간이며 동시에 예기치 않은(그런 의미에서 우연적인) 마주침과 만남의 순간이 된다. "영화 속에서 이런 종류의 카이로스는 카메라가 등장인물과 만나는 마법 같은 순간 속에서 그리고 간격에 기초한 영화의 몽타주적 리듬 속에서 직접적으로 표현된다". 요컨대 관건은 만남의 순수 효과, 곧 우연에 놓인 것이다. 결국 소쿠로프에게 인물을 이해한다는 것은 그를 발화, 역사, 서사, 심지어는 담론의 연대기적 사슬로부터 끄집어낸다는 것을 뜻한다. 인간의 본질은 오직 그가 이런 점진적 전개의 의미론적 흐름으로부터 떨어져 나왔을 때 드러난다. 계열에서 이탈하는 순간, 역사에서 벗어나는 순간, 그 인물은 비로소

316

자신 속에서 비존재의 경험을 발견한다.

이렇게 볼 때 최근작 〈러시아 방주〉(2002)는 한층 더 흥미롭다. 흡사 역사를 압축해놓은 듯한 아주 특별한 공간, 러시아의 상트페테르부르크에 위치한 국립박물관을 배경으로 찍은 이 영화에서 카이로스적인 우연성의 시학은 문자 그대로 구현되고 있기 때문이다. 영화 속의 우연한 방문객인 마르키즈 드 퀴스틴 후작의 형상은 "역사를 드러내는 특별한 능력"을 부여받는다. 페테르부르크가 상징하는 비역사성의 공간, 타문화들의 기념비로 가득 찬 낯선 역사의 파편들 사이에서, 그는 여러 세기의 윤곽 사이로 자유롭게 움직일 수 있는 유일한 인간이다. 말 그대로 아무런 계획이나 구상도 없이 이 방 저 방을 쏘다니는 그는, 우연성과 비예측성의 인간, 즉 "우연한 산책자"(flâneur)이다. 전 방위적인 노예 상태의 세계 속에서 우연성의 인간이 될 수 있는 특별한 능력을 지닌 바로 이 산책자의 형상이 착시의 환상만이 지배하는 곳에서 문화적이고 박물관적인 과거의 형식들을 꿰뚫고 새로운 의미를 창조해 낸다.

이렇듯, 오랜 기간에 걸친 얌폴스키의 탐구는 역사재현 혹은 영화기술과 관련된 모종의 영화존재론으로 수렴되었다. 여기서 특별히 강조할 것은, 역사와 영화를 접목시키는 얌폴스키의 이런 시도를, 구조를 거절하고 역사로 되돌아가는 퇴행적 움직임으로 이해해서는 결코 안 된다는 사실이다. 의미를 카이로스적 구성물, 즉 역사적 사건으로 이해한다는 것은 역사의 이름으로 이론을 거부하는 것을 뜻하는 게 아니라 오히려 역사와 이론을 갈라놓는 저 통상적인 심연을 극복할 수 있는 방편을 찾는다는 것을 의미한다. 즉, 그것은 단지 의미를 역사화하는 것을 뜻하는 게 아니라 '역사라는 개념 자체를 재규정'하는 차원에 걸려 있다. 바로 그런 의미에서, 여기서 말하는 '역사적인 것'은 영화의 주제론적 층위가 아니라 '영화

존재론'의 토대에 걸려 있는 것으로 받아들여져야만 한다.

　얌폴스키가 밝히고 있는 바에 따르면, 영화미학과 역사의 관계를 이렇듯 새롭게 사유하게 된 최초의 계기는 에이젠슈테인의 영화 〈폭군 이반〉을 상대적으로 진지하게 연구하기 시작하면서부터였다고 한다. 그러니까 문제적인 역사의 주인공들을 다룬 소쿠로프의 영화를 둘러싼 이 특별한 성찰 역시도 그 출발은 에이젠슈테인이었던 것이다. 그 출발선의 모습은 과연 어떤 것이었을까? 이 책을 처음부터 끝까지 따라 읽어 온 독자라면 응당 가져 볼 만한 궁금증이다. 어쩌면 이 궁금증은 얌폴스키가 예고한 에이젠슈테인 관련 단행본을 손꼽아 기다려야 할 또 하나의 이유가 되어 줄 것이다.

　　　　　　　　　　　　　　　　　　　　　　　　　　　김 수 환

영화에 대한 사랑이란 그에 대한 이론과는 결코 양립할 수 없는 것이라고 주장하는 이들이 있다. 이들에게 진정한 영화적 경험이란 분석적 언어로는 닿을 수 없는 신비로(만) 가득한 것이어서, 감히 이론을 앞세워 그 영역에 침입하려는 자로부터 경험의 내밀함을 지키는 일이야말로 지고(至高)의 임무가 된다. 소년 취향의 순결주의로 감싸인 종교적 망상과 닮은 이런 유사-시네필(*pseudo-cinephile*)적인 판타지는 적지 않은 한국의 영화애호가(*moviegoer*) 및 이들에게 영향력을 행사하는 영화평론가에 의해 종종 차용되곤 한다. 사실 흥미로운 것은 이들이 노골적으로 드러내는 이론에 대한 경계심 자체라기보다는 은밀히 이론의 눈치를 보며 전전긍긍하는 데서 엿보이는 이론에 대한 열등감이라 해야 옳겠다.

그런가하면 다른 한편에는 이론 마니아들이 있다. 이들의 탐식은 비단 영화에 대한 이론에 그치지 않아서 (대체로 자연과학적, 수학적 이론을 제외한) 온갖 인문학적 이론과 사유로까지 향한다. 실증적이고 역사적인 연구에 대한 관심은 거의 없거나 덜한 ─ 더욱 극단적으로는 그런 연구를 경멸하는 ─ 경향이 있는 이들 이론 마니아는,

어느덧 한국에서도 제도적으로 꽤 견고하게 자리 잡은 영화학 및 문화연구의 파생물일 수도 있지만 (사실 그런 경우는 매우 드물고) 그보다는 학문적 딜레탕티슴이 시네필리아의 내면을 잠식하는 과정의 산물이라고 해야 옳을 것이다. 언제라도 교체, 변경, 추가, 삭제될 가능성이 있는 소프트웨어로서의 이론을 위해 시네필리아는 하나의 틀, 즉 하드웨어로만 남는 것이다. 이런 유형의 유사-시네필들은 '맨눈으로' 혹은 '맨몸으로' 영화와 대면하는 경험을 어색해하는 감각이상(paresthesia)의 상태에 빠지게 된다.

각각의 유사-시네필은 그 나름의 경전의 목록을 지닌다. 비교적 최근에 출간된 책 가운데서만 꼽아 보자면, 하스미 시게히코의 영화평론을 모은 《영화의 맨살》은 첫 번째 유형의 유사-시네필에게, 자크 랑시에르의 《이미지의 운명》은 두 번째 유형의 유사-시네필에게 좀더 호소하겠지만, 서로가 서로를 의식하는 가운데 두 책은 양쪽을 넘나들고 두서없이 읽히며 오독의 의미망을 펼치게 된다. (당연한 말이지만 이러한 수용은 저자의 의도와는 아무런 상관도 없다.) 이리하여 오늘날 한국의 유사-시네필리아는 광신과 마비 사이에서 절뚝거리는 처지에 놓이게 된 것이다.

이런 상황에서 미하일 얌폴스키의 《영화와 의미의 탐구: 언어-신체-사건》과 같은 책을 읽는 것은 매우 특별한 일이다. 얌폴스키는 영화에 대한 사유란 응당 영화와의 직접적 접촉에서 출발해야 한다는 전제에 충실하지만 그 접촉의 경험을, 말을 가로막는 신비의 영역에 고스란히 내맡겨 두는 법은 없다. 그는 그러한 경험이 분석가능한 것이라고 생각하지는 않지만 그렇다고 그에 대해 직접적으로 말할 수 없을 만큼 내밀한 것이라고 생각하지도 않는다. 대신 그는 그토록 고유하고 단독적인 성격을 띠는 경험을 가능케 하는 세계의 조건으로 시선을 돌리며, 그러한 조건에 대해서만큼은 충분히 합리적인 언어로 이야기할 수 있다는 믿음을 견지한다.

이 책에는 20여 년에 걸쳐 얌폴스키의 사유가 변화해 온 흔적이 담겼는데 그가 경험을 가능케 하는 세계의 조건을 파악하는 방식은 놀랍게도 거의 변하지 않는다. 그는 서로 결코 합치될 수 없는 두 개의 상이한 계열들이 존재하며 이 계열들이 우연히 만나는 접촉지대에서 때로는 의미라는 사건이, 때로는 무질서의 소용돌이가 경험된다고 본다. 그의 분석이 주로 향하는 곳은 사건과 소용돌이 자체가 아니라 그것을 발생시키는 계열들로서, 이 계열의 분석에 기호학, 현상학 그리고 역사철학의 어휘와 방법론이 적용되는 시기와 방식이 다를 뿐이다. 우리는 이 책을 통해 박학이 학문적 딜레탕티슴에 빠지지 않고 집요하게 하나의 토픽 주위를 맴돌며 사유를 두텁게 쌓아가는 과정을 경이의 감정과 더불어 지켜보게 된다.

개인적으로 이 책이 반갑게 여겨졌던 이유 가운데 하나는, 그간 국내의 영화담론에서 거의 부재했거나 아주 사소한 자리만을 차지했던 동시대의 러시아 감독들, 특히 알렉세이 게르만에 대한 최상급의 글을 접할 수 있었기 때문이다. 국내의 영화애호가에게는 여전히 미지의 인물로 남은 이 위대한 작가는 (지금껏 어떤 식으로건 한국에서 상영된 적이 없는) 〈신이 되기는 어렵다〉(2013)를 유작으로 남기고 세상을 떠났다. 그런가 하면, '소비에트 몽타주 학파'라는 표현이 영화사(史)의 상투구에 지나지 않음을 다시금 깨닫게 한, 여러 영화와 문헌을 가로지르며 1920년대 소비에트 영화문화의 복합적 양상을 스케치하는 2부의 몇몇 글도 강렬한 인상을 남긴다.

영화평론가 에이드리언 마틴의 말을 빌리자면, 얌폴스키는 "신비적인 것에 의존하지 않으면서 신비에 접근하고 이를 찬양하게 하는" 이론적 실천의 빼어난 예를 보여준다. 이 책은 어느 유형의 유사-시네필에게도 크게 매력적으로 받아들여지지 않겠지만, 시네필이 아닌 이에 의해 저술된—이는 얌폴스키 스스로도 인정하는 바이다—시네필을 위한 진정한 이론적 에세이라는 독특한 자리를 차지하게 될 것 같다. 영어로도 일부의 글만 번역되었을 뿐인 이 귀중한 책을 한국어로 읽을 수 있도록 노력해 주신 번역자들, 특히 끝까지 번역을 책임지고 마무리해 주신 김수환 선생께 감사의 마음을 전하고 싶다.

영화평론가
유 운 성

찾아보기

(용어)

찾아보기
(인 명)

미하일 얌폴스키(Mikhail Iampolski, 1949~)

얌폴스키는 현대 러시아 인문학계를 선도하는 대표적 학자 중 한 사람으로 현재 뉴욕대학에서 비교문학 및 러시아문학 전공교수로 재직 중이다. 1971년에 모스크바사범대학을 졸업했으나 유대계라는 이유로 오랫동안 직업을 갖지 못했다. 1974년부터 러시아 영화예술연구소에서 서구의 이론서적을 번역했다. 1980년대 초반 모스크바-타르투 학파에 잠시 가담했으며 1990년대 초반 러시아 과학아카데미 철학연구소에서 발레리 포도로가, 미하일 리클린 등과 함께 모스크바 철학자 그룹을 결성했다. 1991년 게티센터의 초청으로 처음 미국을 가게 되었고 이듬해 뉴욕대학에 임용되었다. 학문적 이력을 영화연구로 시작했으나 2000년 이후로는 이미지의 철학적 차원과 재현의 역사 전반을 아우르는 대작을 계속 선보이면서 포스트소비에트 시기를 대표하는 가장 영향력 있는 학자로 자리매김했다. 이와 더불어 얌폴스키는 흔히 1980~1990년대 세대를 위한 트로이카로 불리는 알렉세이 게르만, 키라 무라토바, 알렉산드르 소쿠로프의 영화를 가장 먼저 발견하고 그들의 예술적 무게에 값하는 비평적 응답과 지지를 보내준 이로, 특히 소쿠로프 감독이 자신에게 가장 큰 영향을 끼친 비평가로 꼽은 바 있다. 2009년에 무라토바 감독에 관한 단행본(《무라토바: 영화인류학의 경험》)을 출간했으며 에이젠슈테인 감독에 관한 단행본을 준비 중이다. 대표저작으로는 《관찰자》, 《악마와 미로》, 《상징적인 것의 인상학》, 《테이레시아스의 기억》, 《방직공과 환시자(幻視者)》 등이 있다. 2004년에 안드레이 벨리 인문학 상(Bely Award)을, 2014년에 칸딘스키 예술상(Kandinsky Prize)을 받았다.

옮긴이 약력

김수환

서울대 노어노문학과를 졸업하고 러시아 과학아카데미(학술원) 문학연구소에서 박사학위를 받았다. 한국외대 러시아학과 교수로 재직하며 〈인문예술잡지 F〉의 편집위원으로 활동 중이다. 일본 홋카이도대학 슬라브-유라시아 연구센터와 프린스턴대학 슬라브어문학과에서 방문연구를 했다. 《책에 따라 살기》, 《사유하는 구조》, 《다시 소설이론을 읽는다》(공저), 《속물과 잉여》(공저) 등의 책을 썼고 《기호계》, 《문화와 폭발》 등을 옮겼다.

이현우

서울대 노어노문학과를 졸업하고 같은 대학원에서 박사학위를 받았다. '로쟈'라는 필명의 서평가로도 활동하며 《로쟈의 인문학 서재》, 《책을 읽을 자유》, 《애도와 우울증》, 《로쟈의 러시아문학 강의》 등의 책을 썼고 《폭력이란 무엇인가》(공역), 《개를 데리고 다니는 여인》 등을 옮겼다.

최 선

서울대 독어독문학과를 졸업하고 독일 베를린자유대학에서 박사학위를 받았다. 현재 고려대 노문학과 교수로 재직 중이다. 《벨킨이야기/스페이드여왕》을 비롯한 푸시킨의 여러 작품을 우리말로 옮겼고 현재 소련 노래 시 및 오페라 장르에 관심을 갖고 연구 중이다.